新工科·普通高等教育汽车类系列教材

新能源汽车技术与实践

崔胜民 编著

机械工业出版社

电动化、智能化、网联化和共享化是汽车发展的新趋势。

本书全面系统地介绍了新能源汽车技术，包括新能源汽车的定义与分类、技术体系、关键零部件、共性关键技术、核心关键技术、创新技术、前沿技术、标准体系和发展趋势，以及纯电动汽车、混合动力电动汽车和燃料电池电动汽车所涉及的主要技术，特别是对动力蓄电池及其管理系统、驱动电机系统、多合一电驱动系统、混合动力构型、传动系统参数匹配和性能仿真等重点内容进行了详细介绍，反映了新能源汽车所涉及的新技术和新成果；仿真实践环节可作为课程设计由学生独立完成，培养学生的产品开发能力。本书每章开始都给出教学目标和教学要求，末尾配有练习题，便于学生学习和复习，巩固主要的学习内容，增强学习效果，附录列出了现行的新能源汽车国家标准目录，供查询；提供所有仿真模型，供参考使用。

本书采用理论与仿真实践相结合的方式，内容丰富，条理清晰，图文并茂，通俗易懂，实用性强，可作为本科院校车辆工程及相关专业的教材，也可作为车辆工程专业研究生的选修教材，还可供新能源汽车行业的工程技术人员参考。

图书在版编目（CIP）数据

新能源汽车技术与实践/崔胜民编著. —北京：机械工业出版社，2021.7（2024.1重印）

新工科·普通高等教育汽车类系列教材

ISBN 978-7-111-68842-6

Ⅰ.①新… Ⅱ.①崔… Ⅲ.①新能源-汽车-高等学校-教材 Ⅳ.①U469.7

中国版本图书馆 CIP 数据核字（2021）第 155328 号

机械工业出版社（北京市百万庄大街22号　邮政编码100037）
策划编辑：宋学敏　责任编辑：宋学敏　王　良
责任校对：陈　越　封面设计：张　静
责任印制：单爱军
北京虎彩文化传播有限公司印刷
2024年1月第1版第3次印刷
184mm×260mm・17.5印张・400千字
标准书号：ISBN 978-7-111-68842-6
定价：58.00元

电话服务　　　　　　　　　网络服务
客服电话：010-88361066　　机　工　官　网：www.cmpbook.com
　　　　　010-88379833　　机　工　官　博：weibo.com/cmp1952
　　　　　010-68326294　　金　书　网：www.golden-book.com
封底无防伪标均为盗版　机工教育服务网：www.cmpedu.com

前　言

我国《新能源汽车产业发展规划（2021—2035年）》《节能与新能源汽车技术路线图2.0》已经颁布，旨在加快推进新能源汽车的创新发展，新能源汽车将迎来新一轮的快速发展，预计2025年新能源汽车将占汽车总销量的20%。新能源汽车将向电动化、智能化、网联化和共享化方向快速发展，到2035年，国内公共用车领域将全面实施电动化。新能源汽车所涉及的知识和技术与燃油汽车有较大差别，因此，新能源汽车人才培养所涉及的知识体系必须重新构建，以满足新能源汽车快速发展对复合型人才的需求。

本书的内容完全按照新能源汽车新的知识和技术体系构建，同时考虑新工科的建设和课程改革的需求，全面系统地介绍了新能源汽车所涉及的技术，其中以纯电动汽车技术为主，兼顾混合动力电动汽车和燃料电池电动汽车技术，并安排仿真实践环节，供选学。本书的内容既有已经成熟的技术，也有代表新能源汽车未来发展方向的新技术。全书共4章。第1章主要介绍发展新能源汽车的必要性以及新能源汽车的定义与分类、技术体系、关键零部件和技术、标准体系和发展趋势；第2章主要介绍纯电动汽车技术，包括纯电动汽车的组成与工作原理、驱动系统布置形式、性能参数，以及动力蓄电池及其管理系统、驱动电机系统、变速器及电驱动系统、整车控制器、高压系统、制动能量回收技术、充电技术、纯电动汽车传动系统参数匹配、纯电动汽车动力性和经济性的分析与仿真方法；第3章主要介绍混合动力电动汽车技术，包括混合动力电动汽车的分类与构型、串联式混合动力电动汽车、并联式混合动力电动汽车、混联式混合动力电动汽车和增程式电动汽车的组成、工作模式及特点，以及混合动力电动汽车的动力耦合类型、传动系统参数匹配与仿真方法；第4章主要介绍燃料电池电动汽车技术，包括燃料电池电动汽车的类型、结构、工作原理和特点，以及燃料电池、车载储氢技术、燃料电池电动汽车传动系统参数匹配与仿真方法。每章后都附有练习题。

通过学习本书，学生既能掌握新能源汽车所涉及的新知识和新技术，又能熟悉根据新能源汽车设计目标对传动系统参数进行匹配和仿真的方法，为从事新能源汽车的相关工作奠定基础。

本书的教学参考学时数为 32~48，其中仿真实践占 8 学时，可灵活安排。仿真实践和练习题中的实践题可作为新能源汽车技术课程设计由学生独立完成，建议学习时间 2~3 周，培养学生的产品开发能力和编程仿真能力。

  在本书的编写过程中，参考了一些资料和图片，特向其作者表示诚挚的谢意。

  由于编著者学识有限，书中不当之处在所难免，希望读者给予指正。

编著者

目录

前言
第1章 绪论 ……………………………… 1
  1.1 发展新能源汽车的必要性 ………… 1
  1.2 新能源汽车的定义 ………………… 2
  1.3 新能源汽车的分类 ………………… 3
  1.4 新能源汽车的技术体系 …………… 6
  1.5 新能源汽车的关键零部件和技术 … 7
  1.6 新能源汽车的标准体系 ………… 12
  1.7 新能源汽车的发展趋势 ………… 12
  练习题 ……………………………… 15
第2章 纯电动汽车技术及仿真
        实践 ………………………… 16
  2.1 概述 ……………………………… 17
    2.1.1 纯电动汽车的组成 ………… 17
    2.1.2 纯电动汽车的工作原理 …… 21
    2.1.3 纯电动汽车驱动系统布置
         形式 ………………………… 22
    2.1.4 电动汽车的性能参数 ……… 30
  2.2 动力蓄电池及其管理系统 ……… 33
    2.2.1 电动汽车对动力蓄电池的
         要求 ………………………… 33
    2.2.2 动力蓄电池主要性能指标 … 34
    2.2.3 动力蓄电池的类型 ………… 38
    2.2.4 铅酸蓄电池 ………………… 41
    2.2.5 金属氢化物镍蓄电池 ……… 44
    2.2.6 锂离子蓄电池 ……………… 47
    2.2.7 新体系电池 ………………… 54
    2.2.8 蓄电池管理系统 …………… 56
    2.2.9 动力蓄电池荷电状态（SOC）
         估算方法 …………………… 60
  2.3 驱动电机系统 …………………… 68
    2.3.1 电动汽车对驱动电机的要求 … 68
    2.3.2 电机主要性能指标 ………… 69
    2.3.3 直流电机 …………………… 69

    2.3.4 异步电机 …………………… 74
    2.3.5 永磁同步电机 ……………… 81
    2.3.6 开关磁阻电机 ……………… 89
    2.3.7 轮毂电机 …………………… 92
    2.3.8 电机控制器 ………………… 94
  2.4 变速器及电驱动系统 …………… 97
    2.4.1 变速器 ……………………… 97
    2.4.2 电驱动系统 ………………… 99
  2.5 整车控制器 ……………………… 105
    2.5.1 整车控制器的控制模式 …… 105
    2.5.2 整车控制器的结构 ………… 106
    2.5.3 整车控制器的功能 ………… 108
    2.5.4 整车控制器的技术要求 …… 109
  2.6 纯电动汽车高压系统 …………… 110
    2.6.1 高压系统的组成与等级 …… 110
    2.6.2 高压配电箱 ………………… 112
    2.6.3 电源变换器 ………………… 114
  2.7 电动汽车制动能量回收技术 …… 116
    2.7.1 制动能量回收系统的作用 … 116
    2.7.2 制动能量回收系统的组成与
         原理 ………………………… 117
    2.7.3 制动能量回收控制策略 …… 119
  2.8 电动汽车充电技术 ……………… 121
    2.8.1 电动汽车对充电设备的要求 … 121
    2.8.2 电动汽车充电设备的种类 … 121
    2.8.3 车载充电机的组成及原理 … 124
    2.8.4 非车载充电机的组成及原理 … 129
    2.8.5 电动汽车充电方法 ………… 133
    2.8.6 电动汽车充电方式 ………… 134
  2.9 纯电动汽车传动系统参数匹配 … 139
    2.9.1 驱动电机参数匹配 ………… 140
    2.9.2 传动系传动比匹配 ………… 142
    2.9.3 动力蓄电池参数匹配 ……… 143
  2.10 纯电动汽车动力性和经济性 …… 145
    2.10.1 纯电动汽车的动力性 …… 145

2.10.2 纯电动汽车的经济性 …………… 147
2.11 纯电动汽车仿真实践 ……………… 153
　2.11.1 纯电动汽车传动系统参数
　　　　匹配仿真 …………………… 153
　2.11.2 纯电动汽车动力性仿真
　　　　实践 ………………………… 155
　2.11.3 纯电动汽车经济性仿真
　　　　实践 ………………………… 158
练习题 ……………………………………… 164

第3章　混合动力电动汽车技术及仿真实践 …………………………… 168

3.1 概述 ……………………………………… 168
　3.1.1 混合动力电动汽车分类 ……… 168
　3.1.2 混合动力电动汽车的混动
　　　　构型 ………………………… 172
3.2 串联式混合动力电动汽车 …………… 183
　3.2.1 串联式混合动力电动汽车的
　　　　组成 ………………………… 183
　3.2.2 串联式混合动力电动汽车的
　　　　工作模式 …………………… 184
　3.2.3 串联式混合动力电动汽车的
　　　　特点 ………………………… 188
3.3 并联式混合动力电动汽车 …………… 189
　3.3.1 并联式混合动力电动汽车的
　　　　组成 ………………………… 189
　3.3.2 并联式混合动力电动汽车的
　　　　工作模式 …………………… 190
　3.3.3 并联式混合动力电动汽车的
　　　　特点 ………………………… 193
3.4 混联式混合动力电动汽车 …………… 193
　3.4.1 混联式混合动力电动汽车的
　　　　组成 ………………………… 193
　3.4.2 混联式混合动力电动汽车的
　　　　工作模式 …………………… 194
　3.4.3 混联式混合动力电动汽车的
　　　　特点 ………………………… 200
3.5 增程式电动汽车 ……………………… 200
　3.5.1 增程式电动汽车的组成 ……… 200
　3.5.2 增程式电动汽车的工作模式 … 204
　3.5.3 增程式电动汽车的特点 ……… 207
　3.5.4 新型增程式电动汽车分析 …… 208
3.6 混合动力电动汽车动力耦合类型 …… 212

　3.6.1 转矩耦合 …………………… 212
　3.6.2 转速耦合 …………………… 213
　3.6.3 功率耦合 …………………… 214
　3.6.4 牵引力耦合 ………………… 215
3.7 混合动力电动汽车传动系统参数
　　匹配 …………………………………… 216
　3.7.1 发动机和驱动电机参数匹配 … 216
　3.7.2 机械变速结构传动比匹配 …… 217
　3.7.3 蓄电池参数匹配 …………… 218
3.8 混合动力电动汽车仿真实践 ………… 219
练习题 ……………………………………… 226

第4章　燃料电池电动汽车技术及仿真实践 …………………………… 228

4.1 概述 ……………………………………… 228
　4.1.1 燃料电池电动汽车的类型 …… 228
　4.1.2 燃料电池电动汽车的结构 …… 233
　4.1.3 燃料电池电动汽车的工作
　　　　原理 ………………………… 236
　4.1.4 燃料电池电动汽车的特点 …… 241
4.2 燃料电池 ……………………………… 242
　4.2.1 燃料电池发电系统 ………… 242
　4.2.2 质子交换膜燃料电池 ……… 244
　4.2.3 碱性燃料电池 ……………… 248
　4.2.4 磷酸燃料电池 ……………… 249
　4.2.5 熔融碳酸盐燃料电池 ……… 250
　4.2.6 固体氧化物燃料电池 ……… 252
　4.2.7 直接甲醇燃料电池 ………… 254
4.3 车载储氢技术 ………………………… 256
　4.3.1 车载储氢系统技术条件 …… 256
　4.3.2 氢气的储存方法 …………… 258
　4.3.3 氢气的制备方法 …………… 259
4.4 燃料电池电动汽车传动系统参数
　　匹配 …………………………………… 260
　4.4.1 驱动电机参数匹配 ………… 260
　4.4.2 燃料电池参数匹配 ………… 261
　4.4.3 辅助动力源参数匹配 ……… 262
　4.4.4 传动系传动比匹配 ………… 263
4.5 燃料电池电动汽车仿真实践 ………… 263
练习题 ……………………………………… 268

附录 ……………………………………… 269

参考文献 ………………………………… 273

第1章

绪 论

【教学目标】

通过学习本章,学生能够理解发展新能源汽车的必要性,掌握新能源汽车的定义、分类、技术体系、关键零部件、共性关键技术、核心关键技术、创新技术、前沿技术、标准体系和发展趋势,为后续学习奠定基础。

【教学要求】

知识要点	能力要求	参考学时
发展新能源汽车的必要性	了解燃油汽车发展造成的负面问题,树立节约能源和环境保护的意识	1
新能源汽车的定义	掌握日本、美国和我国对新能源汽车的定义,理解新能源汽车的含义	
新能源汽车的分类	掌握纯电动汽车、混合动力电动汽车和燃料电池电动汽车的定义,能够对现有新能源汽车车型进行分析	
新能源汽车的技术体系	掌握新能源汽车"三纵""三横"包含的内容	2
新能源汽车的关键零部件和技术	了解新能源汽车的关键零部件,以及共性关键技术、核心关键技术、创新技术、前沿技术	
新能源汽车的标准体系	了解新能源汽车的标准体系和现行的新能源汽车的主要国家标准	1
新能源汽车的发展趋势	了解新能源汽车的发展趋势,未来15年新能源汽车发展主要规划,以及未来新能源汽车应具有的特征	

1.1 发展新能源汽车的必要性

汽车已经成为当今社会的重要交通工具,它极大地缩短了人与人之间的空间距离,方便了人们的生活。但汽车保有量快速增长,也引发了石油短缺、环境污染和气候变暖等负面问题,如图1-1所示。

发展新能源汽车是解决这些负面问题的有效途径,代表着汽车产业的发展方向,是我国从汽车大国迈向汽车强国的必由之路,也是应对气候变化、推动绿色发展的战略举

图1-1 汽车保有量快速增长引发的负面问题
a）石油短缺 b）环境污染 c）气候变暖

措。新能源汽车融合新能源、新材料和互联网、大数据、人工智能等多种变革性技术，推动汽车从单纯交通工具向移动智能终端、储能单元和数字空间转变。发展新能源汽车可带动能源、交通、信息通信基础设施改造升级，对促进能源消费结构优化、交通体系和城市运行智能化水平提升具有重大战略意义。另外，经济与社会的可持续发展迫切要求汽车产业转型升级，新一轮科技革命催生着产业变革与重塑，百年汽车产业正面临着前所未有的发展机遇与挑战，因此，我国要大力发展新能源汽车，培育汽车产业转型升级新动能。新能源汽车正在成为全球汽车产业转型发展的主要方向和促进未来世界经济持续增长的重要引擎。

全球新能源汽车发展总体上已经迈过培育期进入成长期，但距离完全市场化还有一定距离，在未来5~10年内政策的扶持仍将发挥不可或缺的作用，应进一步创新政策工具，保持政策的科学性、连续性和稳定性，加大对新型基础设施建设和车辆使用环节的政策支持，尤其需要进一步发挥地方政府作用，加快完善新能源汽车使用环境，力争到2025年前后使纯电动汽车基本具备完全市场化条件。

1.2 新能源汽车的定义

目前国际上没有统一的新能源汽车定义，不同国家对新能源汽车的定义都不一样。

例如在日本，新能源汽车通常被称为"低公害汽车"，主要包括5类：以天然气为燃料的汽车、混合动力汽车（油电混合和插电混合）、电动汽车、以甲醇为燃料的汽车、排污和燃烧效率限制标准最严格的清洁汽油汽车。

在美国，新能源汽车被称为"代用燃料汽车"，即不使用汽油和柴油的汽车，具体包括使用生物柴油、天然气、动力蓄电池、乙醇、混合动力、氢燃料、液化石油气的汽车等。

我国对新能源车的定义则相对较严格。新能源汽车是指采用非常规的车用燃料作为动力来源，或使用常规的车用燃料、采用新型车载动力装置，综合车辆的动力控制和驱动方面的先进技术，形成的具有新技术、新结构的汽车，如图1-2所示。

非常规的车用燃料是指除汽油、柴油、天然气（natural gas，NG）、液化石油气（liquified petroleum gas，LPG）、乙醇汽油（ethanol gasoline，EG）、甲醇、二甲醚之外的燃料。因此，人们熟知的天然气汽车、液化石油气汽车、乙醇汽车、甲醇汽车、二甲

第1章 绪论

图1-2 新能源汽车

醚汽车都不属于新能源汽车,而是属于节能汽车。

新型车载动力装置主要是指以电机为驱动的动力装置。

1.3 新能源汽车的分类

新能源汽车是完全或主要依靠新型能源驱动的汽车,主要包括纯电动汽车、混合动力电动汽车和燃料电池电动汽车,如图1-3所示。

1. 纯电动汽车

纯电动汽车(battery electric vehicle,BEV)是指驱动能量完全由电能提供的、由电机驱动的汽车。电机的驱动电能来源于车载可充电储能系统或其他能量储存装置。纯电动汽车是一种绿色环保的交通运输工具,采用可再生电能替代燃油。

图1-4所示为沃尔沃XC40 RECHARGE纯电动汽车,其外观、内饰均与燃油版XC40基本相同,仅部分细节进行了一定调整;动力方面,新车采用前后双电机模式,最大功率为300kW,百公里(0—100km/h)加速时间为4.9s,电池容量为78kW·h,WLTP(world light vehicle test procedure,世界轻型车辆测试规程)工况综合续驶里程为400km。

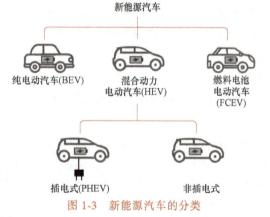

图1-3 新能源汽车的分类

2. 混合动力电动汽车

混合动力电动汽车(hybrid electric vehicle,HEV)是指能够至少从两类车载储存的能量(可消耗的燃料、可再充电能/能量储存装置)中获得动力的汽车。

混合动力电动汽车根据外接充电能力分为非插电式混合动力电动汽车和插电式混合

3

图 1-4 沃尔沃 XC40 RECHARGE 纯电动汽车

动力电动汽车。

(1) 非插电式混合动力电动汽车　非插电式混合动力电动汽车不具备外接充电能力，它在原传统汽车发动机驱动系统不变的条件下加装一套电动驱动系统，进行混合驱动，减少了对化石燃料的需求，提高了燃料经济性，从而达到了节能减排和缓解温室效应的效果。这种车型在车辆起步阶段由电池驱动电机完成车辆起步；在急加速或爬坡过程中电机会与内燃机一起工作为整车提供动力；在制动或下坡时，它带有一套制动能量回收系统，通过该系统可以给蓄电池充电，从而达到能量循环利用的目的。与传统汽车相比，该汽车由于内燃机总是在最佳工况的时候工作，油耗非常低，并且不需要充电，只要加满油，就能一边当电动汽车使用，一边当传统燃油汽车使用。比较典型的车型是日本丰田普锐斯混合动力汽车。但我国没有把非插电式混合动力电动汽车列入新能源汽车系列中，而是划分到节能汽车系列中。

(2) 插电式混合动力电动汽车　插电式混合动力电动汽车（plug-in hybrid electric vehicle，PHEV）是指可以使用外接电源为车辆动力蓄电池充电的混合动力电动汽车。插电式混合动力电动汽车共有两套动力系统，分别是发动机和电机。这两套动力系统不仅可以相互独立工作，也可以互相协同，从而驱动汽车行驶。

图 1-5 所示为途观 L 插电式混合动力电动汽车，其混合动力系统由高压电池系统（高能量三元锂电池）、集成驱动电机的混动变速器和 EA211 1.4L-TSI 涡轮增压发动机组成，实现了燃料经济性和强劲动力的完美平衡；综合续驶里

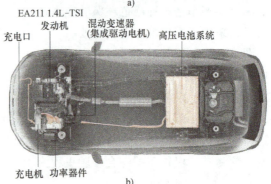

图 1-5 途观 L 插电式混合动力电动汽车
a) 外形　b) 混合动力系统

程为862km，其中纯电续驶里程为52km，系统峰值功率和系统峰值转矩分别为155kW、400N·m，混合动力模式最高车速为200km/h，百公里加速时间为8.2s，综合燃料消耗量低至1.9L/100km；同时提供多种驾驶模式选择，驾驶人可根据路况、油量及电量情况，在纯电模式、混合动力模式、蓄电池保持模式、蓄电池充电模式、运动模式之间进行切换。

途观L插电式混合动力电动汽车的充电口如图1-6所示。车搭载的智能电控管理系统，可实时监控调节电池温度，有效避免过充、过放等异常情况；驾驶人可通过微信客户端在线查询电量及附近充电桩。

3. 燃料电池电动汽车

燃料电池电动汽车（fuel cell electric vehicle，FCEV）是以燃料电池作为动力源或主动力源的汽车，通过氢气和氧气的化学作用产生的电能驱动车辆行驶。与传统燃油汽车相比，燃料电池电动汽车增加了燃料电池和氢气罐，通过氢气燃烧产生电能，工作时只要加氢气就可以，不需要外部补充电能。

图1-6 途观L插电式混合动力电动汽车的充电口

图1-7所示为现代NEXO氢燃料电池电动汽车。在动力方面，现代NEXO搭载的燃

a)

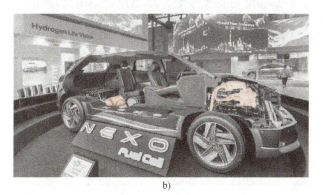

b)

图1-7 现代NEXO氢燃料电池电动汽车
a) 外形 b) 内部结构

料电池系统的峰值功率为135kW，峰值转矩为395N·m，百公里加速时间为9.2s，最高车速为179km/h；续驶里程方面，NEDC（新欧洲驾驶循环）标准下的续驶里程超过800km；加氢方面，现代NEXO仅需5min即可加注完成约156L（6.3kg）的70MPa氢气。

纯电动汽车、混合动力电动汽车和燃料电池电动汽车三者的比较见表1-1。

表1-1 三种电动汽车的比较

类型	纯电动汽车	混合动力电动汽车	燃料电池电动汽车
驱动方式	电机驱动	内燃机驱动 电机驱动	电机驱动
能量系统	蓄电池 超级电容器	蓄电池 超级电容器 内燃机	燃料电池
能源和基础设施	电网充电设备	加油站 电网充电设备	加氢站
主要特点	零排放 不依赖原油续驶里程短	排放低 续驶里程长 依赖原油	零排放 续驶里程长 不依赖原油 成本高

目前，国内新能源汽车市场主要以纯电动汽车和插电式混合动力电动汽车为主。

根据《节能与新能源汽车技术路线图2.0》，节能汽车要向"混动化"方向发展，2025年，非插电式混合动力电动汽车占传统能源汽车的比例应达到50%，到2035年则应达到100%。到2025年，新能源新车销售量占汽车新车销售总量的比例应达到20%，到2035年则应达到50%。因此，"全面电驱动化"是我国汽车工业的发展方向。

1.4 新能源汽车的技术体系

新能源汽车的技术体系为"三纵三横"式，如图1-8所示。"三纵"是指纯电动汽车、插电式混合动力（含增程式）电动汽车和燃料电池电动汽车，布局整车技术创新链；"三横"是指动力蓄电池与管理系统、驱动电机与电力电子、网联化与智能化技

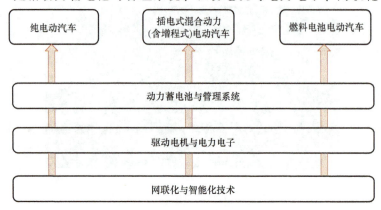

图1-8 新能源汽车的技术体系

术，构建关键零部件技术供给体系。其中，网联化与智能化技术表示新能源汽车须向智能网联汽车方向发展。

通过对新能源汽车核心技术进行攻关，大幅提高新能源汽车整车综合性能，以期到2025年，纯电动乘用车新车平均电耗降至12.0kW·h/100km，插电式混合动力（含增程式）乘用车新车平均油耗降至2.0L/100km。

1.5 新能源汽车的关键零部件和技术

1. 新能源汽车的关键零部件

新能源汽车的关键零部件主要包括驱动电机、电机控制器、动力蓄电池系统、增程式发动机、机电耦合装置、燃料电池堆及系统、高压总成、整车控制器和轻量化车身等，到2025年达到图1-9所示的目标。

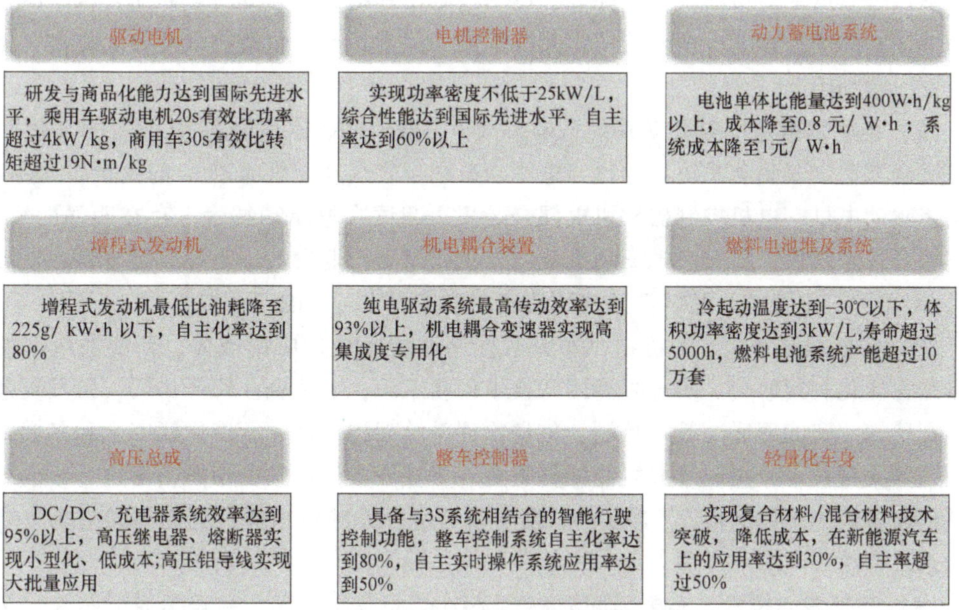

驱动电机：研发与商品化能力达到国际先进水平，乘用车驱动电机20s有效比功率超过4kW/kg，商用车30s有效比转矩超过19N·m/kg

电机控制器：实现功率密度不低于25kW/L，综合性能达到国际先进水平，自主率达到60%以上

动力蓄电池系统：电池单体比能量达到400W·h/kg以上，成本降到0.8元/W·h；系统成本降至1元/W·h

增程式发动机：增程式发动机最低比油耗降至225g/kW·h以下，自主化率达到80%

机电耦合装置：纯电驱动系统最高传动效率达到93%以上，机电耦合变速器实现高集成度专用化

燃料电池堆及系统：冷起动温度达到-30℃以下，体积功率密度达到3kW/L，寿命超过5000h，燃料电池系统产能超过10万套

高压总成：DC/DC、充电器系统效率达到95%以上，高压继电器、熔断器实现小型化、低成本；高压铝导线实现大批量应用

整车控制器：具备与3S系统相结合的智能行驶控制功能，整车控制系统自主化达到80%，自主实时操作系统应用率达到50%

轻量化车身：实现复合材料/混合材料技术突破，降低成本，在新能源汽车上的应用率达到30%，自主率超过50%

图1-9 新能源汽车的关键零部件

注：3S系统是地理信息系统、全球卫星定位系统、遥感系统的合称。

2. 新能源汽车的共性关键技术

新能源汽车的共性关键技术主要有整车集成技术、电驱动技术、能量存储技术、燃料电池技术及高压电气技术等，如图1-10所示。

3. 新能源汽车的核心关键技术

新能源汽车的核心关键技术主要涉及动力蓄电池技术、电驱动技术、智能网联技术和基础核心技术等。

（1）**动力蓄电池技术** 要实施电池技术突破行动，开展正负极材料、电解液、隔膜等关键核心技术研究，加强高强度、轻量化、高安全、低成本、长寿命的动力电池和燃料电池系统短板技术攻关，加快固态动力蓄电池技术研发及产业化；动力蓄电池技术

整车集成技术	突破融合多信息、以能量管理为核心的整车智能控制技术，高集成度的动力系统电动化等技术难题，开发太阳能电池整车集成应用技术
电驱动技术	突破电机与传动装置、逆变器集成，高集成电驱动系统专用变速器等技术难题
能量存储技术	突破宽温度、长寿命、全固态电池，低成本、高集成化电池管理等技术难题
燃料电池技术	突破高可靠性膜、催化剂及双极板，高可靠性供给系统及其关键部件等技术难题
高压电气技术	突破无线充电、高耐压等级薄壁绝缘层等技术难题

图 1-10　新能源汽车的共性关键技术

要努力满足电驱动汽车的需求，包括能量型、能量功率兼顾型和功率型；要考虑市场需求的多样性，发展普及型、商用型与高端型三种类别，而不以单一的高能量密度为主导；坚持安全第一的原则，兼顾性能、成本与寿命等指标；开发新体系动力蓄电池；努力构筑完整的动力蓄电池全产业链：系统集成、关键材料、制造技术及关键装备、测试评价及回收利用等。

（2）**电驱动技术**　电驱动系统是未来汽车工业产业链的重中之重，"电驱动化"标志是所有类型汽车驱动系统电动化，电驱动系统是实现"电驱动化"的关键技术基础，它涵盖驱动电机、电机控制器和机电耦合装置。我国在电驱动技术上存在明显的短板，机电耦合技术落后，要加大电驱动系统的自主研发与产业发展，重视关键材料、核心零部件/元器件与主控芯片及软件架构的研发，形成自主可控的产业链。

（3）**智能网联技术**　新能源汽车是智能网联技术最佳应用载体，新能源汽车的发展必须智能化和网联化。实施智能网联技术创新工程，支持企业跨界协同，研发复杂环境融合感知、智能网联决策与控制、信息物理系统架构设计、智能网联安全和多模式评价测试等关键技术，突破车载智能计算平台、云控平台、高精度地图与定位、车辆与车外其他设备间的无线通信（V2X）、车载高速网络、关键传感器、智能车载终端、线控执行系统等核心技术与产品。

（4）**基础核心技术**　实施新能源汽车基础技术提升工程。突破车规级芯片、车载操作系统、新型电子电气架构、高效高密度驱动电机系统等关键技术和产品，攻克氢能储运、加氢站、车载储氢等氢燃料电池汽车应用支撑技术；支持基础元器件、关键生产装备、高端试验仪器、开发工具、高性能自动检测设备等基础共性技术研发创新，攻关新能源汽车智能制造海量异构数据组织分析、可重构柔性制造系统集成控制等关键技术。

4. 新能源汽车的创新和前沿技术

2020世界新能源汽车大会从整车集成与控制、动力蓄电池、燃料电池、驱动系统、智能化、轻量化及新材料、能源供给、其他相关技术共8个技术方向，评选了2020年"全球新能源汽车前沿及创新技术"，共有7项创新技术和7项前沿技术入选。

（1）**新能源汽车7项创新技术**　新能源汽车7项创新技术分别是高集成刀片动力蓄电池技术、面向海量场景的自动驾驶云仿真平台技术、动力蓄电池高效成组（cell to pack，CTP）技术、一体化大功率燃料电池系统技术、800V 碳化硅逆变器技术、基于昇腾 AI 的自动驾驶云服务技术、车用金属双极板燃料电池电堆技术。

1）高集成刀片动力蓄电池技术。高集成刀片动力蓄电池技术是具有高集成效率、高安全防护的动力蓄电池技术。该技术突破传统拉深/挤出工艺制约，攻克超薄铝壳焊接技术，成功开发出长宽比为 10∶1、厚度为 0.3mm 的超长超薄铝壳刀片电池，打破传统电池系统的模组概念，利用刀片电池独特长宽比特征，实现超长尺寸电芯的紧密排列，获得超过 60% 的体积集成效率。与采用传统技术的电池系统相比，采用刀片电池的电池系统零部件数量减少 40% 以上，体积利用率增加 50% 以上，成本下降 30% 以上。搭载磷酸铁锂体系的纯电动汽车续驶里程达到 600km。同时，基于磷酸铁锂先天的安全优势，刀片电池的紧密组排设计、多功能集成包络设计和系统三明治式结构设计可以从多层级多维度保障动力蓄电池系统安全，满足绝大部分电动汽车需求。

2）面向海量场景的自动驾驶云仿真平台技术。面向海量场景的自动驾驶云仿真平台技术在计算节点中闭环运行全栈自动驾驶算法，利用云计算的强大算力，支持一万个以上场景的并行计算，使得 1000 个测试场景的运行时间从 2 天大幅缩减至 4min，并实现全自动化测评。同时，该平台还能利用虚实一体的交通流数据，构建城市级别的虚拟仿真世界，具备每日 1000 万 km 以上的测试能力，能支持数千辆自动驾驶车辆和数十万辆交通车同时运行，虚拟城市中车辆之间实时同步，在提升测试效率的同时保证测试有效性，是国内唯一具备"数据采集、场景建模、场景自动生成、模型在环、软件在环、云加速测评、硬件在环、车辆在环"等功能的自动驾驶仿真系统。

3）动力蓄电池高效成组（cell to pack，CTP）技术。新型 CTP 电池包通过将电芯直接集成到电池包，省去电池模组组装环节，与传统电池包相比，CTP 电池包体积利用率提高 15%~20%，电池包零部件数量减少 40%，生产效率提升 50%，大幅降低动力蓄电池的制造成本；CTP 电池包能量密度较传统电池包可提升 10%~15%，传统电池包的能量密度平均为 180W·h/kg，而 CTP 电池包的能量密度可达到 200W·h/kg 以上。

4）一体化大功率燃料电池系统技术。一体化大功率燃料电池系统技术通过采用超薄金属双极板、低 Pt 催化剂、空气侧无外增湿及智能控制策略，有效缩小燃料电池系统体积，降低成本。搭载该技术的燃料电池系统功率可达 92kW，体积功率密度达到 956W/L，贵金属 Pt 的载量为 $0.35mg/cm^2$。该技术可应用于乘用车和商用车双平台，尤其能满足作为未来重点发展方向的中重型货车的功率需求。同时，该技术通过建立质子交换膜中水含量状态的在线智能检测与控制策略优化，实现 -30℃ 无辅助热源的低温起动，可补足目前纯电动技术在寒冷区域应用不足的空白。

5）800V 碳化硅逆变器技术。800V 碳化硅逆变器技术的核心是开发和应用 Viper 电源开关。该开关高度集成双面散热技术，并将原来的绝缘栅双极晶体管（insulated gate bipolar transistor，IGBT）电源开关更换为碳化硅金属氧化物半导体场效应晶体管（metal-oxide-semiconductor field-effect transistor，MOSFET）开关。与前几代逆变器相比，该开关可以减少 40% 的质量，缩小 30% 的整体尺寸，提高 25% 的功率密度，同时可以减少最高 70% 的开关损耗。该技术下的逆变器可以赋能电压高达 800V 的电气系统，相比当下最先进的 400V 系统，因质量和损耗较小，它可以提升电动汽车的续驶里程并将

充电时间缩短一半。

6) 基于昇腾 AI 的自动驾驶云服务技术。基于昇腾 AI 的自动驾驶云服务技术通过软硬件加速、自动分析算法、并行仿真等技术实现车云协同的自动驾驶数据快速闭环，提供数据、训练和仿真三大服务，突破真实世界时空的约束，在仿真空间更高效地运行算法，快速得到算法里程数据和性能评测数据，旨在降低自动驾驶开发门槛，让自动驾驶开发变得更智能、更高效、更便捷。

7) 车用金属双极板燃料电池电堆技术。通过开发宽电流适应性膜电极、高效流体分配金属双极板和自调节集成化电堆结构，实现燃料电池电堆的高功率密度和高可靠性，电堆功率密度达到 4.2kW/L，并完成电堆及其关键部件的工程化开发，该技术成功通过 38 项车规级验证。经电堆、发动机台架及整车的振动试验、环境标定试验、碰撞试验以及路况测试表明：金属双极板燃料电池电堆可以满足全天候环境车用要求，为氢燃料电池汽车的商业化应用提供关键部件和技术支撑。

从创新技术领域入选的 7 项技术可以看出，三电技术已成产业关注的焦点，近年来动力蓄电池热失控成为新能源汽车产业发展的核心痛点，高电压电气架构成为制约充电速度与车辆性能的关键所在。同时，为保证技术路线的多样性，燃料电池技术同样也是产业关注的焦点。最后是自动驾驶领域相关技术，在创新技术领域中，自动驾驶云仿真平台与自动驾驶云服务技术入选，说明国内开始重视自动驾驶底层技术与基础工具的研发，这对于发展基础牢固的自动驾驶产业而言十分重要。

(2) 新能源汽车 7 项前沿技术　新能源汽车 7 项前沿技术分别为高电压镍锰酸锂正极材料及电池技术、新型无氟碳氢质子交换膜技术、基于 3D 结构复合载体的铂基合金催化剂技术、聚合物复合固态电解质技术、智能驾驶感知计算平台技术、高功率密度硅基氮化镓功率模块技术、扇形模组轴向磁场轮毂电机技术。

1) 高电压镍锰酸锂正极材料及电池技术。高电压镍锰酸锂材料具有高电压、高能量密度、低成本、高安全性和快锂离子传导特性，是下一代动力蓄电池的主流正极材料之一。在高电压下，电极材料与电解液之间剧烈的副反应是限制镍锰酸锂材料商业化的最大障碍，解决该问题的关键就是构造稳定的正极材料与电解液界面和耐高电压的材料体系，具体包含高电压正极材料表面改性技术、高电压镍锰酸锂材料电解液开发匹配技术、高电压辅助配套材料的匹配改性技术，这些技术也将推动电池行业向高电压、高能量密度和高安全性的目标前进。

2) 新型无氟碳氢质子交换膜技术。新型无氟碳氢质子交换膜表现出较强的化学耐久性，较高的离子交换率使其电导率为目前领先的全氟磺酸膜的 1.5~2 倍，显著降低氢气的渗透，这不仅可以减少寄生电流密度的损失，而且可以减少由渗透的氢和氧气反应所产生的过氧化氢。碳氢质子交换膜的低气体渗透性主要是由于碳氢聚合物的气体溶解度比含氟聚合物低而形成的，碳氢质子交换膜的低氢气渗透率的特性，可以减少铂层带状化，增加催化剂层寿命。同时，减少氢气渗透可以降低燃料电池系统对氢气排放的要求，提高整体氢能效率和续航能力。

3) 基于 3D 结构复合载体的铂基合金催化剂技术。该技术采用石墨烯为载体材料，以阳离子聚合物 PDDA（邻苯二甲酸二乙二醇二丙烯酸酯）功能化的炭黑为间隔物，功能化炭黑与氧化石墨烯通过静电作用自组装，解决制备过程中石墨烯片层发生堆叠的问题；经化学还原得到三维石墨烯/功能化炭黑复合材料，然后担载 Pt 及其合金纳米粒子，制得基于 3D 结构复合载体的铂基合金催化剂。制备的催化剂，具有独特的核壳结构可避免过渡金属的腐蚀，电化学活性、稳定性优异，Pt 利用率大幅提高，成功实现 Pt 用量及燃料电池成本的降低。

4）聚合物复合固态电解质技术。固态锂电池以其高比能、高安全性等显著优势，成为未来新能源汽车发展的核心动力，设计和制备物理与电化学性能优异的固态电解质迫在眉睫。"刚柔并济"的聚合物复合固态电解质设计理念，是以尺寸热稳定性好的"刚"性材料为骨架支撑，复合电化学窗口宽、室温离子传输性能优异的"柔"性聚合物材料和高离子迁移数锂盐，有效解决单一聚合物电解质尺寸热稳定性差和力学强度低，以及单一无机固态电解质界面传输和加工性能差的瓶颈问题，利用该聚合物复合电解质研制的固态锂电池具有高安全性、高比能、高耐压、长寿命等突出特点，是未来新能源汽车动力蓄电池技术的重要选择。

5）智能驾驶感知计算平台技术。智能驾驶感知计算平台是实现汽车智能化的基础，是利用机器替代人的眼睛识别外部环境，迈向无人驾驶的前提。智能驾驶感知计算平台基于车载人工智能计算处理器和视觉算法的深度融合优化，利用先进的车载视觉传感器、雷达等感知设备，支持针对复杂场景的细粒度、结构化的语义感知，对高度可扩展、模块化的三维语义环境重建以及透明化、可追溯、可推理的决策和路径规划，满足不同场景下高级别自动驾驶运营车队以及无人低速小车的感知计算需求，支撑 L3 及以上级别自动驾驶技术突破和应用示范。

6）高功率密度硅基氮化镓功率模块技术。硅基氮化镓功率模块具有较低内阻、较高功率密度、较高效能和良好高频切换特性等优点，可提高散热性能，跟传统硅基组件相比可提高 30% 以上的效率，在应用上具有很大的优势，可以有效减小驱动逆变器系统体积，降低系统成本。但其受限于单颗芯片输出电流较小，暂时无法用于车用驱动逆变器。不过，通过芯片并联与应用高导热键合材料来降低热阻提升整体电流输出，可以实现高功率密度和每相可输出 350A 大电流的高功率硅基氮化镓功率模块。目前，硅基组件中 MOSFET 无法耐高压、IGBT 开关切断速度不够快造成能量的损失较大，但随着硅基氮化镓成本的降低，未来在车载充电机、驱动逆变器、车辆到电网的电力储存等新能源汽车市场应用上氮化镓仍有较大的应用发展潜力。

7）扇形模组轴向磁场轮毂电机技术。扇形模组轴向磁场轮毂电机是具有扇形模组定子线圈、制动盘和电机转子一体化设计的新型轴向磁场电机，应用到乘用车上能有效降低轮毂电机的簧下质量，能有效结合液压制动以保证车辆制动安全性，能避免与现有车辆底盘悬架零部件的运动干涉。关键技术涉及扇形模组定子线圈设计封装技术、制动盘和转子一体化设计制造技术、电磁和机械耦合的 NVH（noise, vibration, harshness, 噪声、振动、声振粗糙度）技术、扇形模组电机的控制技术。应用该技术可以形成独立转向的驱/制动一体化零部件，可以形成分布式驱动系统和混合动力系统。

对于动力蓄电池的未来技术路线，从入选的高电压镍锰酸锂正极材料及电池技术、新型无氟碳氢质子交换膜技术、基于 3D 结构复合载体的铂基合金催化剂技术、聚合物复合固态电解质技术这四项中可以看出，我国动力蓄电池基本会走向高镍无钴化、固态电解质路线，在锂离子电池之外的并行技术路线则是燃料电池。

7项创新技术已实现量产化应用，有效提升了新能源汽车的技术水平；而7项前沿技术则展示了全球基础研究的最新方向，为新能源汽车科技创新指出了新的方向。

1.6 新能源汽车的标准体系

新能源汽车标准体系具有以下作用：
1）规范和统一新能源汽车产品。
2）引导新能源汽车技术发展，促进新能源汽车技术交流。
3）促进新能源汽车产业发展，提升新能源汽车产品质量。
4）支撑政府管理。

目前，我国已形成较为完善的新能源汽车标准体系框架，框架定义为"基础""整车""关键系统及部件""接口及设施""充电基础设施"五个部分，如图1-11所示，其中充电基础设施属于新能源汽车外部要素。

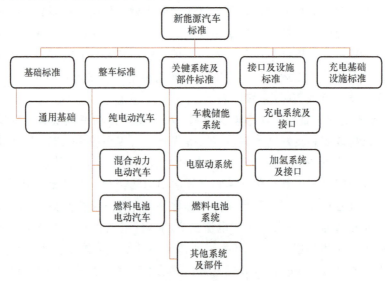

图1-11 新能源汽车的标准体系框架

现行的新能源汽车的主要国家标准已经突破100项，具体见附录。

1.7 新能源汽车的发展趋势

新能源汽车要继续坚持电动化、智能化、网联化、共享化的发展方向，按照"三纵三横"的总体布局，开展新能源汽车关键技术研发，助推新能源汽车产业高质量发展。

1. 加强基础研究和前沿颠覆性技术创新

提升原始创新能力，努力实现更多从0到1的突破。特别是在动力蓄电池方面，将重点布局新一代锂离子蓄电池材料体系（如全固态锂或锂离子蓄电池、金属锂电池、多价金属与反应材料体系等），为产业未来的发展奠定基础。

2. 支持行业共性关键技术突破

开发模块化、轻量化、分布式纯电动底盘平台以及新型电子电气架构，研究高安全性与长寿命动力蓄电池产业技术解决方案，开发高性能、低成本燃料电池电堆及关键材料，突破网联化与智能化技术，攻克车辆智能控制操作系统、复杂环境感知、智能决策规划、V2X云控平台等技术。

3. 安全是新能源汽车健康可持续发展的重要前提

当前新能源汽车安全问题较为突出，但总体可防可控。提升新能源汽车安全性是一项系统工程，需要持续加强全产业链安全技术研究，从设计、制造、使用、维护保养到回收利用全生命周期建立"本体安全、主动安全、被动安全、过程安全"的防控体系，加强软件远程更新和大数据技术应用，制定和执行严格的安全技术标准，开展全产业链的质量提升行动，为消费者提供安全可靠的产品和出行体验。

4. 推动产业融合发展

电动化、智能化、共享化叠期发展，加速融合，产业链不断拓展，亟须汽车与能源、交通、信息通信、城市规划等行业更紧密地跨界协同，共同构建产业新生态。汽车行业将积极加强新能源汽车与电网（vehicle to grid，V2G）技术应用，推动构建"绿色、智能"的新型能源体系；加快人工智能、大数据和新一代信息通信技术的应用，拓展智能网联汽车的商业化应用场景，扩大共享出行服务规模，推动与智能交通系统和智慧城市的融合发展。

（1）**推动新能源汽车与能源融合发展** 加强新能源汽车与电网（V2G）能量互动。加强高循环寿命动力蓄电池技术攻关，推动小功率直流化技术应用，建设柔性配电网络；鼓励地方开展V2G示范应用，统筹新能源汽车充放电、电力调度需求，综合运用政策及经济性手段，实现新能源汽车与电网能量高效互动，降低新能源汽车用电成本，提高电网调峰、调频和安全应急响应能力。促进新能源汽车与可再生能源高效协同。推动新能源汽车与气象、可再生能源电力预测预报系统信息共享与融合，统筹新能源汽车能源利用与风电光伏协同调度，提升可再生能源应用比例；鼓励"光储充放"（分布式光伏-储能系统-充放电）多功能综合一体站建设。

（2）**推动新能源汽车与交通融合发展** 发展一体化智慧出行服务。加快建设涵盖前端信息采集、边缘分布式计算、云端集中管控的新型智能交通管控系统；加快新能源汽车在分时租赁、城市公交、出租汽车、场地用车等领域的应用；引导汽车生产企业和出行服务企业共建"一站式"服务平台，精准匹配个体出行需求，构建"出行即服务"新型交通出行服务模式。构建智能绿色物流运输体系。推进新能源汽车在城市物流、农村物流、港口短驳等领域的应用；创新智慧物流营运模式，推广模块化运输、单元化物流、无人物流等新模式应用，打造安全高效的物流运输服务新业态。

（3）**推动新能源汽车与信息通信融合发展** 加强互联互通和信息交互。充分发挥蜂窝通信网络基础优势，以无线通信、定位导航等技术为支撑，推动车辆与道路交通、信息通信基础设施广泛互联和数据交互，为多级联动的自动驾驶控制决策和应用服务提供保障。推进以数据为纽带的"人-车-路-云"高效协同。基于汽车感知、交通管控、城市管理等信息，构建"人-车-路-云"多层数据融合与计算处理平台，开展特定场景、区域及道路的示范应用，促进汽车与信息通信融合应用服务创新。打造信息安全保障体系，构建汽车身份认证和数据管理体系，加强数据、应用服务在汽车全生命周期的分级分类管理和访问控制，完善风险评估、预警监测、应急响应机制，保障新能源汽车"端-管-云"各个环节的信息安全。

（4）**加强标准对接与数据共享** 建立新能源汽车与相关产业融合发展的综合标准体系。明确车载操作系统、车用基础地图、车桩信息共享、云控基础平台、车用无线通信等技术接口标准；建立跨行业、跨领域的综合大数据平台，促进各类数据共建共享与互联互通。

5. 加强公共基础设施建设

加强充换电、加氢等基础设施建设。加快形成以快充为主的高速公路和城乡公共充电网络。对作为公共设施的充电桩建设给予财政支持。鼓励开展换电模式应用。

（1）我国新能源汽车产业至2035年发展规划

1）至2025年，新能源汽车新车销量占比达25%左右。

2）至2025年，智能网联汽车新车销量占比达到30%。

3）至2025年，实现纯电动乘用车新车平均电耗降至12.0kW·h/100km，插电式混合动力（含增程式）乘用车新车平均油耗降至2.0L/100km。

4）至2035年，国内公共领域用车将实现全面电动化。

5）至2035年，燃料电池汽车可实现商业化应用。

6）提高技术创新能力是下阶段新能源汽车产业发展的重要目标之一，届时将推动深化"三纵三横"的研发布局。

7）未来将构建新型产业生态，加快车载操作系统产业化应用。

8）下阶段将推动构建产业协同发展新格局，具体措施包括推动新能源汽车与能源、交通、信息通信融合发展，同时还将加强标准对接与数据共享。

9）为给新能源汽车营造良好的使用环境，下阶段将加快推动换电、加氢、信息通信与道路交通等基础设施建设。

10）非运营车辆充电服务将享受居民生活电价。

（2）未来新能源汽车应具备的特征

1）采用清洁电能。目前电能多数通过火力发电获得，煤是电力的主要来源，即先通过燃烧煤产生电，接着给电动汽车充电，然后将电能转化成动力，二次转化效率低，而且采煤、烧煤对环境有负面影响。因此，新能源汽车必须采用清洁电能，如风能、水能、太阳能、氢能等。

2）电池技术满足用户使用方便的要求。要突破电池的储能和充电技术，新能源汽车使用的方便性要接近于现在的燃油汽车。

3）新能源汽车是自动驾驶的最好载体。智能化、网联化、共享化都能体现在新能源汽车上。

4）新能源汽车是一个移动的智能终端，乘车人可以在车里看书、上网、购物、办公等。

5) 未来新能源汽车发展的终极目标是无人驾驶，如图1-12所示。

图1-12　未来无人驾驶新能源概念车

练 习 题

1. 为什么要大力发展新能源汽车？
2. 什么是新能源汽车？日本、美国和我国对新能源汽车的定义有何不同？
3. 新能源汽车主要包括哪些类型？它们有什么不同？
4. 新能源汽车的技术体系是怎样的？
5. 新能源汽车的关键零部件有哪些？
6. 新能源汽车的共性关键技术和核心关键技术有哪些？
7. 新能源汽车的标准体系是怎样的？
8. 新能源汽车的发展趋势是什么？

第2章

纯电动汽车技术及仿真实践

【教学目标】

通过学习本章，学生能够对纯电动汽车技术有全面的了解或掌握；重点掌握纯电动汽车的组成与工作原理；掌握动力蓄电池及其管理系统、驱动电机系统、变速器及电驱动系统、整车控制器、高压系统的基础知识；了解制动能量回收技术和电动汽车充电技术；能够利用 MATLAB/Simulink 对纯电动汽车传动系统参数匹配、纯电动汽车的动力性和经济性进行仿真。

【教学要求】

知识要点	能力要求	参考学时
概述	掌握纯电动汽车的组成与工作原理；了解纯电动汽车驱动系统布置形式和纯电动汽车的性能参数	2
动力蓄电池及其管理系统	了解电动汽车对动力蓄电池的要求、动力蓄电池主要性能指标和结构类型；掌握铅酸蓄电池、金属氢化物镍蓄电池和锂离子蓄电池的结构原理与特点；了解新体系电池；掌握蓄电池管理系统的作用；了解动力蓄电池荷电状态(SOC)估算方法	4
驱动电机系统	了解电动汽车对驱动电机的要求和电机主要性能指标；掌握直流电机、异步电机、永磁同步电机、开关磁阻电机、轮毂电机的结构与特点；掌握电机控制器的功能	2
变速器及电驱动系统	了解电动汽车变速器的结构和电驱动系统的类型、应用	2
整车控制器	了解整车控制器的控制模式和结构；掌握整车控制器的功能和技术要求	1
纯电动汽车高压系统	掌握纯电动汽车高压系统的组成与等级；了解高压配电箱和电源变换器	2
电动汽车制动能量回收技术	掌握制动能量回收系统的作用、组成与原理；了解制动能量回收控制策略	1
电动汽车充电技术	了解电动汽车对充电设备的要求、电动汽车充电设备的种类；掌握电动汽车的充电方法和充电方式	2
纯电动汽车传动系统参数匹配	掌握纯电动汽车驱动电机参数匹配、传动系统传动比匹配和动力蓄电池参数匹配方法	2
纯电动汽车动力性和经济性	掌握纯电动汽车动力性和经济性分析方法	2
纯电动汽车仿真实践	能够根据纯电动汽车设计目标，对传动系统参数匹配仿真；能够根据纯电动汽车已知参数，对其动力性和经济性进行仿真	4

2.1 概述

2.1.1 纯电动汽车的组成

传统燃油汽车主要由发动机、底盘、车身和电气四大部分组成；纯电动汽车用驱动电机代替传统燃油汽车的发动机，使用电机控制器将电能转换成机械能来驱动行驶，而且二者的底盘结构也有差别。

纯电动汽车主要由驱动电机系统、电源系统、整车控制器和辅助系统等组成，如图 2-1 所示。

图 2-1 纯电动汽车的组成

a) 组成　b) 组成示意图

1. 驱动电机系统

驱动电机系统包括驱动电机、电机控制器及其工作所需的辅助装置，其功用是向驱动轮提供转矩,其是纯电动汽车唯一的驱动装置。

(1) **驱动电机** 驱动电机在纯电动汽车中被要求承担电动机和发电机的双重功能,即在正常行驶时发挥其主要的电动机功能,将电能转化为机械旋转能;而在减速和下坡滑行时又被要求进行发电,承担发电机功能,将车轮的惯性动能转换为电能充入动力蓄电池中。目前主要以永磁同步电机和交流异步电机为主。

(2) **电机控制器** 电机控制器是按整车控制器的指令、驱动电机的转速和电流反馈信号等,对驱动电机的转速、转矩和旋转方向进行控制。

图 2-2 所示为驱动电机及电机控制器实物。

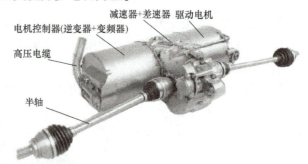

图 2-2　驱动电机及电机控制器实物

驱动电机系统和机械传动装置(减速机构)做成一体,成为电驱动系统是发展趋势。比较常见的是三合一电驱动系统,即将驱动电机、电机控制器和减速器集成为一体,如图2-3所示。该系统的峰值功率为142kW,峰值转矩为340N·m,峰值转速为11000r/min,搭载该电驱动系统的纯电动汽车,百分里(0—100km/h)加速时间为7.6s,最大爬坡度可达40%。纯电动汽车采用三合一电驱动系统,使底盘结构大大简化,留出更多空间,用于安装电源系统。

2. 电源系统

电源系统主要包括动力蓄电池、蓄电池管理系统、车载充电机及辅助动力源等,其功用是向驱动电机提供电能、监测动力蓄电池的使用情况以及控制充电设备向蓄电池充电。

(1) **动力蓄电池** 动力蓄电池是纯电动汽车的动力源,是能量的存储装置。储能装置包括铅酸蓄电池、金属氢化物镍蓄电池、锂离子蓄电池和超级电容器,目前以锂离子蓄电池为主,特别是三元锂电池和磷酸铁锂电池。

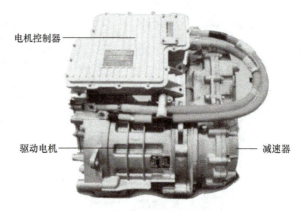

图 2-3　三合一电驱动系统

(2) **蓄电池管理系统** 蓄电池管理系统负责实时监控动力蓄电池的使用情况,对动力蓄电池的端电压、内阻、温度、电解液浓度、当前电池剩余电量、放电时间、放电电流或放电深度等状态参数进行检测,并按动力蓄电池对环境温度的要求进行调温控制,通过限流控制避免动力蓄电池过充或过放电,对有关参数进行显示和报警,其信号流向辅助系统的车载信息显示系统,以便驾驶人随时掌握并配合其操作,按需要及时对动力蓄电池充电并进行维护保养。

图2-4所示为某纯电动汽车的动力蓄电池及其管理系统。

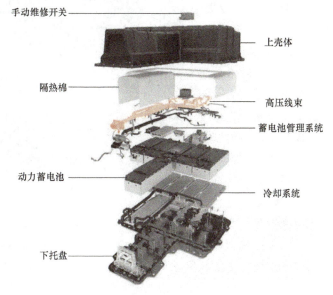

图2-4　某纯电动汽车的动力蓄电池及其管理系统

（3）**车载充电机**　车载充电机用于将电网供电制式转换为对动力蓄电池充电所要求的制式，即把交流电转换为相应电压的直流电，并按要求控制其充电电流。

图2-5所示为车载充电系统。

（4）**辅助动力源**　辅助动力源一般为12V或24V的直流低压电源，它主要给动力转向、空调、照明、电动门窗等各种辅助电气设备提供所需的能源。

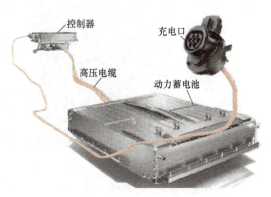

图2-5　车载充电系统

3. 整车控制器

整车控制器根据驾驶人输入的加速踏板和制动踏板的信号，向电机控制器发出相应的控制指令，对驱动电机进行起动、加速、减速、制动控制。在纯电动汽车减速和下坡滑行时，整车控制器配合电源系统的蓄电池管理系统进行发电回馈，使动力蓄电池反向充电。整车控制器还对动力蓄电池的充放电过程进行控制。与汽车行驶状况有关的速度、功率、电压、电流及有关故障诊断等信息还需传输到车载信息显示系统进行相应的数字或模拟显示。

图2-6所示为整车控制器实物。

4. 辅助系统

辅助系统包括车载信息显示系统和辅助电气设备等。

（1）**车载信息显示系统**　目前电动汽车的车载信息显示系统主要以汽车仪表为主，

如图 2-7 所示。

随着汽车智能化、网络化的发展，车载信息显示系统将向智能座舱发展。智能座舱系统是以车联网为依托，集合丰富的车载传感器、控制器、网络传感器、云端数据、算力资源，基于人工智能技术和先进的人机交互技术，提供友好的人机交互界面，提升车辆行驶安全性、通信感知能力及用户体验的汽车座舱软硬件集成系统，主要由人机交互系统、环境控制系统、影音娱乐系统、信息通信系统及导航定位系统等组成。现阶段大部分座舱产品仍为分布式离散控制，即操作系统互相独立，核心技术体现为模块化、集成化设计。未来，随着高级别自动驾驶技术逐步应用，芯片和算法等性能增加，座舱产品将进一步升级，一芯多屏、多屏互融、立体式虚拟呈现等技术将普及，核心技术体现为进一步集成智能驾驶的能力。

图 2-6 整车控制器实物

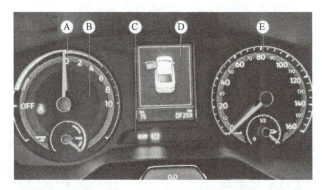

图 2-7 电动汽车的车载信息显示系统

A—行驶功率表　B—故障灯显示　C—"Ready"指示灯　D—信息显示屏　E—速度显示表

未来的智能座舱如图 2-8 所示。

（2）辅助电气设备　辅助电气设备主要包括电动转向系统、导航系统、电动空调、照明等。随着自动驾驶级别的提高，汽车底盘的发展趋势是线控化，即线控转向、线控制动和线控驱动。汽车辅助用电设备会越来越多。

电动汽车的"三电"系统主要是指电驱动系统、电池系统和电控系统，

图 2-8 未来的智能座舱

它们是电动汽车的核心，如果说电池系统是电动汽车的血液，电控系统是电动汽车的大脑，则电驱动系统是电动汽车的心脏。电动汽车的动力性（最高车速、加速能力、爬坡能力）与电驱动系统特性密切相关；电动汽车的经济性（能量消耗率、续驶里程）

与电池系统特性密切相关。

2.1.2 纯电动汽车的工作原理

图 2-9 所示为纯电动汽车结构原理示意图。纯电动汽车的电源由动力蓄电池提供，并通过电网电源和车载充电机进行能源补充。纯电动汽车工作时，驾驶人通过加速踏板和制动踏板控制其行程，传感器将加速踏板、制动踏板机械位移的行程量转换为电信号，输入整车控制器，经处理后发出驱动信号，对驱动电机进行起动、加速、减速、制动控制等。当纯电动汽车行驶时，动力蓄电池输出的直流电经电机控制器变为交流电后输送给驱动电机，驱动电机将电能高效地转化为驱动车轮的动能，使车轮转动。汽车制动减速或下坡滑行时，由车轮带动驱动电机转动，通过电机控制器使驱动电机成为交流发电机产生电流，再将交流电变为直流电给动力蓄电池充电，实现制动能量回收。同时，电动汽车整车控制器通过各种传感器、电流检测器对动力蓄电池、驱动电机进行监控并及时反馈信息和报警，并且通过电流表、电压表、电功率表、转速表和温度表等车载信息显示系统进行显示。

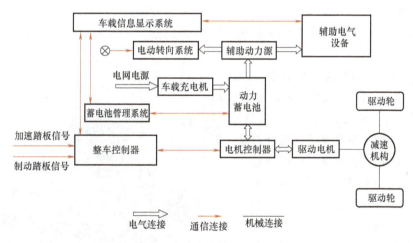

图 2-9 纯电动汽车结构原理示意图

纯电动汽车功能示意图如图 2-10 所示，它包括怠速停机、纯电驱动、回收制动能量和停车充电等功能。

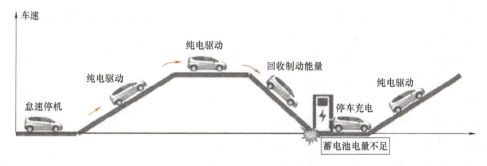

图 2-10 纯电动汽车功能示意图

2.1.3 纯电动汽车驱动系统布置形式

纯电动汽车驱动系统布置形式是指驱动轮数量、位置以及驱动电机的布置形式，主要包括后轮驱动、前轮驱动和四轮驱动。商用电动车以后轮驱动为主，电动乘用车以前轮驱动为主，越野电动车以四轮驱动为主。

1. 后轮驱动

后轮驱动形式主要有传统后驱动、电机-驱动桥组合后驱动、单电机整体后驱动、双电机整体后驱动、轮边电机后驱动、轮毂电机后驱动等，其中以单电机整体后驱动和双电机整体后驱动为主要形式。

(1) **传统后驱动** 传统后驱动的布置形式如图 2-11 所示，它与传统内燃机汽车后轮驱动系统的布置方式基本一致，只是将发动机换成电机，去掉变速器和离合器，让电机和传动轴直接相连，后驱动桥不变，一般用于改造型电动汽车。图 2-12 所示为采用传统后驱动布置形式的实车。

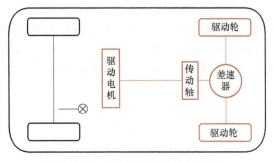

图 2-11 传统后驱动的布置形式

(2) **电机-驱动桥组合后驱动** 电机-驱动桥组合后驱动的布置形式如图 2-13 所示。该种形式取消了离合器、变速器和传动轴，但具有减速器及差速器，把驱动电机、固定速比的减速器和差速器集成为一个整体，通过两个半轴驱动车轮。此种布置形式的整个传动长度较短，传动装置体积小，占用空间小，容易布置，可以进一步降低整车质量；但对电机的要求较高，不仅要求电机具有较高的起动转矩，而且要求具有较大的后备功率，以保证电动汽车的起动、爬坡、加速超车等动力性。一般低速电动汽车和电动货车采用这种布置形式。

图 2-12 采用传统后驱动布置形式的实车

电机-驱动桥组合后驱动采用的驱动桥与内燃机汽车的驱动桥不同，需要电动汽车专用驱动桥，如图 2-14 所示。

(3) **单电机整体后驱动** 单电机整体后驱动的布置形式如图 2-15 所示，它取消了机械式差速器，采用一个电机，通过固定的减速器，驱动两个车轮。一般用于电动乘用车。

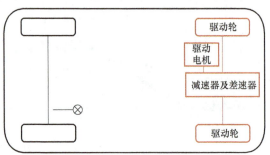

图 2-13 电机-驱动桥组合后驱动的布置形式

图 2-14　电动汽车专用驱动桥

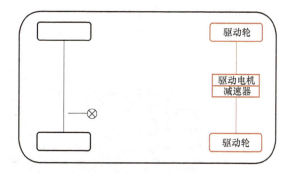

图 2-15　单电机整体后驱动的布置形式

图 2-16 所示为比亚迪唐 EV600 电动汽车的后驱动系统，其由一台永磁同步电机和一个单速减速器组成，峰值功率为 180kW，峰值转矩为 330N·m。

图 2-17 所示为特斯拉 Model S 后置后驱电动汽车。它采用单电机整体后驱动的布置形式，即电机在后，后轮驱动。

图 2-16　比亚迪唐 EV600 电动汽车的后驱动系统

图 2-17　特斯拉 Model S 后置后驱电动汽车

（4）双电机整体后驱动　双电机驱动系统取消了机械差速器，两个电机通过固定速比减速器分别驱动两个车轮；每个电机的转速可以独立调节控制，便于实现电子差速，不必选用机械差速器。电子差速器的优点是体积小，质量小，在汽车转弯时可以实现精确的电子控制，提高电动汽车的性能。双电机整体后驱动的布置形式如图 2-18 所示。

上汽荣威 Marvel X 纯电动汽车采用双电机后驱动系统，如图 2-19 所示。双电机由两个永磁同步电机并联组成，最大输出功率分别为 85kW 和 52kW，最大输出转矩分别为 255N·m 和 155N·m，总

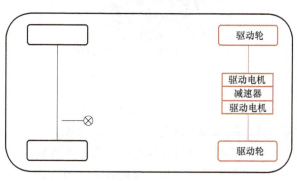

图 2-18　双电机整体后驱动的布置形式

功率为137kW，峰值转矩为410N·m；两个电机之间通过电控耦合器实现连接。

图2-20所示为采用双电机后驱动的奥迪R8纯电动超级跑车。

图2-19　上汽荣威Marvel X双电机后驱动系统

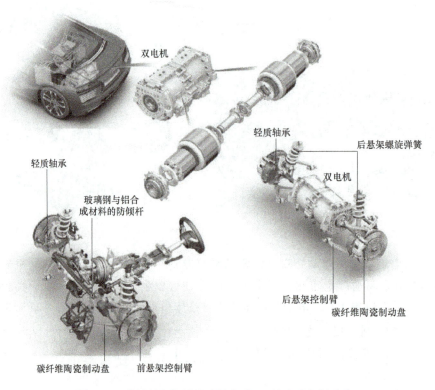

图2-20　采用双电机后驱动的奥迪R8纯电动超级跑车

(5) 轮边电机后驱动　轮边电机后驱动的布置形式如图2-21所示。轮边电机与减速器集成后融入驱动桥上，采用刚性连接，减少高压电器数量和动力传输线路长度；优化后的驱动系统可降低车身高度，提高承载量，提升有效空间。

轮边电机后驱动可用于电动客车，图2-22所示为某后驱动电动客车采用的轮边电机驱动桥实物。

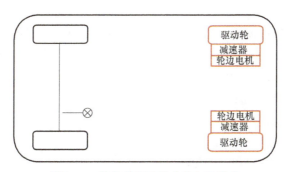

图 2-21 轮边电机后驱动的布置形式

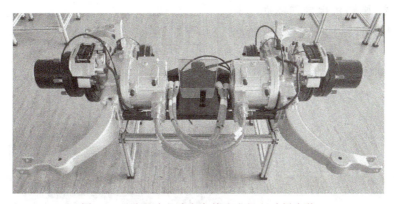

图 2-22 后驱动电动客车轮边电机驱动桥实物

（6）轮毂电机后驱动 轮毂电机后驱动的布置形式如图 2-23 所示，轮毂电机直接安装在车轮上。

图 2-24 所示的纯电动汽车采用轮毂电机独立后驱动，它大大减少了零部件数量和动力系统的体积，让车辆的动力系统变得更加简单，更好地提升了车内空间的利用率。

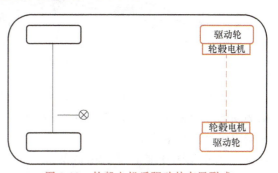

图 2-23 轮毂电机后驱动的布置形式

轮边电机和轮毂电机驱动的原理可以实现任何一种驱动形式，即可以实现后轮驱动、前轮驱动和四轮驱动。

图 2-24 轮毂电机后驱动实物

2. 前轮驱动

采用前轮驱动的纯电动汽车结构紧凑，有利于其他总成的安排，在转向和加速时行驶稳定性较好。前轮驱动兼顾转向，结构复杂，上坡时前轮附着力减小，易打滑。前轮驱动适合于中级及中级以下的电动轿车。

前轮驱动形式主要有电机-驱动桥组合前驱动、单电机整体前驱动、双电机整体前驱动、轮边电机前驱动及轮毂电机前驱动等，其中以单电机整体前驱动为主要形式。

（1）电机-驱动桥组合前驱动　电机-驱动桥组合前驱动的布置形式如图2-25所示。

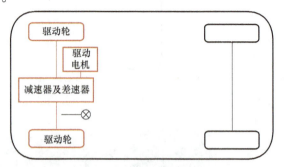

图2-25　电机-驱动桥组合前驱动的布置形式

电机-驱动桥组合前驱动需要电动汽车专用前驱动转向桥，如图2-26所示。

图2-26　电动汽车专用前驱动转向桥

（2）单电机整体前驱动　单电机整体前驱动的布置形式如图2-27所示，是目前国内电动轿车主流布置形式。

图2-28所示为比亚迪唐EV600前驱电动汽车，电驱动系统由一台永磁同步电机和一个单速变速器组成，电机的峰值功率为180kW，峰值转矩为330N·m。

图2-29所示为北汽EU5前驱电动汽车，电驱动系统由一台永磁同步电机和

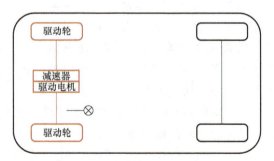

图2-27　单电机整体前驱动的布置形式

一个单速变速器组成，电机的峰值功率为160kW，峰值转矩为300N·m。

图2-30所示为长城欧拉iQ前驱电动汽车，电驱动系统由一台永磁同步电机和一个单速减速器组成，电机的峰值功率为120kW，峰值转矩为280N·m。

（3）双电机整体前驱动　双电机整体前驱动的布置形式如图2-31所示。

（4）轮边电机前驱动　轮边电机前驱动的布置形式如图2-32所示。

（5）轮毂电机前驱动　轮毂电机前驱动的布置形式如图2-33所示。

图 2-28 比亚迪唐 EV600 前驱电动汽车

图 2-29 北汽 EU5 前驱电动汽车

图 2-30 长城欧拉 iQ 前驱电动汽车

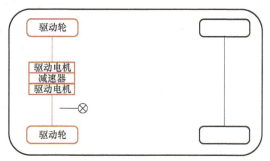

图 2-31 双电机整体前驱动的布置形式

3. 四轮驱动

四轮驱动适合要求动力性强的电动轿车或城市 SUV，与四轮驱动内燃机汽车相比，能够取消部分传动零件，提高空间的利用率和动力的传递效率。

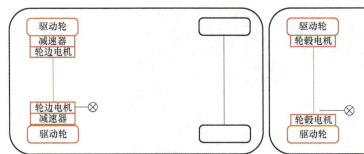

图 2-32　轮边电机前驱动的布置形式

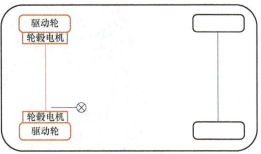

图 2-33　轮毂电机前驱动的布置形式

四轮驱动形式主要有前后单电机驱动、前后双电机驱动、前后轮边电机驱动和前后轮毂电机驱动等，其中以前后单电机驱动和前后双电机驱动为主要形式。

（1）**前后单电机驱动**　前后单电机驱动的布置形式如图 2-34 所示。

图 2-35 所示为捷豹 I-PACE 前后单电机驱动系统，电机为永磁同步电机，峰值功率为 147kW，峰值转矩为 348N·m。

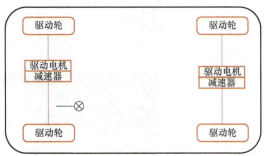

图 2-34　前后单电机驱动的布置形式

图 2-35　捷豹 I-PACE 前后单电机驱动系统

（2）**前后双电机驱动**　前后双电机驱动的布置形式如图 2-36 所示。

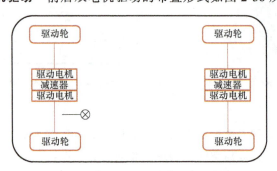

图 2-36　前后双电机驱动的布置形式

特斯拉 Model S D 系列双电机四轮驱动如图 2-37 所示。其中，后电机为主电机，前电机是辅助电机，前电机的功率不到后电机的一半。

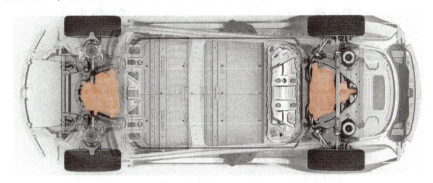

图 2-37　特斯拉 Model S D 双电机四轮驱动

特斯拉 Model S D 系列采用双电机驱动具有以下特点：

1）加速时间变短。以 P85D 为例，车辆的百公里加速时间可达 3.2s，而单电机的 P85 需要 4s。

2）续驶里程变长。P85D 比 P85 增加了 48km 的续驶里程，从 427km 提高到 475km。

3）根据载荷的大小，可选择不同的驱动模式。载荷较小时，前电机工作；载荷中等时，后电机工作；载荷较大时，前、后电机同时工作，如图 2-38 所示。

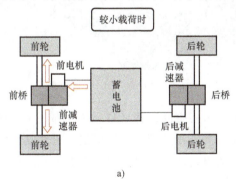

a)

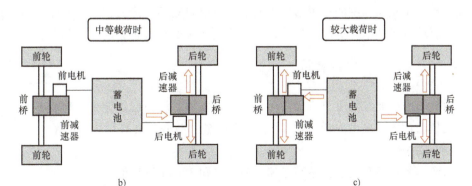

b)　　　　　　　　　　　　　　c)

图 2-38　特斯拉电动汽车双电机驱动模式

a）前驱动　b）后驱动　c）前后驱动

（3）前后轮边电机驱动　前后轮边电机驱动的布置形式如图 2-39 所示。轮边电机通过减速器与驱动轮相连。

（4）前后轮毂电机驱动　前后轮毂电机驱动的布置形式如图 2-40 所示。轮毂电机直接与驱动轮相连。

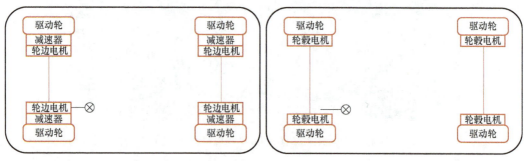

图 2-39　前后轮边电机驱动的布置形式　　图 2-40　前后轮毂电机驱动的布置形式

图 2-41 所示为前后轮毂电机驱动实物。

图 2-41　前后轮毂电机驱动实物

四轮电机驱动可以大大节省空间，并且每个车轮都是一个独立的动力单元，因此能够实现对每个车轮进行精准的转矩分配，反应更快、更直接，效率更高，这是目前传统四驱汽车无法做到的。轮边电机和轮毂电机驱动布置形式是纯电动汽车驱动系统布置形式的发展趋势。

纯电动汽车驱动系统的布置形式主要取决于电驱动系统形式，随着电驱动系统技术的发展和驱动电机技术的进步，纯电动汽车驱动系统的布置将会趋于简单化。

2.1.4　电动汽车的性能参数

电动汽车的性能参数主要有最高车速、加速能力、坡道起步能力、爬坡车速、续驶里程、能量消耗率、放电能量（整车）、再生能量、动力系效率和总功率等。

1. 最高车速

电动汽车的最高车速包括最高车速（1km）和 30min 最高车速。

（1）最高车速（1km）　最高车速（1km）是指电动汽车能够往返各持续行驶 1km 以上距离的最高平均车速。

（2）30min 最高车速　30min 最高车速是指电动汽车能够持续行驶 30min 以上的最高平均车速，其值应不低于 80km/h。

2. 加速能力

加速能力是指电动汽车从速度 v_1 加速到 v_2 所需要的最短时间。0—50km/h 和 50—80km/h 的加速能力，其加速时间应分别不超过 10s 和 15s。

3. 坡道起步能力

坡道起步能力是指电动汽车在坡道上能够起动且 1min 内向上行驶至少 10m 的最大坡度。车辆通过 4% 坡度的爬坡车速不低于 60km/h；车辆通过 12% 坡度的爬坡车速不低于 30km/h；车辆最大爬坡度不低于 20%。

4. 爬坡车速

爬坡车速是指电动汽车在给定坡度的坡道上能够持续行驶 1km 以上的最高平均车速。

5. 续驶里程

续驶里程是指电动汽车在动力蓄电池完全充电状态下，以一定的行驶工况，能连续行驶的最大距离。行驶工况主要有三种：EPA、NEDC 和 WLTP。EPA（Environmental Protection Agency）是美国环境保护署使用的测试标准；NEDC（New European Driving Cycle）是欧洲于 1970 年提出的测试标准；WLTP 是联合国车辆法规标准化组织提出的一种新的燃油经济性测量方法，是由日本、美国、欧盟等共同制定的标准。目前，欧洲已经开始使用 WLTP 测试纯电动汽车的续驶里程。我国目前还在使用 NEDC 测试。从准确度上比较三者，则有 EPA>WLTP>NEDC。

作为普通消费者，纯电动汽车的续驶里程是大家最为关注的核心技术指标，其数值大小直接决定了消费者的日常使用体验。图 2-42 所示为纯电动汽车实测续驶里程。续驶里程测试分为城市工况和高速工况：城市工况的平均行驶车速为（30±2）km/h，至少行驶 100km，根据实际行驶里程与消耗剩余续驶里程之间的比例关系，推算出该车在城市工况下的续驶里程；高速工况的平均行驶车速为（90±2）km/h，行驶 300km 或剩余电量消耗至 15% 时停止测试，同样根据实际行驶里程与消耗剩余续驶里程之间的比例关系，推算出该车在高速工况下的续驶里程。

从 23 款纯电动汽车的城市工况续驶里程测试结果来看，由于车型级别不同，车型尺寸间接决定了可以搭载动力蓄电池的容量，尺寸越大的车型由于底盘拥有更大的空间，其搭载的动力蓄电池体积也就越大，容量会相对较高，且加上大部分车型的动力蓄电池的能量密度也有提升，因而多数车辆的续驶里程在 300~500km，该工况下的平均续驶里程已经超过 400km。而高速工况下的续驶里程要比城市工况低一些，毕竟在这种工况下，纯电动汽车处于高能耗状态，因此出行时一定要做出合理的路线和充电规划。不过在测试中，特斯拉 Model S 的高速工况续航能力非常出色，已经达到近 600km 的水平。

6. 能量消耗率

能量消耗率是指电动汽车经过规定的试验循环后，对动力蓄电池重新充电至试验前的容量，从电网上得到的电能除以行驶里程所得的值（W·h/km）。常用平均百公里能

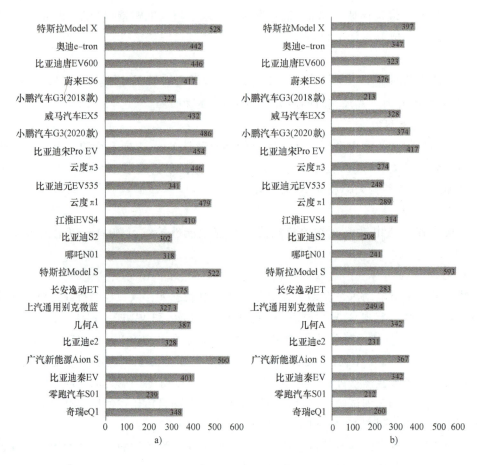

图 2-42 纯电动汽车实测续驶里程（单位：km）

a）城市工况　b）高速工况

耗来评价能量消耗率的大小。图 2-43 所示为纯电动汽车城市工况实测百公里能耗。能耗测试是在完成城市工况续航之后，将测试车辆开往固定充电站进行充电，然后根据充入电量和已行驶的里程数，计算该车在城市工况下的百公里能耗。

从能耗的测试结果可以看出，车身尺寸越大的车型，能耗越高；而车身尺寸越小的车型，相对来说是比较省电的。23 款纯电动汽车的平均百公里能耗为 15.35kW·h/100km。

7. 放电能量（整车）

放电能量是指电动汽车行驶中，由储能装置释放的电能（W·h）。

8. 再生能量

再生能量是指行驶中的电动汽车用再生制动回收的电能（W·h）。

再生制动是指电动汽车滑行、减速或下坡时，将车辆行驶过程中的动能及势能转化或部分转化为车载可充电储能系统的能量存储起来的制动过程。

另外，充电时间也是纯电动汽车的一个重要参数。充电时间是指纯电动汽车在快充模式下，动力蓄电池电量从 30% 充至 80% 所用的时间，大多数车型官方公布的快充时间为30~40min。图2-44所示为纯电动汽车实测充电时间。

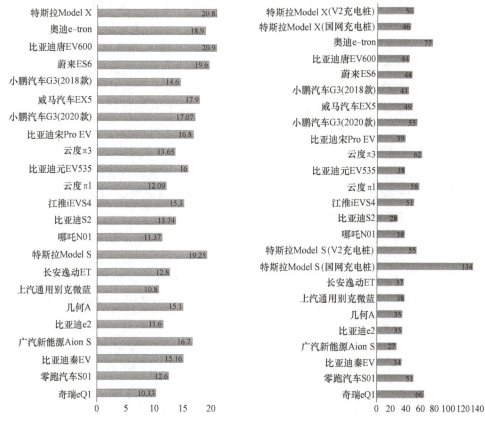

图2-43 纯电动汽车城市工况实测百公里能耗
（单位：kW·h/100km）

图2-44 纯电动汽车实测充电时间
（单位：min）

从测试结果看，大约有一半的车型还是可以实现上述的充电时间。虽然有一些车型没有达到官方公布的充电时间，但也与测试时的充电桩状态有一定关系。当然，选用充电功率越大的充电桩，越容易达到官方宣称的充电时间。整体而言，目前纯电动汽车在补充能源的时间成本上还是比较高的。

2.2 动力蓄电池及其管理系统

2.2.1 电动汽车对动力蓄电池的要求

电动汽车对动力蓄电池具有以下要求：

1）比能量高。为了提高电动汽车的续驶里程，要求电动汽车上的动力蓄电池能储存尽可能多的能量，但电动汽车又不能太重，其安装动力蓄电池的空间也有限，这就要求动力蓄电池具有高的比能量。

2）比功率大。为了使电动汽车在加速行驶、爬坡和负载行驶等方面能与燃油汽车相竞争，要求动力蓄电池具有大的比功率。

3）循环寿命长。循环寿命越长，则动力蓄电池支撑电动汽车行驶的里程数越多，有助于降低车辆使用期内的运行成本。

4）均匀一致性好。对于电动汽车而言，蓄电池组的工作电压大多要求达到数百伏，这就要求有数百个或数千个单体蓄电池串联；为达到设计容量的要求，有时甚至需要更多的单体蓄电池并联。由于蓄电池组的使用性能会受到性能最差的某些单体蓄电池的制约，设计上要求各单体蓄电池在容量、内阻、功率特性和循环特性等方面具有高度的均匀一致性。

5）高低温性能好、环境适应性强。电动汽车作为一种交通工具，要求动力蓄电池既要在北方冬天极冷的环境中长期稳定工作，又要在南方夏天炎热的环境中长期稳定工作。在最恶劣的气候条件下，动力蓄电池的工作温度范围可能是-40~60℃，甚至达到80℃，因此，要求动力蓄电池应当具有良好的高低温特性。

6）安全性好。动力蓄电池应能够有效避免因泄漏、短路、撞击、颠簸等引起的起火或爆炸等危险事故的发生，确保电动汽车在正常行驶或非正常行驶过程中的安全。动力蓄电池须符合 GB 38031—2020《电动汽车用动力蓄电池安全要求》的规定。

7）价格低廉。动力蓄电池要求材料来源丰富，制造成本低，以降低整车价格，提高电动汽车的市场竞争力。

8）绿色、环保。动力蓄电池的制作材料要求与环境友好、无二次污染，并可再生利用。

2.2.2　动力蓄电池主要性能指标

动力蓄电池是电动汽车的储能装置，评定动力蓄电池的实际效应，主要是看其性能指标。动力蓄电池的性能指标主要有电压、容量、内阻、能量、功率、密度、输出效率、自放电率、放电倍率及使用寿命等，根据动力蓄电池的种类不同，其性能指标也有差异。

1. 电压

动力蓄电池的电压主要有标称电压、开路电压、平均电压、负载电压、充电终止电压和放电终止电压。

(1) 标称电压　标称电压是指动力蓄电池在标准规定条件下工作时应达到的电压，也是由厂家指定的用以标识动力蓄电池的适宜的电压近似值。标称电压由单体正负极材料的类型和内部电解液的浓度决定。铅酸蓄电池的标称电压是2V，金属氢化物镍蓄电池的标称电压为1.2V，磷酸铁锂蓄电池的标称电压为3.2V，三元聚合物锂离子蓄电池的标称电压为3.7V。

(2) 开路电压　开路电压是指动力蓄电池在开路条件下的端电压，即动力蓄电池在没有负载情况下的端电压。端电压是指动力蓄电池正极与负极之间的电位差。

(3) 平均电压　平均电压是指在规定的充放电过程中，用瓦时数除以安时数所得到的值，它不是某一段时间内的平均电压（除在定电流情况下）。

(4) 负载电压　负载电压也称为工作电压，是指动力蓄电池接通负载后处于放

状态下的端电压。动力蓄电池放电初始的工作电压称为初始电压。

（5）**充电终止电压** 充电终止电压是指动力蓄电池正常充电时允许达到的最高电压。动力蓄电池充足电时，极板上的活性物质已达到饱和状态，再继续充电，电池的电压也不会上升，此时的电压称为充电终止电压。铅酸蓄电池的充电终止电压为2.7～2.8V，金属氢化物镍蓄电池的充电终止电压为1.5V，锂离子蓄电池的充电终止电压为4.25V。

（6）**放电终止电压** 放电终止电压是指动力蓄电池正常放电时允许达到的最低电压。动力蓄电池在一定标准所规定的放电条件下放电时，电池的电压将逐渐降低，当电池不宜再继续放电时，其最低工作电压称为放电终止电压。如果电压低于放电终止电压后动力蓄电池继续放电，电池两端的电压会迅速下降，形成深度放电。这样，极板上形成的生成物在正常充电时就不易再恢复，从而影响电池的寿命。放电终止电压和放电率有关，放电电流直接影响放电终止电压。在规定的放电终止电压下，放电电流越大，动力蓄电池的容量越小。金属氢化物镍蓄电池的放电终止电压为1V，锂离子蓄电池的放电终止电压为3.0V。

2. 容量

容量是指完全充电的动力蓄电池在规定条件下所释放的总容量，单位为A·h或kA·h，它等于放电电流与放电时间的乘积，1A·h就代表能在1A的电流下放电1h。单元电池内活性物质的数量决定单元电池含有的电荷量，而活性物质的含量则由电池使用的材料和体积决定，通常电池体积越大，容量越高。动力蓄电池的容量可以分为额定容量、n小时率容量、初始容量、理论容量、可用容量及荷电状态等。

（1）**额定容量** 额定容量是指在规定条件下测得的并由制造商标明的电池容量值，通常用安时（A·h）或毫安时（mA·h）表示。

（2）**n小时率容量** n小时率容量是指完全充电的动力蓄电池以n小时率放电电流放电，至达到规定终止电压时所释放的容量。

（3）**初始容量** 初始容量是指新出厂的动力蓄电池，在室温下完全充电后，以1h率放电电流放电至企业规定的放电终止条件时所放出的容量。

（4）**理论容量** 理论容量是假设活性物质完全被利用，动力蓄电池可释放的容量值。为了比较不同系列的动力蓄电池，常用比容量的概念，即单位体积或单位质量动力蓄电池所能给出的理论电量，单位为A·h/L或A·h/kg。

（5）**可用容量** 可用容量也称为实际容量，是在规定条件下，从完全充电的动力蓄电池中释放的容量值，它等于放电电流与放电时间的乘积，其值小于理论容量。可用容量反映了动力蓄电池实际存储电量的大小，动力蓄电池容量越大，电动汽车的续驶里程越长。在使用过程中，动力蓄电池的可用容量会逐步衰减。国家标准规定：新出厂的动力蓄电池若可用容量大于额定容量值，则为合格动力蓄电池。

（6）**荷电状态** 荷电状态（state of charge，SOC）是指动力蓄电池在一定放电倍率下，剩余电量与相同条件下额定容量的比值，反映动力蓄电池容量变化的特性。SOC=1即表示动力蓄电池为充满电状态。随着动力蓄电池的放电，动力蓄电池的电荷逐渐减少，此时动力蓄电池的充电状态，可以用SOC值所对应的百分数来表示电池中电荷的变化状态。一般动力蓄电池的放电高效率区为（50%～80%）SOC。对动力蓄电池 SOC 值的估算已成为动力蓄电池管理的重要环节。

3. 内阻

动力蓄电池的内阻是指电流流过电池内部时所受到的阻力，一般是动力蓄电池中电解质、正负极群、隔膜等电阻的总和。动力蓄电池的内阻越大，其自身消耗的能量越多，电池的使用效率就越低。内阻很大的动力蓄电池在充电时发热很厉害，使电池的温度急剧上升，对电池和充电机的影响都很大。随着动力蓄电池使用次数的增多，由于电解液的消耗及电池内部化学物质活性的降低，动力蓄电池的内阻会有不同程度的升高。动力蓄电池的内阻通过专用仪器测量得到。

绝缘电阻是动力蓄电池端子与动力蓄电池箱或车体之间的电阻。

在锂离子蓄电池内部，锂离子从一极运动到另一极，过程中阻碍离子运动的因素共同组成了锂电池的内阻。内阻越小越好。

4. 能量

动力蓄电池的能量是指在一定放电制度下，动力蓄电池所能输出的电能，单位为 W·h 或 kW·h。它影响电动汽车的续驶里程。动力蓄电池的能量分为初始能量、理论能量、实际能量、充电能量及放电能量等。

（1）**初始能量** 初始能量是指新出厂的动力蓄电池，在室温下完全充电后，以 1h 率放电电流放电至企业规定的放电终止条件时所放出的能量（W·h）。

（2）**理论能量** 理论能量是动力蓄电池的理论容量与额定电压的乘积，表示在一定标准所规定的放电条件下，动力蓄电池所输出的能量。

（3）**实际能量** 实际能量是动力蓄电池的实际容量与平均工作电压的乘积，表示在一定条件下动力蓄电池所能输出的能量。

（4）**充电能量** 充电能量是指通过充电机输入动力蓄电池的电能。

（5）**放电能量** 放电能量是指动力蓄电池放电时输出的电能。

5. 功率

动力蓄电池的功率是指动力蓄电池在一定放电制度下，单位时间内所输出能量的大小，单位为 W 或 kW。动力蓄电池的功率决定了电动汽车的加速性能和爬坡能力。功率分为峰值放电功率、峰值充电功率、高温起动功率、低温起动功率。

（1）**峰值放电功率** 峰值放电功率是指动力蓄电池在特定时间（一般不大于 30s）内能够放电的最大功率。

（2）**峰值充电功率** 峰值充电功率是指动力蓄电池在特定时间内以规定条件能够充电的最大功率。

（3）**高温起动功率** 高温起动功率是指动力蓄电池系统在 SOC 为 20% 或制造商允许的最低值时，在 40℃ 下恒压放电（可根据制造商提供的参数设定放电电流上限）输出的功率。

（4）**低温起动功率** 低温起动功率是指动力蓄电池系统在 SOC 为 20% 或制造商允许的最低值时，在 -20℃ 下恒压放电（可根据制造商提供的参数设定放电电流上限）输出的功率。

6. 密度

动力蓄电池的密度分为能量密度和功率密度。

(1) 能量密度 能量密度是指从动力蓄电池单位质量或单位体积所获取的电能，用 W·h/kg 或 W·h/L 表示，也称为比能量。

从动力蓄电池的单位质量所获取的电能称为质量能量密度，也称为比能量或质量比能量，用 W·h/kg 表示。

从动力蓄电池的单位体积所获取的电能称为体积能量密度，也称为体积比能量，用 W·h/L 表示。

(2) 功率密度 功率密度是指从动力蓄电池的单位质量或单位体积所获取的输出功率，用 W/kg 或 W/L 表示，也称为比功率。

质量功率密度是指从动力蓄电池的单位质量所获取的输出功率，也称为比功率或质量比功率，用 W/kg 表示。

体积功率密度是指从动力蓄电池的单位体积所获取的输出功率，也称为体积比功率，用 W/L 表示。

7. 输出效率

动力蓄电池作为能量存储器，充电时把电能转化为化学能储存起来，放电时则把电能释放出来。在这个可逆的电化学转换过程中，有一定的能量损耗。通常用动力蓄电池的容量效率和能量效率来表示输出功率。

(1) 容量效率 容量效率是指动力蓄电池放电时输出的容量与充电时输入的容量之比，即

$$\eta_c = \frac{C_o}{C_i} \times 100\% \qquad (2\text{-}1)$$

式中，η_c 为动力蓄电池的容量效率；C_o 为动力蓄电池放电时输出的容量；C_i 为动力蓄电池充电时输入的容量。

影响动力蓄电池容量效率的主要因素是副反应。当动力蓄电池充电时，有一部分电量消耗在水的分解上。此外，自放电、电极活性物质的脱落、结块、孔收缩率等也会降低容量输出。

(2) 能量效率 能量效率也称为电能效率，是指动力蓄电池放电时输出的能量与充电时输入的能量之比，即

$$\eta_E = \frac{E_f}{E_c} \times 100\% \qquad (2\text{-}2)$$

式中，η_E 为动力蓄电池的能量效率；E_f 为动力蓄电池放电时输出的能量；E_c 为动力蓄电池充电时输入的能量。

影响能量效率的原因是动力蓄电池存在内阻，它使动力蓄电池充电电压增加，放电电压下降。内阻的能量损耗以动力蓄电池发热的形式消耗掉。

8. 自放电率

自放电率是指动力蓄电池在存放期间容量的下降率，即动力蓄电池无负荷时自身放电使容量损失的速度，它表示动力蓄电池搁置后容量变化的特性。自放电率用单位时间

容量降低的百分数表示，即

$$\eta_{\Delta c} = \frac{C_a - C_b}{C_a \times T_t} \times 100\% \tag{2-3}$$

式中，$\eta_{\Delta c}$ 为电池自放电率；C_a 为动力蓄电池存储前的容量；C_b 为动力蓄电池存储后的容量；T_t 为动力蓄电池存储的时间，常用天或月计算。

9. 放电倍率

放电倍率是指动力蓄电池在规定时间内放出其额定容量 C 时所需要的电流值，它在数值上等于动力蓄电池额定容量的倍数。

放电倍率=放电电流/额定容量；放电电流=额定容量/放电时间。放电倍率根据其大小，可分为低倍率（<0.5C）、中倍率［(0.5~3.5)C］、高倍率［(3.5~7.0)C］、超高倍率（>7.0C）。

例如：额定容量为 10A·h 的电池，用 5h 放电，其放电倍率为 0.2C；用 0.5h 放电，放电倍率为 2C。额定容量为 100A·h 的电池，用 20A 电流放电，其放电倍率为 0.2C。

动力蓄电池的放电倍率，如 1C、2C、0.2C 代表动力蓄电池放电速率，表示放电快慢的一种量度。所用的容量 1h 放电完毕，称为 1C 放电；5h 放电完毕，则称为 1/5 = 0.2C 放电。一般可以通过不同的放电电流来检测动力蓄电池的容量。对于 24A·h 动力蓄电池来说，2C 放电电流为 48A，0.5C 放电电流为 12A。

10. 使用寿命

使用寿命是指动力蓄电池在规定条件下的有效寿命期限。动力蓄电池发生内部短路或损坏而不能使用，以及容量达不到规范要求时动力蓄电池使用失效，这时动力蓄电池的使用寿命终止。动力蓄电池的使用寿命包括循环寿命和日历寿命。

（1）**循环寿命**　循环寿命是在指定的充放电终止条件下，以特定的充放电制度进行充放电，动力蓄电池在不能满足寿命终止标准前所能进行的循环数。

（2）**日历寿命**　日历寿命是指动力蓄电池在不能满足寿命终止标准前能够接受指定操作的时间。

2.2.3 动力蓄电池的类型

1. 结构类型

动力蓄电池的结构类型主要有单体蓄电池、蓄电池模块（组）、蓄电池包和蓄电池系统等，如图 2-45 所示。

（1）**单体蓄电池**　将化学能与电能进行相互转换的基本单元装置，通常包括电极、隔膜、电解质、外壳和端子，并被设计成可充电，也称为电芯。

（2）**蓄电池模块**（组）　将一个以上单体蓄电池按照串联、并联或混联方式组合，作为电源使用的组合体，也称为蓄电池组。

（3）**蓄电池包**　蓄电池包通常包括蓄电池组、蓄电池管理系统、蓄电池箱及相应附件（冷却部件、连接线缆等），具有从外部获得电能并可对外输出电能的单元。

（4）**蓄电池系统**　蓄电池系统是指一个或一个以上蓄电池包及相应附件（管理系

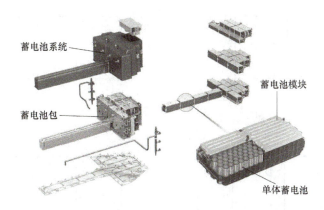

图 2-45 动力蓄电池的结构类型

统、高压电路、低压电路、热管理设备及机械总成等）构成的能量存储装置。

蓄电池系统要放在蓄电池箱内，标准蓄电池箱的结构如图 2-46 所示。

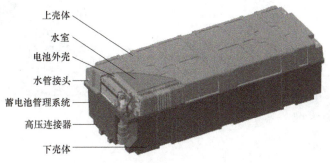

图 2-46 标准蓄电池箱的结构

图 2-47 所示为某纯电动汽车动力蓄电池的组成。每个单体蓄电池的电压为 3.7V，容量为 53A·h，每一个模块都有 12 个单体蓄电池，结构上采用两两并联再串联的组合方式，即"2 并 6 串"，整个蓄电池包由 16 个模块串联构成。

a)

b)

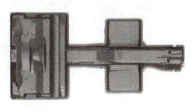

c)

图 2-47 某纯电动汽车动力蓄电池的组成

a) 单体蓄电池　b) 蓄电池模块　c) 蓄电池包

16 个模块串联成动力蓄电池，其布置方式如图 2-48 所示。

动力蓄电池安装在壳体内并被固定在车下，如图 2-49 所示。

动力蓄电池系统由外壳、控制单元和蓄电池模块等构成；外壳的上半部分为塑料材质，下半部分为金属材质，为了保证电磁兼容性而包有一层铝；动力蓄电池系统配备了两个高压接口和一个低压接口，如图 2-50 所示。

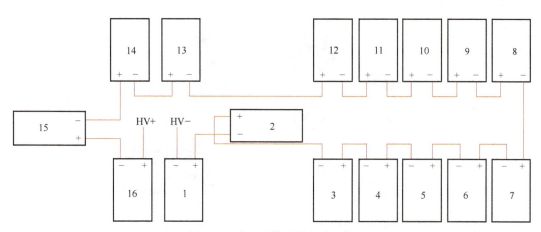

图 2-48 蓄电池模块的布置方式

图 2-49 动力蓄电池的安装位置

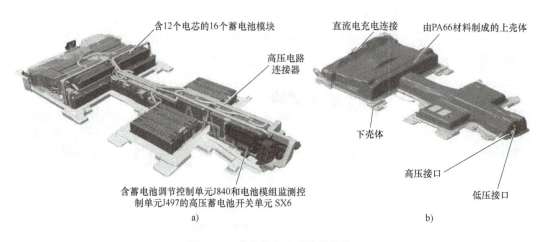

图 2-50 动力蓄电池系统的结构
a）内部结构 b）外部结构

2. 蓄电池的类型

蓄电池是一种将所获得的电能以化学能的形式储存并可以将化学能转变为电能的电化学装置，可以重复充电和放电。图 2-51 所示为汽车蓄电池的工作原理，起动发动机时，蓄电池给予起动机强大的起动电流；发动机工作时，发电机向蓄电池充电，将部分电能转化成化学能储存起来。

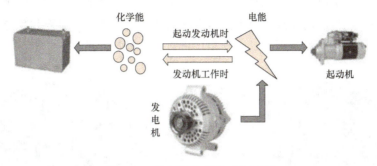

图 2-51　汽车蓄电池的工作原理

蓄电池分为动力蓄电池和辅助蓄电池，动力蓄电池为电动汽车动力系统提供能量，以金属氢化物镍蓄电池、锂离子蓄电池为主；辅助蓄电池为电动汽车低压辅助系统供电，以铅酸蓄电池为主。

2.2.4　铅酸蓄电池

铅酸蓄电池的正极活性物质使用二氧化铅，负极活性物质使用海绵状铅，用硫酸溶液作电解液。铅酸蓄电池主要用在低速电动汽车上。

1. 铅酸蓄电池的分类

铅酸蓄电池分为免维护铅酸蓄电池和阀控密封式铅酸蓄电池。

（1）免维护铅酸蓄电池　免维护铅酸蓄电池由于自身结构上的优势，电解液的消耗量非常小，在使用寿命内基本不需要补充蒸馏水。它具有耐振、耐高温、体积小、自放电小的特点，使用寿命一般为普通铅酸蓄电池的两倍。市场上的免维护铅酸蓄电池有两种：第一种在购买时一次性加注电解液，以后使用中不需要添加补充液；另一种在出厂时就已经加好电解液并封死，用户根本就不能加补充液。

（2）阀控密封式铅酸蓄电池　阀控密封式铅酸蓄电池在使用期间不用加酸加水维护，电池为密封结构，不会漏酸，也不会排酸雾，电池盖上设有溢气阀（也称为安全阀）。当电池内部气体量超过一定值，即当电池内部气压升高到一定值时，溢气阀自动打开，排出气体，然后自动关闭，防止空气进入电池内部。

阀控密封式铅酸蓄电池分为玻璃纤维（absorptive glass mat，AGM）和胶体（GEL）电池两种。AGM 电池采用吸附式玻璃纤维棉作隔膜，电解液吸附在极板和隔膜中，电池内无流动的电解液，电池可以立放工作，也可以卧放工作；GEL 电池以二氧化硅（SiO_2）作凝固剂，电解液吸附在极板和胶体内，一般立放工作。无特殊说明，阀控密封式铅酸蓄电池皆指 AGM 电池。

电动汽车使用的动力蓄电池一般是阀控密封式铅酸蓄电池。

2. 铅酸蓄电池的结构

铅酸蓄电池的基本结构如图 2-52 所示。它由正、负极板、隔板、电解液、溢气阀及外壳等部分组成。极板是铅酸蓄电池的核心部件,正极板上的活性物质是二氧化铅,负极板上的活性物质为海绵状纯铅;隔板负责隔离正、负极板,防止短路,同时作为电解液的载体,能够吸收大量的电解液,起到促进离子良好扩散的作用;电解液由蒸馏水和纯硫酸按一定比例配制而成,是铅酸蓄电池的活性物质之一,主要作用是参与电化学反应;溢气阀位于蓄电池顶部,起到安全、密封、防爆等作用。

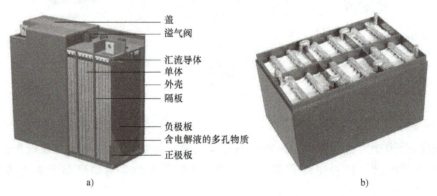

图 2-52 铅酸蓄电池的基本结构
a) 结构示意图 b) 内部结构

3. 铅酸蓄电池的工作原理

铅酸蓄电池使用时,把化学能转换为电能的过程称为放电。在使用后,借助于直流电在电池内进行化学反应,把电能转变为化学能而储蓄起来,这个蓄电过程称为充电。铅酸蓄电池是酸性蓄电池,其化学反应式为

$$PbO + H_2SO_4 \longrightarrow PbSO_4 + H_2O$$

充电时,把铅板分别和直流电源的正、负极相连,进行充电电解,阴极的还原反应为

$$PbSO_4 + 2e^- \longrightarrow Pb + SO_4^{2-}$$

阳极的氧化反应为

$$PbSO_4 + 2H_2O \longrightarrow PbO_2 + 4H^+ + SO_4^{2-} + 2e^-$$

充电时的总反应为

$$2PbSO_4 + 2H_2O \longrightarrow Pb + PbO_2 + 2H_2SO_4$$

随着电流的通过,$PbSO_4$ 在阴极上变成蓬松的金属铅,在阳极上变成黑褐色的二氧化铅,溶液中有 H_2SO_4 生成,铅酸蓄电池充放电示意图如图 2-53 所示。

放电时,蓄电池阴极的氧化反应为

$$Pb \longrightarrow Pb^{2+} + 2e^-$$

由于硫酸的存在,Pb^{2+} 立即生成

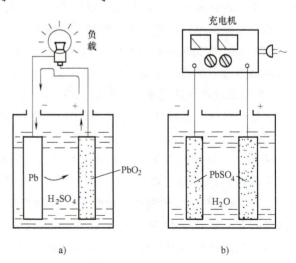

图 2-53 铅酸蓄电池充放电示意图
a) 放电过程 b) 充电过程

难溶解的 $PbSO_4$。

阳极的还原反应为

$$PbO_2 + 4H^+ + 2e^- \longrightarrow Pb^{2+} + 2H_2O$$

同样，由于硫酸的存在，Pb^{2+} 也立即生成 $PbSO_4$。

放电时的总反应为

$$Pb + PbO_2 + 2H_2SO_4 \longrightarrow 2PbSO_4 + 2H_2O$$

蓄电池充电时，随着电池端电压的升高，水开始被电解，当单体电池电压达到约 2.39V 时，水的电解不可忽视。水电解时阳极和阴极的化学反应式分别为

$$H_2O \longrightarrow \frac{1}{2}O_2 + 2H^+ + 2e^-$$

$$2H^+ + 2e^- \longrightarrow H_2$$

阳极给出电子，阴极得到电子，从而形成了回路电流。端电压越高，电解水反应越激烈，此时充入的大部分电荷参加水电解，形成活性物质很少。

4. 对铅酸蓄电池的要求

电动汽车对铅酸蓄电池有以下要求：

1）外观。用目测法检查蓄电池外观时，外壳不得有变形及裂纹，表面干燥、无酸液，且标志清晰、正确。

2）极性。用电压表检查蓄电池极性时，蓄电池极性应与标志的极性符号一致。

3）外形尺寸及质量。蓄电池的外形尺寸、质量符合相关标准。

4）端子。端子的位置以及端子的外观、结构等具体要求由用户与厂家协商决定。

5）3h 率额定容量。蓄电池按规定试验时，第一次容量应不低于额定值的 90%；蓄电池应在第 10 次容量试验时或之前达到额定值，且最终放电容量不应高于企业提供额定值的 110%。

6）大电流放电。完全充电的蓄电池在温度为 (20±5)℃ 的环境中静置 5h，然后以 $3I_3$（A）(3h 率放电电流) 的电流恒电流放电至单体蓄电池电压为 1.5V 终止，放电时间应不少于 40min；完全充电的蓄电池在温度为 (20±5)℃ 的环境中静置 5h，然后以 $9I_3$（A）的电流恒电流放电 3min，单体蓄电池电压应不低于 1.4V。

7）快速充电能力。蓄电池按规定方法放电时，充电容量应不小于额定值的 70%。

8）-20℃低温放电。完全充电的蓄电池在温度为 -(20±2)℃ 的环境中搁置 20h，并在该环境中以 $6I_3$（A）的电流连续放电至单体蓄电池电压为 1.4V，放电时间应不少于 5min；完全充电的蓄电池在温度为 -(20±2)℃ 的环境中搁置 20h，并在该环境中以 I_3（A）的电流连续放电至单体蓄电池电压为 1.4V，容量应不低于额定值的 55%。

9）安全性。蓄电池按规定方法完全充电后，以 $0.7I_3$（A）的电流连续充电 5h，然后目视检查蓄电池外观，外壳不得出现漏液、破裂等异常现象。

10）密封反应效率。对于阀控密封式铅酸蓄电池，按规定方法试验时，其密封反应效率应不低于 90%。

11）对于免维护铅酸蓄电池，按规定方法试验时，按额定容量计算，其水损耗应不大于 3g/A·h。

12)荷电保持能力。蓄电池按规定方法试验时,其常温容量应不低于储存前容量的85%;高温容量应不低于储存前容量的70%。

13)循环耐久能力。蓄电池按规定方法试验时,当蓄电池容量降至额定值的80%时,循环次数应不少于400次。

14)耐振动性能。蓄电池按规定方法进行试验,试验期间,蓄电池放电电压应无异常;试验后,检查蓄电池应无机械损伤,无电解液渗漏。

2.2.5 金属氢化物镍蓄电池

金属氢化物镍蓄电池是指正极使用镍氧化物,负极使用可吸收释放氢的储氢合金,以氢氧化钾为电解质的蓄电池。

1. 金属氢化物镍蓄电池的结构

电动汽车用金属氢化物镍蓄电池可分为圆柱形和方形两种,如图2-54所示。

圆柱形金属氢化物镍蓄电池的结构如图2-55所示,主要由电池正极、电池负极、分离层、金属外壳、氢氧化镍、金属氢化物和密封橡胶等组成。金属氢化物镍蓄电池的正极是活性物质氢氧化镍,负极是储氢合金,分离层是隔膜纸,用氢氧化钾作为电解质,在正、负极之间有分离层,它们共同组成金属氢化物镍单体蓄电池。该蓄电池在金属铂的催化作用下,完成充电和放电的可逆反应。在圆柱形金属氢化物镍蓄电池中,正、负极用隔膜纸分开卷绕在一起,然后密封在金属外壳中。在方形金属氢化物镍蓄电池中,正、负极由隔膜纸分开后叠成层状密封在外壳中。

图2-54 金属氢化物镍蓄电池的实物形状
a)圆柱形 b)方形

金属氢化物镍蓄电池在混合动力电动汽车上应用较多。电动汽车用金属氢化物镍蓄电池的基本单元是单体蓄电池,按使用要求组合成不同电压和不同电量的金属氢化物镍蓄电池总成。丰田普锐斯混合动力电动汽车使用的就是金属氢化物镍蓄电池,如图2-56所示。

2. 金属氢化物镍蓄电池的工作原理

金属氢化物镍蓄电池是将物质的化学反应产生的能量直接转化成电能的一种装置。金属氢化物镍蓄电池由氢氧化镍正电极、储氢合金负电极以及碱性电解液[如30%(质量分数)的氢氧化钾溶液]组成。金属氢化物镍蓄电池的性能特点主要取决于本身体系的电极反应。

充电时,正、负极的电化学反应分别为

$$Ni(OH)_2 - e^- + OH^- \longrightarrow NiOOH + H_2O$$

$$2MH + 2e^- \longrightarrow 2M^- + H_2$$

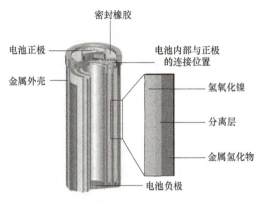

图 2-55 圆柱形金属氢化物镍蓄电池的基本结构

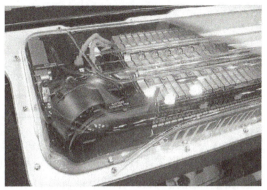

图 2-56 丰田普锐斯混合动力电动汽车的金属氢化物镍蓄电池

放电时，正、负极的电化学反应分别为

$$NiOOH + H_2O + e^- \longrightarrow Ni(OH_2) + OH^-$$

$$2M^- + H_2 \longrightarrow 2MH + 2e^-$$

3. 金属氢化物镍蓄电池的基本参数

金属氢化物镍蓄电池的外形结构示意图如图 2-57 所示。

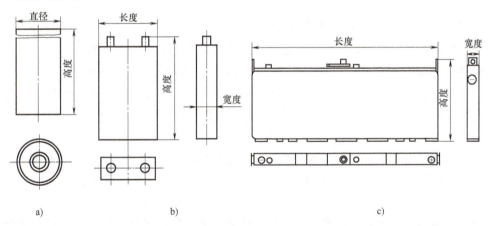

图 2-57 金属氢化物镍蓄电池的外形结构示意图

a）外形结构Ⅰ　b）外形结构Ⅱ　c）外形结构Ⅲ

金属氢化物镍蓄电池的标称电压为 1.2V，充电终止电压为 1.5V，放电终止电压为 1V。

金属氢化物镍蓄电池的标称电压、额定容量及最大外形尺寸规定见表 2-1。

表 2-1 金属氢化物镍蓄电池的标称电压、额定容量及最大外形尺寸

序号	标称电压/V	额定容量/A·h	最大外形尺寸/mm		
			长度（直径）	宽度	高度
1	1.2	6	33.0	—	61.5
2	1.2	6	60.0	20.5	83.5

(续)

序号	标称电压/V	额定容量/A·h	最大外形尺寸/mm		
			长度(直径)	宽度	高度
3	1.2	40	83.0	28.5	158.5
4	1.2	60	100.5	29.0	184
5	7.2	6	276.0	22.0	120.0

4. 对金属氢化物镍蓄电池的要求

对金属氢化物镍蓄电池的要求分为对单体蓄电池的要求和对蓄电池模块的要求。

对金属氢化物镍单体蓄电池具有以下要求：

1) 外观。在良好的光线条件下，用目测法检查单体蓄电池的外观，外壳不得有变形及裂纹，表面应平整、干燥、无碱痕、无污物，且标志清晰。

2) 极性。用电压表检查蓄电池极性，蓄电池极性应与标志的极性符号一致。

3) 外形尺寸及质量。单体蓄电池的外形尺寸、质量应符合生产企业提供的技术条件。

4) 室温放电容量。单体蓄电池按规定方法进行试验时，其放电容量应不低于额定容量，并且不超过额定容量的110%，同时所有测试对象的初始容量极差不大于初始容量平均值的5%。

对金属氢化物镍蓄电池模块具有以下要求：

1) 外观。在良好的光线条件下，用目测法检查蓄电池模块的外观，外观不得有变形及裂纹，表面应平整干燥、无外伤，且排列整齐、连接可靠、标志清晰等。

2) 极性。用电压表检查蓄电池模块极性，蓄电池极性应与标志的极性符号一致。

3) 外形尺寸及质量。蓄电池模块的外形尺寸、质量应符合生产企业提供的技术条件。

4) 室温放电容量。蓄电池模块按规定方法进行试验时，其放电容量应不低于额定容量，并且不超过额定容量的110%，同时所有测试对象的初始容量极差不大于初始容量平均值的7%。

5) 室温倍率放电容量。按照厂家提供蓄电池类型分别进行试验，高能量蓄电池模块按规定方法进行试验时，其放电容量应不低于初始容量的90%；高功率蓄电池模块按规定方法进行试验时，其放电容量应不低于初始容量的80%。

6) 室温倍率充电性能。蓄电池模块按规定方法进行试验时，其放电容量应不低于初始容量的80%。

7) 低温放电容量。蓄电池模块按规定方法进行试验时，其放电容量应不低于初始容量的80%。

8) 高温放电容量。蓄电池模块按规定方法进行试验时，其放电容量应不低于初始容量的90%。

9) 荷电保持与容量恢复能力。蓄电池模块按规定方法进行试验时，其室温荷电保持率应不低于初始容量的85%，高温荷电保持率应不低于初始容量的70%，容量恢复应不低于初始容量的 95%。

10）耐振动性。蓄电池模块按规定方法进行耐振动性试验时，不允许出现放电电流锐变、电压异常、蓄电池壳变形、电解液溢出等现象，并保持连接可靠、结构完好。

11）储存。蓄电池模块按规定方法进行试验时，容量恢复应不低于初始容量的 90%。

12）安全性。蓄电池模块按规定方法进行短路、过放电、过充电、加热、针刺、挤压等试验时，应不爆燃、不起火、不漏液。

2.2.6 锂离子蓄电池

锂离子蓄电池是用锰酸锂、磷酸铁锂或钴酸锂等锂的化合物作正极，用可嵌入锂离子的碳材料作负极，使用有机电解质的蓄电池。目前，纯电动汽车上应用的储能装置主要是锂离子蓄电池。

1. 锂离子蓄电池的结构

锂离子蓄电池主要由正极、负极、隔膜、电解液和外壳等组成，如图 2-58 所示。

（1）**正极** 正极材料作为锂离子蓄电池中 Li^+ 的唯一供给者，对锂离子蓄电池能量密度的提高及成本的降低起着决定性作用。广泛使用的正极材料主要有磷酸铁锂、锰酸锂、钛酸锂、钴酸锂和三元材料等。

（2）**负极** 负极材料影响锂离子蓄电池的安全性。目前，广泛应用的碳基负极材料，将锂在负极表面的沉积/溶解转变为在碳材中的嵌入/脱出，可以大幅减少锂枝晶的形成，提高锂离子蓄电池的安全性。

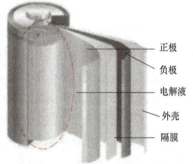

图 2-58 锂离子蓄电池的基本结构

（3）**隔膜** 隔膜起着分离正极、负极的功能，避免正、负极片直接接触短路，又具有离子传导、绝缘的功能。目前，应用比较广泛的隔膜主要有聚丙烯（polypropylene，PP）-聚乙烯（poly ethylene，PE）-聚丙烯（PP）三层隔膜、聚合物陶瓷涂覆隔膜以及无纺布隔膜等。

（4）**电解液** 锂电池的电解液是电池中离子传输的载体，一般由锂盐和有机溶剂组成。电解液在锂电池正、负极之间起到传导离子的作用。溶有电解质锂盐的有机溶剂提供锂离子，电解质锂盐有 $LiPF_6$、$LiClO_4$、$LiBF_4$ 等，有机溶剂主要由碳酸二乙酯（diethyl carbonate，DEC）、碳酸丙烯酯（propylene carbonate，PC）、碳酸乙烯酯（ethylene carbonate，EC）、碳酸二甲酯（dimethyl carbonate，DMC）等其中的一种或几种混合组成。

（5）**外壳** 用于电池封装，主要有铝壳、盖板、极耳及绝缘片等。

在锂离子蓄电池的成本结构中，正极材料约占 33%，负极材料约占 10%，电解液约占 12%，隔膜约占 30%，其他约占 15%。

2. 锂离子蓄电池的类型

锂离子蓄电池根据其形状,可以分为方形锂离子蓄电池和圆柱形锂离子蓄电池,如图 2-59 所示。

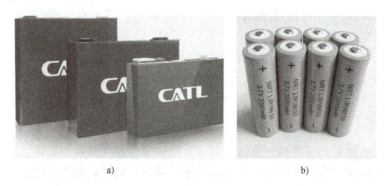

图 2-59 锂离子蓄电池的实物
a) 方形 b) 圆柱形

圆柱形锂离子蓄电池根据具体型号的不同可以分为 18650 和 21700 两种主流型号。18650 电池是日本索尼公司的一种标准型锂离子蓄电池,其中 18 表示直径为 18mm,65 表示长度为 65mm,0 表示圆柱形蓄电池;18650 单体蓄电池的容量为 2.2~3.6A·h,单体蓄电池的质量为 45~48g;蓄电池系统的能量密度为 250W·h/kg。21700 电池由特斯拉与松下联合研发,21 表示直径为 21mm,70 表示长度为 70mm,0 表示圆柱形蓄电池;21700 单体蓄电池的容量为 3.0~4.8A·h,单体蓄电池的质量为 60~65g;蓄电池系统的能量密度为 300W·h/kg。

电动汽车用锂离子蓄电池的基本单元是单体蓄电池,按使用要求组合成不同电压和不同电量的锂离子蓄电池总成。

目前,纯电动汽车使用的动力蓄电池主要是锂离子蓄电池。例如雪佛兰 Bolt EV 的动力蓄电池是由 288 个 LG 电芯制成的,如图 2-60 所示。单体电芯的标称容量为 55A·h,标称电压为 3.75V,系统电量为 59.4kW·h(288×55A·h×3.75V);电池系统体积为 285L,质量为 435kg,体积能量密度为 208W·h/L,质量能量密度为 136W·h/kg。蓄电池包采用液冷方式。

图 2-60 雪佛兰 Bolt EV 的动力蓄电池

按照正极材料的不同，锂离子蓄电池主要分为磷酸铁锂电池、锰酸锂电池、钛酸锂电池、钴酸锂电池和三元锂电池等。

(1) **磷酸铁锂电池** 磷酸铁锂电池是指用磷酸铁锂作为正极材料的锂离子蓄电池。磷酸铁锂（LiFePO$_4$）具有橄榄石晶体结构，其理论容量为170mA·h/g，在没有掺杂改性时其实际容量已高达110mA·h/g。通过对磷酸铁锂进行表面修饰，其实际容量可达165mA·h/g，已经非常接近理论容量，工作电压为3.4V左右。磷酸铁锂电池的优点是稳定性高，安全可靠，环保且价格低；缺点是电阻率较大，电极材料利用率低。

(2) **锰酸锂电池** 锰酸锂电池是指用锰酸锂作为正极材料的锂离子蓄电池。锰酸锂（LiMn$_2$O$_4$）具有尖晶石结构，其理论容量为148mA·h/g，实际容量为90~120mA·h/g，工作电压为3~4V。锰酸锂电池的优点是锰资源丰富，价格便宜，安全性高，比较容易制备；缺点是理论容量低，与电解质相容性不好，在深度充放电的过程中电池容量衰减快。

(3) **钛酸锂电池** 钛酸锂可以用作锂离子蓄电池的负极，与锰酸锂、三元材料或磷酸铁锂等正极材料组成2.4V或1.9V的锂离子二次电池。此外，它还可以用作正极，与金属锂或锂合金负极组成1.5V的锂离子二次电池。钛酸锂具有高安全性、高稳定性、长寿命和绿色环保的特点。钛酸锂电池的工作电压为2.4V，最高电压为3.0V，充电电流大于2C。

(4) **钴酸锂电池** 钴酸锂电池是指用钴酸锂作为正极材料的锂离子蓄电池。钴酸锂电池的优点是电化学性能优越，易加工，性能稳定，一致性好，比容量高，综合性能突出；缺点是安全性较差，成本高。钴酸锂主要应用在小电池，如手机、计算机电池等。

(5) **三元锂电池** 三元锂电池是指使用镍钴锰酸锂或镍钴铝酸锂作为正极材料，石墨作为负极材料的锂电池。与磷酸铁锂不同，三元锂电池的电压平台很高，这也就意味着在相同的体积或质量下，三元锂电池的比能量、比功率更大。除此之外，在大倍率充电和耐低温性能等方面，三元锂电池也有很大优势。特斯拉的Model S采用的松下18650所组成的蓄电池组就是三元锂电池。

三元锂电池以镍钴锰路线为主，而且不断提高镍的比例，镍：钴：锰比例从3：3：3转为6：2：2，再转变到8：1：1，对应的电池称为811电池。

3. 锂离子蓄电池的工作原理

锂离子蓄电池主要依靠锂离子在正极和负极之间移动来工作。在充放电过程中，Li$^+$在两个电极之间往返嵌入和脱嵌：充电时，Li$^+$从正极脱嵌，经过电解质嵌入负极，负极处于富锂状态；放电时则情况相反。

图2-61所示为锂离子蓄电池的工作原理。电池充电时，正极上锂原子电离成锂离子和电子（脱嵌），锂离子经过电解液运动到负极，得到电子，被还原成锂原子嵌入到碳层的微孔中（插入）；电池放电时，嵌在负极碳层中的锂原子，失去电子（脱插）成为锂离子，通过电解液又运动回正极（嵌入）；锂离子蓄电池的充放电过程，也就是锂离子在正、负极间不断嵌入和脱嵌的过程，同时伴随着等当量电子的嵌入和脱嵌。锂离子数量越多，充放电容量越高。

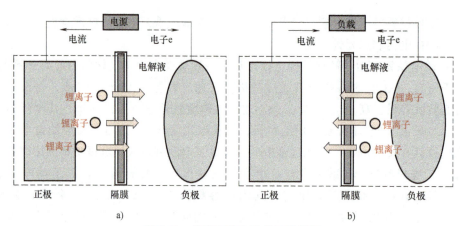

图 2-61 锂离子蓄电池的工作原理
a) 充电　b) 放电

锂离子蓄电池正、负极的电化学反应分别为

$$LiMO_2 \rightleftharpoons Li_{1-x}MO_2 + xLi^+ + xe^-$$

$$nC + xLi^+ + xe^- \rightleftharpoons Li_xC_n$$

总的化学反应为

$$LiMO_2 + nC \rightleftharpoons Li_{1-x}MO_2 + Li_xC_n$$

式中，$M = Co$、Ni、Fe、W 等。

例如，以 $LiCoO_2$ 为正极材料、石墨为负极材料的锂离子蓄电池，其正、负极的电化学反应分别为

$$LiCoO_2 \rightleftharpoons Li_{1-x}CoO_2 + xLi^+ + xe^-$$

$$6C + xLi^+ + xe^- \rightleftharpoons Li_xC_6$$

蓄电池总的化学反应为

$$LiCoO_2 + 6C \rightleftharpoons Li_{1-x}CoO_2 + Li_xC_6$$

4. 锂离子蓄电池的规格和外形尺寸

锂离子蓄电池的外形结构示意图如图 2-62 所示。

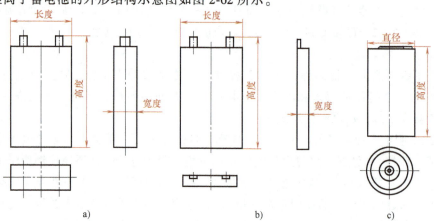

图 2-62 锂离子蓄电池的外形结构示意图
a) 外形结构Ⅰ　b) 外形结构Ⅱ　c) 外形结构Ⅲ

锂离子蓄电池的标称电压为3.6V，充电终止电压为4.25V，放电终止电压为3V。锂离子蓄电池的标称电压、额定容量及最大外形尺寸规定见表2-2。

表2-2 锂离子蓄电池的标称电压、额定容量及最大外形尺寸

序号	标称电压/V	额定容量/A·h	最大外形尺寸/mm 长度(直径)	宽度	高度
1	3.6	8	66.0	18.0	148.0
2	3.6	100	343.0	18.5	254.0
3	3.2	2	26.0	—	65.0
4	3.2	15	72.0	29.0	120.0
5	3.2	15	136.0	8.0	230.0
6	3.2	20	92.0	34.0	146.0
7	3.2	20	110.0	25.0	120.0
8	3.2	50	100.0	28.0	376.0

5. 对锂离子蓄电池的要求

对锂离子蓄电池的要求分为对单体蓄电池的要求、对蓄电池模块的要求以及对蓄电池总成的要求。对锂离子单体蓄电池具有以下要求：

1) 外观。在良好的光线条件下，用目测法检查单体蓄电池的外观，外壳不得有变形及裂纹，表面应平整、干燥、无碱痕、无污物，且标志清晰。

2) 极性。用电压表检查蓄电池的极性，蓄电池极性应与标志的极性符号一致。

3) 外形尺寸及质量。单体蓄电池的外形尺寸及质量应符合生产企业提供的技术条件。

4) 室温放电容量。单体蓄电池按规定方法进行试验时，其放电容量应不低于额定容量，并且不超过额定容量的110%，同时所有测试对象的初始容量极差不大于初始容量平均值的5%。

对锂离子蓄电池模块具有以下要求：

1) 外观。在良好的光线条件下，用目测法检查蓄电池模块的外观，外观不得有变形及裂纹，表面应平整干燥、无外伤，且排列整齐、连接可靠、标志清晰等。

2) 极性。用电压表检查蓄电池模块的极性，蓄电池模块的极性应与标志的极性符号一致。

3) 外形尺寸及质量。蓄电池模块的外形尺寸及质量应符合生产企业提供的技术条件。

4) 室温放电容量。蓄电池模块按规定方法进行试验时，其放电容量应不低于额定值，并且不超过额定容量的110%，同时所有测试对象的初始容量极差不大于初始容量平均值的7%。

5) 室温倍率放电容量。按照厂家提供蓄电池类型分别进行试验，高能量蓄电池模块按规定方法进行试验时，其放电容量应不低于初始容量的90%；高功率蓄电池模块按规定方法进行试验时，其放电容量应不低于初始容量的80%。

6）室温倍率充电性能。蓄电池模块按规定方法进行试验时，其放电容量应不低于初始容量的80%。

7）低温放电容量。蓄电池模块按规定方法进行试验时，其放电容量应不低于初始容量的70%。

8）高温放电容量。蓄电池模块按规定方法进行试验时，其放电容量应不低于初始容量的90%。

9）荷电保持与容量恢复能力。蓄电池模块按规定方法进行试验时，其室温及高温荷电保持率应不低于初始容量的85%，容量恢复应不低于初始容量的90%。

10）耐振动性。蓄电池模块按规定方法进行耐振动性试验时，不允许出现放电电流锐变、电压异常、蓄电池壳变形、电解液溢出等现象，并保持连接可靠、结构完好。

11）储存。蓄电池模块按规定方法进行试验时，容量恢复应不低于初始容量的90%。

12）安全性。蓄电池模块按规定方法进行短路、过放电、过充电、加热、针刺、挤压等试验时，应不爆燃、不起火、不漏液。

锂离子蓄电池总成是指由一个或若干个锂离子蓄电池模块和电路设备（保护电路、锂离子蓄电池管理系统、电路和通信接口）等组成的，用来为用电装置提供电能的电源系统。对锂离子蓄电池总成主要有以下技术要求：

1）锂离子蓄电池一致性。锂离子蓄电池一致性是指组成锂离子蓄电池模块和总成的单体蓄电池性能的一致性特性。这些性能主要包括实际电能、阻抗、电极的电气特性、电气连接、温度特性差异、衰变速度等多种复杂因素。这些因素的差异，将直接影响运行过程中输出电参数的差异。组成锂离子蓄电池模块和总成的单体蓄电池的一致性特性应在规定的负荷条件和荷电状态下进行试验。锂离子蓄电池的一致性特性分为充电状态一致性特性和放电状态一致性特性。若没有具体规定，应以放电状态测试的一致性特性为锂离子蓄电池模块或总成的一致性特性。

2）正极和负极输出连接。组成锂离子蓄电池总成的锂离子蓄电池模块，其正极和负极连接可采用螺栓连接方式或可插拔连接器连接方式。正极和负极连接处应有清晰的极性标志。正极采用红色标志和红色电缆，负极采用黑色标志和黑色电缆。

3）接口和协议。组成锂离子蓄电池总成的蓄电池管理系统的接口和协议包括电路接口和接口协议、通信接口和通信协议。其中，电路接口和接口协议包括充电控制导引接口和接口协议、单体蓄电池电压监测电路接口和接口协议、充放电控制电路接口和接口协议、I/O充放电电路接口和接口协议；通信接口和通信协议包括内部通信接口和通信协议、充放电通信接口和通信协议、用户通信接口和通信协议。蓄电池总成的接口和通信协议应符合相关标准的规定。

4）额定电能。当采用标称电压相同的锂离子蓄电池模块组成锂离子蓄电池总成时，蓄电池总成的额定电能等于组成锂离子蓄电池总成中电能最小的蓄电池模块的电能与模块数量的乘积。当采用不同标称电压的蓄电池模块组成蓄电池总成时，蓄电池总成的额定电能等于由蓄电池模块的额定电能除以蓄电池模块标称电压所得的最小值与蓄电池总成标称电压的乘积。

5）电源功率消耗。特指组成锂离子蓄电池总成的蓄电池管理系统电路消耗的峰值功率，应符合制造商提供的产品技术文件的规定。

6）标称电压。特指采用锂离子蓄电池模块组成的锂离子蓄电池总成的标称电压。

7）使用寿命。锂离子蓄电池总成的使用寿命分为标准循环使用寿命和工况循环使用寿命。磷酸亚铁锂蓄电池的标准循环使用寿命应大于或等于1200次；锰酸锂蓄电池的标准循环使用寿命应大于或等于800次。电动汽车用锂离子蓄电池总成的工况循环使用寿命可采用行驶里程数来表示。

6. 国内电动汽车使用的主流蓄电池类型

锂离子蓄电池主要有三元锂电池、磷酸铁锂蓄电池、锰酸锂蓄电池和钛酸锂蓄电池等，国内电动汽车目前使用的主流电池以三元锂电池和磷酸铁锂蓄电池为主，它们的正极材料不同，如图2-63所示。

图2-63 三元锂电池和磷酸铁锂蓄电池

三元锂电池能量密度高，但安全性较差，循环寿命短，成本高；磷酸铁锂蓄电池能量密度低，但安全性好，循环寿命长，成本低。锂电池技术在不断更新和突破，未来究竟哪种电池更适合在电动汽车上使用，还有待实际检验。

比亚迪推出的刀片电池如图2-64所示。传统的磷酸铁锂蓄电池包含三层结构：单体、模组和电池包，其中单体和模组的支撑固定结构件会占据很大一部分空间。而刀片电池直接将单体电池拉长并固定在电池包的边框上。在刀片电池里，电池单体成为结构件的一部分，既是供电部件，又是电池包的梁，省去了模组和大部分支撑结构，空间利用率大大提升。同样的电池体积，现在可以装入比以前多得多的单体电池。据比亚迪给出的数据，对电池包的重塑使刀片电池单位体积能量密度提升50%，相当于原来满充能行驶400km的电动汽车，如今能行驶600km。由于刀片电池也是磷酸铁锂蓄电池，安全性很好。

a)

b)

图2-64 刀片电池
a) 结构 b) 装配示意图

2.2.7 新体系电池

新体系电池主要是指固态电池、锂硫电池、金属空气电池和石墨烯电池等。

1. 固态电池

固态电池是一种使用固体正、负极和固体电解质，不含有任何液体，所有材料都由固态材料组成的电池，如固态锂离子蓄电池。

液态锂离子蓄电池被人们形象地称为"摇椅式电池"，摇椅两端为电池正、负两极，中间为液态电解质，而锂离子就像优秀的运动员，在摇椅的两端来回奔跑，在锂离子从正极到负极再到正极的运动过程中，完成电池的充放电过程。固态锂离子蓄电池的原理与液态锂离子蓄电池相同，只不过其电解质为固态，电池体积大大降低，能量密度得到提高，如图 2-65 所示。

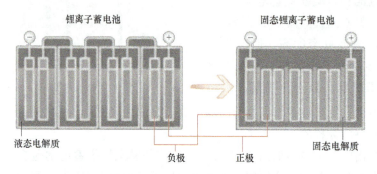

图 2-65 固态锂离子蓄电池的原理

液态锂离子蓄电池具有 7 大缺点，如图 2-66 所示。

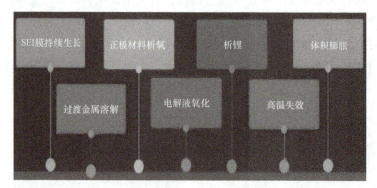

图 2-66 液态锂离子蓄电池的缺点
SEI—固态，电解质界面

固态锂离子蓄电池与液态锂离子蓄电池相比，其特点如图 2-67 所示。

2. 锂硫电池

锂硫电池（见图 2-68）是锂电池的一种，它以硫为电池正极、金属锂为负极，尚处于试验阶段。利用硫作为正极材料的锂硫电池，硫的理论比容量和电池理论比能量分别可达 1675mA·h/g 和 2600W·h/kg，是目前锂离子蓄电池的 3~5 倍。单质硫在地球

图 2-67　固态锂离子蓄电池的特点

上的储量丰富，价格低廉，环境友好，故锂硫电池是一种颇有前景的锂电池，有望被应用于动力蓄电池、便携式电子产品等领域。

3. 金属空气电池

金属空气电池以电极电位较低的金属如锌、铝、镁、铁等作为负极，以空气中的氧或纯氧作为正极的活性物质，主要有锌空气电池、铝空气电池、镁空气电池等，如图 2-69 所示。

图 2-68　锂硫电池

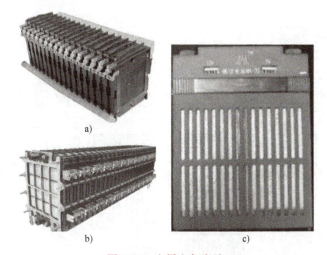

图 2-69　金属空气电池

a) 锌空气电池　b) 铝空气电池　c) 镁空气电池

金属空气电池具有比能量高、价格便宜及性能稳定等特点。

4. 石墨烯电池

石墨烯电池是利用锂离子在石墨烯表面和电极之间快速大量穿梭运动的特性开发出的一种新能源电池，如图 2-70 所示。石墨烯电池具有比能量高、充电时间短、使用寿命长、重量轻及成本低等特点。

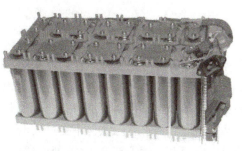

图 2-70　石墨烯电池

2.2.8 蓄电池管理系统

1. 蓄电池管理系统的定义

蓄电池管理系统（battery management system，BMS）是连接动力蓄电池和电动汽车的重要纽带，其精准的控制和管理为动力蓄电池的完美应用保驾护航，如图2-71所示。

蓄电池管理系统（BMS）是指监视蓄电池的状态（电压、电流、温度、荷电状态等），可以为蓄电池提供通信、安全、电芯均衡及管理控制，并提供与应用设备通信接口的系统。蓄电池管理系统通过控制蓄电池的充放电过程，实现对蓄电池的保护，提升蓄电池的综合性能。它在电动汽车上的位置如图2-72所示。

图2-71 蓄电池管理系统实物

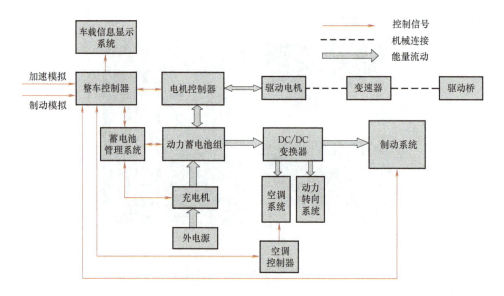

图2-72 蓄电池管理系统在电动汽车上的位置

蓄电池管理系统和动力蓄电池组一起组成蓄电池包整体，与蓄电池管理系统有通信关系的两个部件分别是整车控制器和充电机。蓄电池管理系统向上通过CAN（controller area network，控制器局域网络）总线与电动汽车整车控制器通信，上报蓄电池包状态参数，并接收整车控制器指令，配合整车需要，确定功率输出；向下监控整个蓄电池包的运行状态，保护蓄电池包不受过放电、过热等非正常运行状态的侵害；充电过程中，与充电机交互，管理充电参数，监控充电过程正常完成。

2. 蓄电池管理系统的组成

蓄电池管理系统的基本组成如图 2-73 所示,它主要由检测模块、均衡电源模块和控制模块三部分组成。

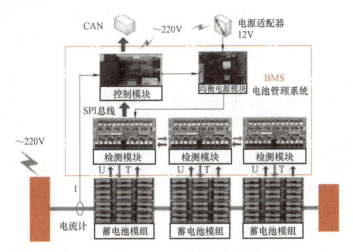

图 2-73 蓄电池管理系统的基本组成

(1) **检测模块** 检测模块能够对蓄电池组中各单体蓄电池的电压、电流、温度等关键状态参数进行准确和实时的检测,并通过串行外设接口 (serial peripheral interface, SPI) 总线上报给控制模块。

(2) **均衡电源模块** 均衡电源模块能够平衡单体蓄电池间的电压差异,解决蓄电池组"短板效应"。

(3) **控制模块** 控制模块能够根据既定策略完成控制功能,实现 SOC 估计,同时将蓄电池状态数据通过 CAN 总线发送给整车其他的电子单元。

3. 蓄电池管理系统的功能

蓄电池管理系统一般具备以下功能:

(1) **电池参数检测** 包括总电压和总电流的检测、单体蓄电池电压检测(防止出现过充电、过放电甚至反极现象)、温度检测(最好每串蓄电池、关键电缆接头等均有温度传感器)、烟雾探测(监测电解液泄漏等)、绝缘检测(监测漏电)及碰撞检测等。

(2) **电池状态估计** 包括荷电状态 (state of charge, SOC) 或放电深度 (depth of discharge, DOD)、健康状态 (state of health, SOH)、功能状态 (state of function, SOF)、能量状态 (state of energy, SOE)、故障及安全状态 (safety of status, SOS) 等。

(3) **充电控制** BMS 中有一个充电管理模块,它能够根据蓄电池的特性、温度高低以及充电机的功率等级,控制充电机给蓄电池进行安全充电。

(4) **热管理** 根据蓄电池组内温度分布信息及充放电需求,决定主动加热/散热的强度,使蓄电池尽可能工作在最适合的温度,充分发挥蓄电池的性能。

(5) **电池均衡** 不一致性的存在使得蓄电池组的容量小于组中最小单体的容量。电池均衡根据单体蓄电池信息,采用主动或被动、耗散或非耗散等均衡方式,尽可能使蓄电池组容量接近于最小单体的容量。

（6）**在线故障诊断** 包括故障检测、故障类型判断、故障定位、故障信息输出等。故障检测是指通过采集到的传感器信号，采用诊断算法诊断故障类型，并进行早期预警。电池故障是指蓄电池组、高压电回路、热管理等各个子系统的传感器故障，执行器故障（如接触器、风扇、泵、加热器等），以及网络故障、各种控制器软硬件故障等。蓄电池组本身故障是指过电压（过充电）、欠电压（过放电）、过电流、超高温、内短路故障、接头松动、电解液泄漏、绝缘能力降低等。

（7）**电池安全控制与报警** 包括热系统控制、高压电安全控制。BMS诊断到故障后，通过网络通知整车控制器，并要求整车控制器进行有效处理（超过一定阈值时BMS也可以切断主回路电源），以防止高温、低温、过充电、过放电、过电流、漏电等对蓄电池和人身造成损害。

（8）**网络通信** BMS需要与整车控制器等网络节点通信；同时，BMS在车辆上拆卸不方便，需要在不拆壳的情况下进行在线标定、监控、自动代码生成和在线程序下载（程序更新而不拆卸产品）等，一般的车载网络均采用CAN总线技术。

（9）**信息存储** 用于存储关键数据，如SOC、SOH、SOF、SOE、累积充放电（A·h）数、故障码和一致性等。车辆中的真实BMS可能只有上面提到的部分硬件和软件。每个蓄电池单元至少应有一个电池电压传感器和一个温度传感器。对于具有几十个蓄电池的蓄电池系统，可能只有一个BMS控制器，或者将BMS功能集成到车辆的主控制器中。对于具有数百个蓄电池单元的蓄电池系统，可能有一个主控制器和多个仅管理一个蓄电池模块的从属控制器。对于每个具有数十个蓄电池单元的蓄电池模块，可能存在一些模块电路接触器和平衡模块，并且从控制器像测量电压和电流一样管理蓄电池模块，控制接触器，均衡蓄电池单元并与主控制器通信。根据所报告的数据，主控制器将执行电池状态估计、故障诊断及热管理等。

（10）**电磁兼容** 由于电动汽车使用环境恶劣，要求BMS具有好的抗电磁干扰能力，同时要求BMS对外辐射小。

蓄电池管理系统的典型功能结构如图2-74所示。在功能上，BMS通过与动力蓄电池紧密结合的传感器，对单体蓄电池与整包蓄电池的电压、电流、温度进行实时检测，将采集到的数据输入控制器中，利用状态估计算法估计剩余荷电状态（SOC）、老化状

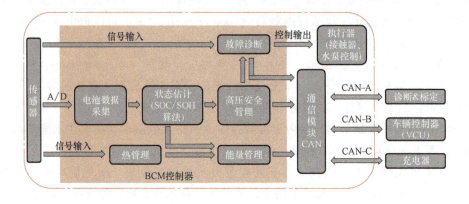

图2-74 蓄电池管理系统的典型功能结构

态（SOH）等，同时进行漏电检测、热管理、均衡管理、故障诊断，还可以根据电池状态控制最大输出功率以尽可能延长续驶里程，控制充电机在最优充电状态下充电，通过 CAN 总线接口与整车控制器、电机控制器、能量控制系统、车载信息显示系统等进行实时通信。

锂离子蓄电池具有高能量与高功率密度、长寿命、无污染、无记忆性等优势，是目前电动汽车的主流动力蓄电池。但锂离子蓄电池仍然存在几个关键问题，如在单体层面，其对运行温度、电流和电压区间要求苛刻，安全性较脆弱且成本较高；在电池组层面，其状态与参数的不一致在后期会加速恶化，严重影响蓄电池包的使用性能、循环寿命及安全性，因而需要由 BMS 对单体蓄电池的状态进行监控，确保其工作在最优区间内，同时利用均衡等手段保证单体间的状态一致性。

图 2-75 所示为典型锂离子蓄电池安全工作区间示意图。

电池均衡技术的分类如图 2-76 所示。目前实车采用的均衡方案大多为被动均衡而不是主动均衡，造成这一现象的主要原因是在当前技术条件和商业模式下，主动均衡的成本优势和必要性不够突出。蓄电池模组的主动均衡管理不仅需要主动均衡电路，还需要采用合适的主动均衡算法。目前均衡算法主要是以单体蓄电池的电压和 SOC 等较为直观的参量为均衡对象，但是这些算法对于蓄电池包寿命及一致性演变趋势的改变效果还有待检验。管理方案需要能够针对电池单体的寿命状态分布，采用合适的均衡策略，从根本上改善蓄电池组的循环寿命和一致性，实现真正的主动式管理。

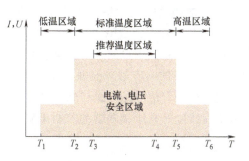

图 2-75 典型锂离子蓄电池安全工作区间示意图

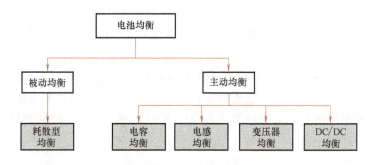

图 2-76 电池均衡技术的分类

4. 蓄电池管理系统的工作模式

蓄电池管理系统的工作模式主要有下电模式、待机模式、放电模式、充电模式和故障模式等。

（1）**下电模式** 下电模式是整个系统的低压与高压部分处于不工作状态的模式。在下电模式下，BMS 控制的所有高压接触器均处于断开状态；低压控制电源处于不供电的状态。下电模式属于省电模式。

(2) **待机模式** BMS在此模式下不处理任何数据，能耗极低，能快速起动。在待机模式下，系统所有的接触器均处于未吸合状态。在该模式下，系统可接受外界的点火锁、整车控制器、电机控制器、充电插头开关等部件发出的硬线信号或受CAN报文控制的低压信号来驱动各高压接触器，从而使BMS进入所需工作模式。

(3) **放电模式** BMS在待机模式下检测到放电WAKEUP信号后，接收车辆控制器(vehicle control unit，VCU)发来的动力蓄电池运行状态指令和接触器的动作指令，并执行相关指令，完成BMS上电及预充电流程，进入放电模式。

(4) **充电模式** 当BMS检测到充电唤醒信号时，系统即进入充电模式。在该模式下，主正、主负继电器闭合，同时为保证低压控制电源持续供电，DC/DC直流转换接触器需处于工作状态。

(5) **故障模式** BMS在任何模式下检测到故障时，均进入故障模式，同时上报VCU故障状态和相关故障码。故障模式是控制系统中常出现的一种状态。由于车用蓄电池的使用关系到用户的人身安全，系统对于各种相应模式总是采取安全第一的原则。BMS对于故障的响应还需根据故障等级而定，当其故障级别较低时，系统可采取报错或发出轻微报警信号的方式告知驾驶人员；而当故障级别较高，甚至伴随有危险时，系统采取直接断开高压接触器的控制策略。

2.2.9 动力蓄电池荷电状态（SOC）估算方法

动力蓄电池荷电状态（SOC）不是一个可以直接测量获得的值，而是需要根据电压、电流、温度等状态量的实时测量值通过设计的算法来进行间接估算。动力蓄电池SOC估算方法主要有开路电压法、内阻法、安时法、负载电压法、卡尔曼滤波法、模糊推理法和神经网络法等。

(1) **开路电压法** 开路电压与SOC值在一定条件下呈比例关系。开路电压法就是通过试验得出的比例关系来估算SOC值。开路电压法对SOC值的估算精度高，且简单易行，但是缺点也很明显，只能准确估算电池静置0.5~1.5h之后的SOC值，因而一般不在蓄电池管理系统中单独应用，而常常用来补充其他算法。

(2) **内阻法** 电池的内阻和剩余电量之间存在一定的数学关系，在充电过程中，随着电池电量的增加，电池内阻也会增大；在放电过程中，电池内阻会随着电量降低而减小。通过观测电池内阻的值来估算当前电池的SOC值的方法就是内阻法。内阻法虽然没有电池必须静置一段时间之后才能准确估算SOC值的限制，但是电池内部结构十分复杂，很难进行准确的测量，因而内阻法的应用就受到了限制，如在一些外界工作环境很复杂的情况下就无法应用，在电动汽车的蓄电池管理系统中一般不使用内阻法。

(3) **安时法** 安时法就是把电流对时间进行积分，对电池容量的改变进行检测，继而对SOC值进行估算的一种方法。电流在时间上的积分实际就是充入或放出的电量，如果把电池看作一个封闭的系统，只需要累积计算进出电池的电量，然后把计算结果与电池满电状态的电量相比较，就能获得电池具有的剩余电量。由于大部分外界条件都不会对其造成影响，安时法易于实现。

(4) **负载电压法** 当电池从静置状态转为放电状态时，测量到的电池端电压就会变为负载电压。当电池的放电电流恒定时，SOC 值同电池负载电压之间的数学关系很大程度上类似于 SOC 值同电池开路电压之间的数学关系。负载电压法的优点有很多，如恒流放电时估算精度很高，克服开路电压法只能静置测量的缺点，可以对电池组的 SOC 值进行实时估算。但是由于电动汽车运行时的工况复杂，电池不可能长期处于恒流放电的工况，因此在电动汽车上，一般不会把负载电压法作为主要算法来使用，负载电压法通常用来判断是否结束对电池的充放电。

(5) **卡尔曼滤波法** 卡尔曼滤波法解决了一个古老的问题：怎样从不准确的数据中得到准确的信息，更确切地说，就是当输入的数据不准确时，如何选取一个最好的数据作为输入系统的最新状态量来更新系统数据，这种方法非常适用于电动汽车。动力蓄电池的 SOC 受到多种因素的影响，并且会随着用户驾驶模式的改变而不断发生变化，卡尔曼滤波的目的是从数据流中去除噪声干扰，预测新的状态及其不确定性，然后用新的测量值校准预测值来实现 SOC 估算。理论上卡尔曼滤波法能够在估算过程中保持非常高的精度，而且可以很有效地修正误差。卡尔曼滤波法的缺点是需要进行大量的运算和具备准确的电池数学模型以确保 SOC 估算的精确性。

(6) **模糊推理法和神经网络法** 模糊推理法和神经网络法都属于人工智能领域，是发展出来的两个分支。神经网络是一种模拟人脑神经元系统的互联模式而建模的计算机体系结构，它能模仿人脑信息处理、记忆和学习的过程，然后产生一个具有自动识别能力的系统。使用神经网络法进行 SOC 估算实际上就是通过大量的数据训练分析当前的 SOC 值。模糊推理法是从含糊、模棱两可或者不精确的信息中提炼出确切结论的简单的方法，与神经网络法相结合可以较为准确地估算 SOC 的值。由于很多因素都会对电池的剩余电量产生影响，导致对估算电池剩余电量建立的数学模型非常庞大复杂，因此神经网络法以及模糊推理法越来越受到重视，成为热点研究方法。

这些 SOC 估算方法主要应用于估算单体蓄电池的 SOC 值，但是在实际应用过程中，蓄电池组是由多个单体蓄电池串联或并联组成，单体蓄电池在受到电池本身不利因素影响的同时，也会受到外界环境条件变化的影响和蓄电池组充放电过程中不一致性的影响，从而导致实时估算蓄电池的 SOC 值变得更加困难。因此，在估算蓄电池 SOC 值时，并不会只使用一种方法，通常是同时使用 2~3 种基本的 SOC 估算方法，结合不同估算方法的优点，通过互补来弥补单独一种估算方法的不足，这样估算出的 SOC 值往往更为准确。准确估算蓄电池 SOC 是实现蓄电池管理系统的关键。

1. 基于安时-开路电压补偿法的 SOC 估算方法

安时-开路电压补偿法以安时法为主，开路电压法为辅。安时法简单稳定、不易受到电池本身影响的优点使其适用于大多数电池，并且在实时测量时可达到较高的精度，只需观测系统的外部特性，而不需分析电池内部复杂的反应。而开路电压法的优点是对于电池静置状态下的 SOC 值估算非常精确，很好地弥补了安时法对估算初值要求高的不足，因此，安时-开路电压法是优于两者单独估算的一种方法，只要对影响安时法估算的各项因素提出补偿方法，就可以保证很高的估算精度。

(1) **对 SOC 初值的估算** SOC 初值估算的精度在很大程度上影响实时 SOC 值估算的准确程度，由于安时法无法消除初值误差，使用开路电压法进行 SOC 初值的估算。

因为电池两端电动势等于电池的开路电压，所以每次电动汽车起动时都对电池两端电动势进行测量，然后通过试验得出的开路电压与电池电量的数学关系式即可估算出初始 SOC 值。电动汽车在起动前动力蓄电池处于静置状态，因而通过这种方法估算出的动力蓄电池剩余电量的精度很高，有效解决了安时法无法准确估算电池 SOC 初值的问题。

(2) **对充放电倍率的补偿方法**　可以利用经验公式来补偿电池运行时电流剧烈波动导致的实际容量变化，经验公式为

$$I^n t = K \tag{2-4}$$

式中，I 为放电电流；t 为放电时间；n 为电池类型常数；K 为活性物质常数。

只要测出电池在两种不同放电电流 I_1 和 I_2 下的放电时间 t_1 和 t_2，就可以用解联立方程的方法求出常数 n 和 K 的值。求解 n 和 K 的方程分别为

$$n = \frac{\lg t_2 - \lg t_1}{\lg I_1 - \lg I_2} \tag{2-5}$$

$$\lg K = n \lg I_1 + \lg t_1 \tag{2-6}$$

电池容量为

$$C_t = It = I^{1-n} K \tag{2-7}$$

式中，C_t 为电池容量。

设最佳放电电流为 I_0，以电流 I 放电的电池容量为 C_I，则

$$C_N = I_0^{1-n} K$$
$$C_I = I^{1-n} K \tag{2-8}$$

式中，C_N 为以电流 I_0 放电的电池容量。

充放电倍率补偿系数为

$$\eta_1 = \frac{C_I}{C_N} = \left(\frac{I}{I_0}\right)^{1-n} \tag{2-9}$$

充放电倍率对电池 SOC 补偿的估算公式为

$$SOC = SOC_0 - \frac{1}{C_N} \int_{t_0}^{t} \eta_1 I dt \tag{2-10}$$

式中，SOC_0 为初始 SOC 值。

(3) **对温度的补充方法**　温度补偿系数常用的公式为

$$\eta_2 = 1 - 0.008 |T_B - T| \tag{2-11}$$

式中，η_2 为温度补偿系数；T_B 为标准温度 20℃；T 为设定温度。

温度因素对于电池 SOC 的补偿公式为

$$C_T = \eta_2 C_B \tag{2-12}$$

式中，C_T 为温度 T 时的电池容量；C_B 为温度 20℃ 时的电池容量。

(4) **对电池老化的补偿方法**　把电池老化的过程利用线性方程来表述，设电池老化的容量修正系数为 η_3，则电池老化对 SOC 的补偿公式为

$$C_2 = \eta_3 C_N \tag{2-13}$$

式中，C_2 为循环充放电后电池容量衰减后的总容量。

考虑各种影响 SOC 估算精度的因素补偿后，安时-开路电压法估算的电池 SOC 为

$$SOC = SOC_0 - \frac{1}{C_N}\int_{t_0}^{t_1} \eta_1 \eta_2 \eta_3 I \mathrm{d}t \tag{2-14}$$

2. 基于卡尔曼滤波的 SOC 估算方法

(1) 建立电池等效数学模型　电池是电池管理系统中的主体，不管应用何种方法进行 SOC 估算，必须搭建合理的电池模型。电池模型一般用等效电路模型来搭建。等效电路模型是通过使用电压源、电阻、电容等常用器件组成的等效电路来模拟电池的外特性，模型直观，易于理解。如果对模型参数辨识准确，能够达到工程上能够接受的精度，是一种较为理想的电池外特性模型。电池等效电路模型主要有 Rint 模型、Thevenin 模型及 PNGV 模型等，如图 2-77 所示。

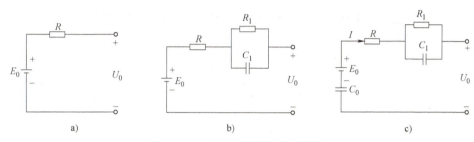

图 2-77　三种常见电池等效电路模型
a) Rint 模型　b) Thevenin 模型　c) PNGV 模型

1) Rint 模型。Rint 模型是最简单的电池等效电路模型，仅由电池电动势 E_0、电阻 R 和端电压 U_0 组成，如图 2-77a 所示。该模型简单易懂，电阻 R 在电池充满电的状态下通过开路电压和电流便可计算得到。但是该模型没有考虑电池的极化特性，忽略了很多因素，如 SOC、温度等的影响，因此模型精度较低。

2) Thevenin 模型。Thevenin 模型是在 Rint 模型的基础上加入了一阶 RC 网络来描述电池的极化特性，如图 2-77b 所示。若温度一定，电池电动势 E_0 与 SOC 有固定的映射关系；R_1 与 C_1 组成一阶 RC 网络来描述电池的极化特性，R_1 表示极化内阻，C_1 表示极化电容。该模型可近似表示电池在有无负载时端电压的变化情况，在恒流充放电的情况下精度较高。但模型中的参数值受电池 SOC、充放电速率及循环寿命等的影响，并不是恒定的，模型的精度有待提高。

3) PNGV 模型。PNGV 模型是《FreedomCAR 电池试验手册》中提出的标准电池性能模型，如图 2-77c 所示。PNGV 模型在 Thevenin 模型的基础上加入了一个电容 C_0，C_0 是由开路电压随负载电流的时间累积而产生变化的量。PNGV 模型由于加入了电容 C_0，其两端的电压因长时间对电流的积分导致模型的误差越来越大，但在交变电流的情况下可大致抵消累积误差，比较适合于纯电动汽车的应用。PNGV 模型和 Thevenin 模型均为一阶 RC 模型，由于电池内部的化学反应过程复杂，只用一阶 RC 网络很难进行精确的描述。

为了提高 Thevenin 模型精度，需要对模型进行改进。改进的模型是在原有 Thevenin 模型的基础上，增加二阶 RC 网络，能更准确地描述电池极化特性。改进后的 Thevenin 电池等效电路模型如图 2-78 所示。图中，U_{oc} 为电池开路电压，在一定温度下与电池 SOC 有固定的映射关系；R_0 为电池的欧姆内阻；R_1 和 R_2 分别为电池的极化内阻；C_1 和 C_2 分别为电池的极化电容；R_1 和 C_2 组成的回路时间常数较大，用来描述电流突变时端电压缓慢变化的阶段；R_2 和 C_2 组成的回路时间常数较小，用来描述电流突变时端电压较快变化的阶段；V_b 为电池端电压；I 为等效模型电路中的电流；U_1 和 U_2 分别为两个 RC 网络两端的电压。

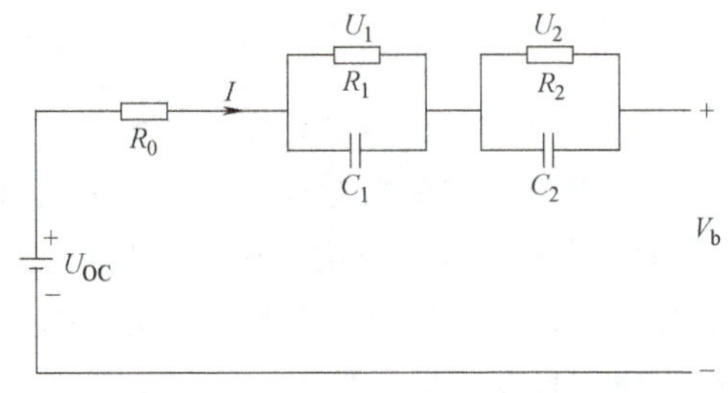

根据电池等效电路模型，由基尔霍夫电压定律可得

$$U_{OC} - V_b = U_0 + U_1 + U_2 \quad (2-15)$$

式中，U_0 为欧姆电阻两端电压。

图 2-78 改进后的 Thevenin 电池等效电路模型

根据电池等效电路模型，能够得到电池等效数学模型为

$$\begin{cases} SOC = SOC_0 - \dfrac{1}{C_n}\int_{t_0}^{t_1} I\,dt \\[4pt] I = C_1 \dfrac{dU_1}{dt} + \dfrac{U_1}{R_1} \\[4pt] I = C_2 \dfrac{dU_2}{dt} + \dfrac{U_2}{R_2} \\[4pt] I = \dfrac{U_0}{R_0} \end{cases} \quad (2-16)$$

式中，SOC_0 为 t_0 时刻的 SOC 值；SOC 为 t_1 时刻的 SOC 值；C_n 为电池的额定容量；I 为电池当前放电电流。

(2) 建立电池参数辨识的数学模型　电池充放电时内部的化学反应较为复杂，此过程是时变且非线性的，因此很难通过理论分析得到电池的各参数。由于电池系统的时变性，随着电池的 SOC、温度、SOH（电池健康状态）等变化，模型参数也会不断变化，因此参数离线辨识的精度有限且工作量大。为了提高电池 SOC 估算的精度，提高估算模型的适应能力，有必要对模型参数进行在线辨识。

递推最小二乘法（RLS）的原理是当被辨识的系统正在运行时，每得到一组新的数据，即用新得到的数据代入递推公式对前次估计的结果进行修正，从而得到新的估计值。即当前时刻的估计值=上一时刻的估计值+修正项。

在 RLS 算法中，协方差矩阵 $\boldsymbol{P}_k$ 在递推过程中不断递减，修正能力也越来越弱，递推后期可能出现"滤波饱和"的现象。这是因为 RLS 算法对新旧数据等同对待。为解决这个问题，可以引入一个遗忘因子 λ（取值在 0.95~0.99 之间），以增加新数据的影响，减弱旧数据的影响，即遗忘因子递推最小二乘法（FFRLS）。遗忘因子递推最小二乘法的递推公式为

$$\begin{cases} \boldsymbol{K}_k = \boldsymbol{P}_{k-1}\boldsymbol{\psi}_k(\boldsymbol{\psi}_k^T \boldsymbol{P}_{k-1}\boldsymbol{\psi}_k + \lambda)^{-1} \\[4pt] \hat{\boldsymbol{\theta}}_k = \hat{\boldsymbol{\theta}}_{k-1} + \boldsymbol{K}_k(y_k - \boldsymbol{\psi}_k^T \hat{\boldsymbol{\theta}}_{k-1}) \\[4pt] \boldsymbol{P}_k = \dfrac{1}{\lambda}(\boldsymbol{I} - \boldsymbol{K}_k \boldsymbol{\psi}_k^T)\boldsymbol{P}_{k-1} \end{cases} \quad (2-17)$$

式中，$\hat{\theta}_k$、$\hat{\theta}_{k-1}$ 分别为第 k、$k-1$ 时刻的状态估计值；y_k 为第 k 时刻的实际观测值；$\psi_k^T\hat{\theta}_{k-1}$ 为第 k 时刻对观测值的预测；K_k 为第 k 时刻的增益因子；P_k 为第 k 时刻的协方差矩阵；λ 为遗忘因子；I 为单位矩阵。

遗忘因子递推最小二乘法的递推过程如下：

1）初始化，设定初始状态估计值 $\hat{\theta}_0$、初始协方差矩阵 P_0。

2）增益因子更新，根据式（2-17）中第 1 个公式计算当前时刻增益因子 K_k。

3）状态估计值更新，根据式（2-17）中第 2 个公式计算当前时刻状态估计值 $\hat{\theta}_k$。

4）协方差矩阵更新，根据式（2-17）中第 3 个公式计算当前时刻协方差矩阵 P_k。

在整个递推过程中，没有涉及矩阵的求逆运算，因此遗忘因子递推最小二乘法具有简单实用、递推过程可靠的优点。

为了对电池 SOC 进行估算，需要对图 2-78 所示电池等效电路模型中的 R_0、R_1、R_1、C_1、C_2 五个参数进行辨识。为了能用 FFRLS 对电池等效电路模型参数进行在线辨识，必须建立与图 2-78 所示电池等效电路模型相对应的最小二乘形式的数学模型。

对式（2-15）进行拉普拉斯变换后可得

$$Y(s) = \left(\frac{R_1}{1+R_1C_1s} + \frac{R_2}{1+R_2C_2s} + R_0\right)I(s) \tag{2-18}$$

式中，$Y(s) = U_{OC}(s) - V_b(s)$。

电池开路电压与端电压之差对电流的传递函数为

$$G(s) = \frac{Y(s)}{I(s)} = \frac{R_1}{1+R_1C_1s} + \frac{R_2}{1+R_2C_2s} + R_0 \tag{2-19}$$

令 $\tau_1 = R_1C_1$，$\tau_2 = R_2C_2$，则通过式（2-19）可得

$$G(s) = \frac{R_0s^2 + \dfrac{R_0\tau_1+R_0\tau_2+R_1\tau_1+R_2\tau_2}{\tau_1\tau_2}s + \dfrac{R_0+R_1+R_2}{\tau_1\tau_2}}{s^2 + \dfrac{\tau_1+\tau_2}{\tau_1\tau_2}s + \dfrac{1}{\tau_1\tau_2}} \tag{2-20}$$

采用双线性变换的方法对式（2-20）进行离散化，即将 s 域转换成 z 域，令

$$s = \frac{2}{T}\frac{1-z^{-1}}{1+z^{-1}} \tag{2-21}$$

式中，T 为取样周期。

式（2-19）传递函数的离散化形式为

$$G(z^{-1}) = \frac{k_3 + k_4z^{-1} + k_5z^{-2}}{1 - k_1z^{-1} - k_2z^{-2}} \tag{2-22}$$

式中，$k_1 = \dfrac{8-2n_5}{4+2n_4+n_5}$；$k_2 = \dfrac{2n_4-n_5-4}{4+2n_4+n_5}$；$k_3 = \dfrac{4n_1+2n_2+n_3}{4+2n_4+n_5}$；$k_4 = \dfrac{2n_3-8n_1}{4+2n_4+n_5}$；$k_5 = \dfrac{4n_1-2n_2+n_3}{4+2n_4+n_5}$；$n_1 = R_0$；$n_2 = \dfrac{R_0\tau_1+R_0\tau_2+R_1\tau_2+R_2\tau_1}{\tau_1\tau_2}$；$n_3 = \dfrac{R_0+R_1+R_2}{\tau_1\tau_2}$；$n_4 = \dfrac{\tau_1+\tau_2}{\tau_1\tau_2}$；$n_5 = \dfrac{1}{\tau_1\tau_2}$。

由式（2-22）可得频域表达式离散化后的差分方程形式为

$$y_k = k_1y_{k-1} + k_2y_{k-2} + k_3I_k + k_4I_{k-1} + k_5I_{k-2} \tag{2-23}$$

令 $\theta = [k_1, k_2, k_3, k_4, k_5]^T$，$\psi_k = [y_{k-1}, y_{k-2}, I_k, I_{k-1}, I_{k-2}]^T$，并假设 k 时刻监测电池的传感器的采样误差为 e_k，则最小二乘形式为 $y_k = \psi_k^T \theta + e_k$，即可以用 FFRLS 算法的递推公式（2-17）得到 $k_1 \sim k_5$。

由式（2-22）结合已由 FFRLS 算法得到的 $k_1 \sim k_5$ 参数值可以解得

$$\begin{aligned} R_0 &= \frac{k_3 + k_5 - k_4}{1 + k_1 - k_2} \\ a &= \tau_1 \tau_2 = \frac{1 + k_1 - k_2}{4(1 - k_1 - k_2)} \\ b &= \tau_1 + \tau_2 = \frac{1 + k_1}{1 - k_1 - k_2} \\ c &= R_0 + R_1 + R_2 = \frac{k_3 + k_4 + k_5}{1 - k_1 - k_2} \\ d &= R_0 \tau_1 + R_0 \tau_2 + R_1 \tau_2 + R_2 \tau_1 = \frac{k_3 - k_5}{1 - k_1 - k_2} \end{aligned} \quad (2\text{-}24)$$

由式（2-24）可以解得

$$\begin{aligned} \tau_1 &= \frac{b + \sqrt{b^2 - 4a}}{2} \\ \tau_2 &= \frac{b - \sqrt{b^2 - 4a}}{2} \\ R_1 &= \frac{c\tau_1 + R_0 \tau_2 - d}{\tau_1 - \tau_2} \\ R_2 &= c - R_0 - R_1 \\ C_1 &= \frac{\tau_1}{R_1} \\ C_2 &= \frac{\tau_2}{R_2} \end{aligned} \quad (2\text{-}25)$$

最终可以得到全部五个参数：R_0、R_1、R_2、C_1、C_2。

(3) 建立电池 SOC 估算的数学模型 卡尔曼滤波理论是对动力系统的状态做出最小方差意义上的最优估计。卡尔曼滤波算法由滤波递推计算和滤波增益递推计算两部分组成，其应用于电池 SOC 估算时，电池被看作动力系统，SOC 被看作系统的一个内部状态，通过算法实现从数据流中去除噪声干扰，预测新的状态及其不确定性，再用新的测量值校准预测值。带有卡尔曼滤波的电池 SOC 预测模型的精度可以得到明显改善。

卡尔曼滤波法适用于各种电池，与其他方法相比，尤其适用于电流波动比较剧烈的电动汽车动力蓄电池 SOC 的估计，它不仅给出 SOC 的估计值，还给出 SOC 的估计误差。该算法在估算过程中能保持很好的精度，并且对初始值的误差有很强的修正作用，因此使用起来更加方便，应用该算法进行电池 SOC 估算具有以下优势：任何时刻均适用；有助于修正初始值；有助于克服传感器精度不足的问题；有助于消除电磁干扰的影响。

经典的卡尔曼滤波器需要满足的线性模型为

$$x_k = Ax_{k-1} + Bu_{k-1} + \boldsymbol{\omega}_{k-1}$$
$$z_k = Hx_k + v_k \tag{2-26}$$

式中，x_k 为 k 时刻系统特征的状态变量；x_{k-1} 为 $k-1$ 时刻系统特征的状态变量；A 为状态 $k-1$ 时刻到 k 时刻的转移矩阵；u_{k-1} 为 $k-1$ 时刻的激励变量；B 为状态 $k-1$ 时刻到 k 时刻的增益矩阵；z_k 为观测变量；H 为状态向量对观测向量的增益；$\boldsymbol{\omega}_{k-1}$ 为状态 $k-1$ 时刻到 k 时刻的随机噪声向量；v_k 为观测噪声向量。

式（2-26）中的第 1 个方程称为状态方程，第 2 个方程称为量测方程。可以看出，在经典卡尔曼滤波器中，状态变量、激励变量、观测变量之间是线性的。由于电池开路电压（open circuit voltage，OCV）和 SOC 之间存在明显的非线性关系，因此，经典卡尔曼滤波器不再适用，需要使用扩展卡尔曼滤波器（extended kalman filter，EKF）。

扩展卡尔曼滤波算法的状态方程和量测方程分别为

$$x_k = f(x_{k-1}, u_{k-1}, \boldsymbol{\omega}_{k-1})$$
$$z_k = h(x_k, v_k) \tag{2-27}$$

若想利用 EKF 算法进行电池 SOC 估算，需要确定所选用电池模型的状态方程和量测方程。

令 $\dfrac{\mathrm{d}u}{\mathrm{d}t} = \dfrac{u_k - u_{k-1}}{T}$，且采样周期为 $T = 1\mathrm{s}$，将式（2-16）近似离散化后可以得到离散方程为

$$\mathrm{SOC}_k = \mathrm{SOC}_{k-1} - i_{k-1} \dfrac{1}{C_n}$$
$$u_k^1 = i_{k-1} \dfrac{R_1}{1 + R_1 C_1} + \dfrac{R_1 C_1}{1 + R_1 C_1} u_{k-1}^1$$
$$u_k^2 = i_{k-1} \dfrac{R_2}{1 + R_2 C_2} + \dfrac{R_2 C_2}{1 + R_2 C_2} u_{k-1}^2 \tag{2-28}$$
$$u_k^0 = i_{k-1} R_0$$

式中，SOC_k、SOC_{k-1} 分别为第 k、$k-1$ 时刻的 SOC 值；i_{k-1} 为第 $k-1$ 时刻的电流；u_k^1、u_{k-1}^1 分别为第 k、$k-1$ 时刻 R_1、C_1 两端的电压；u_k^2、u_{k-1}^2 分别为第 k、$k-1$ 时刻 R_2、C_2 两端的电压；u_k^0 为第 k 时刻 R_0 两端的电压。

电池模型的状态方程为

$$x_k = Ax_{k-1} + Bi_{k-1} + \boldsymbol{\omega}_{k-1} \tag{2-29}$$

式中，$x_k = \begin{pmatrix} \mathrm{SOC}_k \\ u_k^1 \\ u_k^2 \\ u_k^0 \end{pmatrix}$；$A = \begin{pmatrix} 1 & 0 & 0 & 0 \\ 0 & \dfrac{R_1 C_1}{1 + R_1 C_1} & 0 & 0 \\ 0 & 0 & \dfrac{R_2 C_2}{1 + R_2 C_2} & 0 \\ 0 & 0 & 0 & 0 \end{pmatrix}$；$B = \begin{pmatrix} -\dfrac{1}{C_N} \\ \dfrac{R_1}{1 + R_1 C_1} \\ \dfrac{R_2}{1 + R_2 C_2} \\ R_0 \end{pmatrix}$；$\boldsymbol{\omega}_{k-1}$ 为随机噪声向量。

当电池充放电时，电池的端电压和电池的平衡电动势、2个RC网络的电压以及欧姆内阻两端的电压有关，存在如下电路关系式：

$$V_b = U_{OC} - U_1 - U_2 - U_0 \tag{2-30}$$

其中，U_{OC}与SOC存在非线性的函数关系，即

$$U_{OC} = g(\text{SOC}_k) \tag{2-31}$$

SOC与电池开路电压之间的关系是一个非线性函数，可以用一个高阶多项式来近似表示，首先选择阶数，一般是7~9阶，然后通过拟合确定系数。

利用EKF算法对电池SOC进行估算，递推步骤如下：

1) 初始化。设置状态变量初值x_0，协方差矩阵初值$\boldsymbol{P}_0$。
2) 计算k时刻状态变量的估计值，即

$$\hat{x}_k = \boldsymbol{A} x_{k-1} + \boldsymbol{B} i_{k-1} + \boldsymbol{\omega}_{k-1} \tag{2-32}$$

3) 计算协方差矩阵的先验值，即

$$\hat{\boldsymbol{P}}_k = \boldsymbol{A} \boldsymbol{P}_{k-1} \boldsymbol{A}^T + \boldsymbol{Q}_{k-1} \tag{2-33}$$

4) 计算卡尔曼增益，即

$$K_k = \hat{\boldsymbol{P}}_k H_k^T (H_k \hat{\boldsymbol{P}}_{k-1} H_k^T + R_k)^{-1}$$

$$H_{k[i,j]} = \frac{\partial h_{[i]}}{\partial x_{[j]}} [\hat{x}_k, 0] \tag{2-34}$$

5) 根据卡尔曼增益修正状态变量的估算值，即

$$x_k = \hat{x}_k + K_k(u_k + H_k \hat{x}_k) \tag{2-35}$$

6) 协方差矩阵更新

$$\boldsymbol{P}_k = (1 - K_k H_k) \hat{\boldsymbol{P}}_k \tag{2-36}$$

第6)步执行完成后，时间指标k增加1，然后回到第1)步，继续计算。至此，一种基于电池模型及扩展卡尔曼滤波器的电池SOC估算的递推算法得以实现。

2.3 驱动电机系统

2.3.1 电动汽车对驱动电机的要求

电动汽车在行驶过程中，经常频繁地起动/停车、加速/减速等，这就要求电动汽车中的驱动电机比一般工业应用的电机性能更高，基本要求如下：

1) 电机的运行特性应满足电动汽车的要求，在恒转矩区，要求低速运行时具有大转矩，以满足电动汽车起动和爬坡的要求；在恒功率区，要求低转矩时具有高的速度，以满足电动汽车在平坦路面能够高速行驶的要求。

2) 电机应具有瞬时功率大、带负载起动性能好、过载能力强、加速性能好、使用寿命长的特点。

3) 电机应在整个运行范围内，具有很高的效率，以提高一次充电的续驶里程。

4) 电机应能够在汽车减速时实现再生制动，将能量回收并反馈给蓄电池，使得电动汽车具有最佳能量的利用率。

5）电机应可靠性好，能够在较恶劣的环境下长期工作。

6）电机应体积小，质量小，一般为工业用电机的1/3~1/2。

7）电机的结构要简单坚固，适合批量生产，便于使用和维护。

8）价格便宜，从而能够降低整体电动汽车的价格，提高性价比。

9）运行时噪声低，减少污染。

目前，电动汽车的驱动电机主要有直流电机、异步电机、永磁同步电机和开关磁阻电机等。直流电机主要用于低速电动汽车；异步电机与永磁同步电机主要用于乘用车；开关磁阻电机主要应用于大型商用车。

2.3.2 电机主要性能指标

电机的主要性能指标有额定功率、峰值功率、额定转速、最高工作转速、额定转矩、峰值转矩、堵转转矩、额定电压、额定电流及额定频率等。

(1) **额定功率** 额定功率是指电机额定运行条件下轴端输出的机械功率。电机的功率等级为1kW、2.2kW、3.7kW、5.5kW、7.5kW、11kW、15kW、18.5kW、22kW、30kW、37kW、45kW、55kW、75kW、90kW、110kW、132kW、150kW、160kW、185kW、200kW及以上。

(2) **峰值功率** 峰值功率是指在规定时间内，电机运行的最大输出功率。

(3) **额定转速** 额定转速是指电机额定运行（额定电压、额定功率）条件下电机的最低转速。

(4) **最高工作转速** 最高工作转速是在额定电压下，电机带负载运行所能达到的最高转速，它影响电动汽车的最高设计速度。

(5) **额定转矩** 额定转矩是指电机在额定功率和额定转速下的输出转矩。

(6) **峰值转矩** 峰值转矩是指电机在规定的持续时间内允许输出的最大转矩。

(7) **堵转转矩** 堵转转矩是指转子在所有角位堵住时所产生的最小转矩。

(8) **额定电压** 额定电压是指电机正常工作的电压。电机电源的电压等级为36V、48V、120V、144V、168V、192V、216V、240V、264V、288V、312V、336V、360V、384V、408V、540V、600V。

(9) **额定电流** 额定电流是指电机额定运行（额定电压、额定功率）条件下电枢绕组（或定子绕组）的线电流。

(10) **额定频率** 额定频率是指电机额定运行条件下电枢（或定子侧）的频率。当电机在额定运行条件下输出额定功率时，称为满载运行，这时电机的运行性能、经济性及可靠性等均处于优良状态。输出功率超过额定功率时称为过载运行，这时电机的负载电流大于额定电流，将会引起电机过热，从而减少电机使用寿命，严重时甚至烧毁电机。电机的输出功率小于额定功率时称为轻载运行，轻载时电机的效率和功率因数等运行性能较差，因此应尽量避免电机轻载运行。

2.3.3 直流电机

直流电机就是将直流电能转换成机械能的电机，是电机的主要类型之一，具有结构简单、技术成熟、控制容易等特点，在低速电动汽车、场地用电动车辆和专用电动车辆上应用广泛。

1. 直流电机的类型

直流电机分为励磁式直流电机和永磁式直流电机。在电动汽车所采用的直流电机中，小功率电机采用的是永磁式直流电机，大功率电机采用的是励磁式直流电机。

励磁式直流电机根据励磁方式的不同，可分为他励式、并励式、串励式和复励式 4 种类型，它们的电路如图 2-79 所示。图中，U 为电源电压；U_f 为励磁电压；I 为负载电流；I_a 为电枢电流；I_f 为励磁电流。

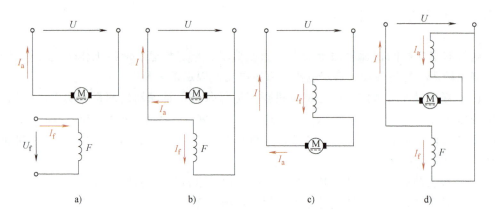

图 2-79 各种励磁方式直流电机的电路
a）他励式　b）并励式　c）串励式　d）复励式

（1）他励式直流电机　他励式直流电机的励磁绕组与电枢绕组无连接关系，而由其他直流电源对励磁绕组供电。因此励磁电流不受电枢端电压或电枢电流的影响。永磁式直流电机也可看作属于他励式直流电机。

他励式直流电机在运行过程中励磁磁场稳定且容易控制，容易实现电动汽车的再生制动要求。但当采用永磁激励时，虽然电机效率高，质量和体积较小，但由于励磁磁场固定，电机的机械特性不理想，驱动电机产生不了足够大的输出转矩来满足电动汽车起动和加速时的大转矩要求。

（2）并励式直流电机　并励式直流电机的励磁绕组与电枢绕组并联，共用同一电源，性能与他励式直流电机基本相同。并励绕组两端电压就是电枢两端电压，但是励磁绕组用细导线绕成，其匝数很多，因此具有较大的电阻，使得通过它的励磁电流较小。

并励式直流电机的励磁绕组和电枢绕组并联，其电源电压 U、电枢电压 U_a、励磁电压 U_f 之间的关系以及负载电流 I、电枢电流 I_a、励磁电流 I_f 之间的关系分别为

$$U = U_a = U_f$$
$$I = I_a + I_f$$

(2-37)

（3）串励式直流电机　串励式直流电机的励磁绕组与电枢绕组串联后，再接于直流电源，这种直流电机的励磁电流就是电枢电流。这种电机内磁场随着电枢电流的改变有显著的变化。为了使励磁绕组中不引起大的损耗和电压降，励磁绕组的电阻越小越

好,因此串励式直流电机通常用较粗的导线绕成,其匝数较少。

串励式直流电机在低速运行时,能给电动汽车提供足够大的转矩,而在高速运行时,电机电枢中的反电动势增大,与电枢串联的励磁绕组中的励磁电流减小,电机高速时的弱磁调速功能易于实现,因此串励式直流电机驱动系统能较好地符合电动汽车的特性要求。但串励式直流电机由低速到高速运行时的弱磁调速特性不理想,随着电动汽车行驶速度的提高,驱动电机输出转矩快速减小,不能满足电动汽车高速行驶时由于风阻大而需要输出较大转矩的要求。串励式直流电机运行效率低;在实现电动汽车的再生制动时,由于没有稳定的励磁磁场,再生制动的稳定性差;并且由于再生制动需要加接触器切换,使得驱动电机控制系统的故障率较高,可靠性较差。另外,串励式直流电机的励磁绕组损耗大,体积和质量也较大。

串励式直流电机的励磁绕组和电枢绕组串联,其电源电压 U、电枢电压 U_a、励磁电压 U_f 之间的关系以及负载电流 I、电枢电流 I_a、励磁电流 I_f 之间的关系分别为

$$U = U_a + U_f$$
$$I = I_a = I_f$$
(2-38)

(4) **复励式直流电机** 复励式直流电机有并励和串励两个励磁绕组,电机的磁通由两个绕组内的励磁电流产生。若串励绕组产生的磁通势与并励绕组产生的磁通势方向相同称为积复励。若两个磁通势方向相反,则称为差复励。

复励式直流电机的永磁励磁部分采用高磁性材料钕铁硼,运行效率高。由于电机永磁励磁部分有稳定的磁场,使用该类电机构成驱动系统时易实现再生制动功能。同时,由于电机增加了增磁绕组,通过控制励磁绕组的励磁电流或励磁磁场的大小,能克服纯永磁他励式直流电机不能产生足够的输出转矩来满足电动汽车低速或爬坡时的大转矩要求的问题,而电机的质量或体积比串励式直流电机小。

复励式直流电机既有并励绕组又有串励绕组,其特性介于并励式和串励式之间。

2. 直流电机的结构

直流电机主要由定子与转子两大部分构成,如图 2-80 所示。

(1) **定子部分** 直流电机的定子主要由励磁绕组、磁极、机座及电刷等组成。励磁绕组用扁铜线或圆铜线绕制而成,产生励磁磁动势;磁极的作用是建立磁场;机座用铸钢或厚钢板焊接而成,它既是主磁路的一部分,又是电机的结构框架;电刷用于电枢电路的引入或引出。

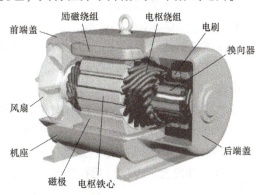

图 2-80 直流电机的结构

(2) **转子部分** 转子部分包括电枢铁心、电枢绕组及换向器等。电枢铁心一般用 0.55mm 硅钢冲片叠压而成,它既是主磁路的组成部分,又是电枢绕组的支撑部分;电枢绕组嵌放在电枢铁心的槽内,电枢绕组由扁铜线或圆铜线按一定规律绕制而成,它是直流电机的电路部分,也是产生电动势和电磁转矩进行机电能量转换的部分;换向器由冷拉梯形铜排和绝缘材料等构成,用于电枢电流的换向。

3. 直流电机的工作原理

图 2-81 所示为直流电机的工作原理示意图。图中，定子有一对 N 极和 S 极，电枢绕组的末端分别接到两个换向片上，正、负电刷 A 和 B 分别与两个换向片接触。

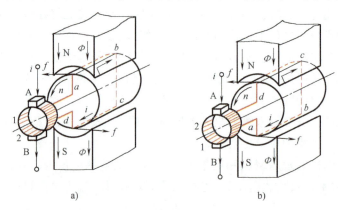

图 2-81 直流电机的工作原理示意图
a) 导体 ab 处于 N 极下　b) 导体 ab 处于 S 极下

如果给两个电刷加上直流电源，如图 2-81a 所示，则有直流电流从电刷 A 流入，经过线圈 abcd，从电刷 B 流出。根据电磁力定律，载流导体 ab 和 cd 受到电磁力的作用，其方向可用左手定则判定，两段导体受到的力形成了一个转矩，使得转子逆时针转动。如果转子转到如图 2-81b 所示的位置，电刷 A 和换向片 2 接触，电刷 B 和换向片 1 接触，直流电流从电刷 A 流入，在线圈中的流动方向是 dcba，从电刷 B 流出。此时载流导体 ab 和 cd 受到电磁力的作用，方向同样可用左手定则判定，它们产生的转矩仍然使得转子逆时针转动。这就是直流电机的工作原理。

外加的电源是直流的，但由于电刷和换向片的作用，在线圈中流过的电流是交流的，其产生的转矩的方向却是不变的。

4. 直流电机的运行特性

直流电机的运行特性主要包括直流电机的工作特性和直流电机的机械特性。直流电机的工作特性是指电机的转速特性、转矩特性和效率特性，即在保持额定电压、额定励磁电流（他励、并励）或励磁调节不变（串励、复励）的情况下，电机的转速、电磁转矩和效率随电枢电流（或输出功率）变化的特性。直流电机的机械特性是指在电源电压恒定、励磁调节电阻和电枢回路电阻不变的情况下，其转速与电磁转矩之间的关系，又称为转矩-转速特性，是电机的重要特性。

（1）并励直流电机的运行特性　并励直流电机的转速特性可表示为

$$n = \frac{U - R_a I_a}{C_e \Phi} \tag{2-39}$$

式中，n 为电机转速；U 为电源电压；R_a 为电枢电阻；I_a 为电枢电流；C_e 为电动势常数，与电机结构有关；Φ 为每极磁通量。

电动势常数为

$$C_e = \frac{pN}{60a} \tag{2-40}$$

式中，p 为极对数；a 为电枢绕组的并联支路对数，对于单叠绕组，$a=p$，对于单波绕组，$a=1$；N 为电枢绕组的导体总数。

并励直流电机的转矩特性可表示为

$$T_e = C_T \Phi I_a \tag{2-41}$$

式中，T_e 为电磁转矩；C_T 为转矩常数，与电机结构有关。

转矩常数为

$$C_T = \frac{pN}{2\pi a} \tag{2-42}$$

如果忽略电枢反应，则转矩特性是一条过原点的直线。

并励直流电机的机械特性可表示为

$$n = \frac{U}{C_e \Phi} - \frac{R_a + R_J}{C_e C_T \Phi^2} T_e \tag{2-43}$$

式中，R_J 为电枢回路外的串联电阻。

(2) 串励直流电机的运行特性 串励直流电机的特点是负载电流、电枢电流和励磁电流相等，即 $I = I_a = I_f$，气隙主磁通随电枢电流的变化而变化，同时对电机转速产生较大影响。

串励直流电机的转速特性可表示为

$$n = \frac{U - (R_a + R_f) I_a}{C_e \Phi} \tag{2-44}$$

式中，R_f 为励磁电阻。

当负载电流较小时，电机的磁路没有饱和，每极磁通量与励磁电流成线性变化关系，即

$$\Phi = K_f I_f = K_f I_a \tag{2-45}$$

式中，K_f 为比例系数。

串励直流电机的转矩特性可表示为

$$T_e = C_T \Phi I = C_T K_f I_a^2 \tag{2-46}$$

串励直流电机的机械特性可表示为

$$n = \frac{1}{C_e K_f} \left(\sqrt{\frac{C_T K_f}{T_e}} U - R_a - R_f \right) \tag{2-47}$$

5. 直流电机的控制

直流电机转速控制方法主要有电枢调压控制、磁场控制和电枢回路电阻控制。

(1) 电枢调压控制 电枢调压控制是指通过改变电枢的端电压来控制电机的转速。这种控制只适合电机基速以下的转速控制，它可保持电机的负载转矩不变，电机转速近似与电枢端电压成比例变化，因而称为恒转矩调速。直流电机采用电枢调压控制可实现在宽广范围内的连续平滑的速度控制，调速比一般可达 1:10，如果与磁场控制配合使用，调速比可达 1:30。电枢调压控制需要专用的可控直流电源，过去常用电动-发电机组，现在大、中容量的可控直流电源广泛采用晶闸管可控整流电源，小容量则采用电力晶体管的脉冲宽度调制（pulse width modulation，PWM）控制电源，电动汽车使用的直

流电机常用斩波控制器作为电枢调压控制电源。

电枢调压控制的调速过程：当磁通保持不变时，减小电压，因转速不立即发生变化，反电动势也暂时无变化，由于电枢电流减小，转矩也减小。如果阻转矩未变，则转速下降。随着转速降低，反电动势减小，电枢电流和转矩就随之增大，直到转矩与阻转矩再次平衡为止，但这时转速已经较原来降低了。

(2) 磁场控制　磁场控制是指通过调节直流电机的励磁电流改变每极磁通量，从而调节电机的转速，这种控制只适合电机基速以上的控制。当电枢电流不变时，具有恒功率调速特性。磁场控制效率高，但调速范围小，一般不超过1∶3，而且响应速度较慢。磁场控制可采用可变电阻器，也可采用可控整流电源作为励磁电源。

磁场控制的调速过程：当电压保持恒定时，减小磁通，由于机械惯性，转速不立即发生变化，于是反电动势减小，电枢电流随之增加。因为电枢电流增加的影响超过磁通减小的影响，所以转矩也增加。如果阻转矩未变，则转速上升。随着转速升高，反电动势增大，电枢电流和转矩就随之减小，直到转矩和阻转矩再次平衡为止，但这时转速已经较原来升高了。

(3) 电枢回路电阻控制　电枢回路电阻控制是指当电机的励磁电流不变时，通过改变电枢回路电阻来调节电机的转速。这种控制方法的机械特性较软，而且电机运行不稳定，一般很少应用。对于小型串励电机，常采用电枢回路电阻控制方式。

2.3.4　异步电机

异步电机又称为交流感应电机，是由气隙旋转磁场与转子绕组感应电流相互作用产生电磁转矩，从而实现电能量转换为机械能量的一种交流电机。异步是指转子转速与定子磁场的转速不同步。

1. 异步电机的结构

异步电机主要由静止的定子和旋转的转子两大部分组成，定子和转子之间存在气隙，如图2-82所示。定子是最外面的圆筒，圆筒内侧缠有很多绕组，这些绕组与外部交流电源接通，由于整个圆筒与机座连接在一起，固定不动，称为定子。转子位于定子的内部，其可能是一个缠绕着很多导线的圆柱体（即绕线式转子），也可能是笼形结构的圆柱体（即笼式转子），由于转子不被固定，而是与动力输出轴连接在一起旋转，称

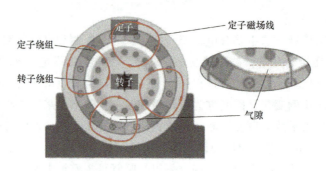

图2-82　异步电机的结构示意图

为转子。转子与定子之间没有任何连接和接触,两者之间的间隙称为气隙,通常为0.2~1mm,并以套筒的结构相互套住。当定子绕组接通交流电源时,转子就会旋转并输出动力。

三相异步电机在构造上的特别之处在于定子绕组是一个空间位置对称的三相绕组,每个相位在空间的位置彼此相差120°。当把三相绕组接成星形,并接通交流电后,定子中便产生三个对称电流(三相电流)。三相电流形成的旋转的磁场矢量会叠加,并对转子产生影响,使得转子能更快速地旋转(相比单相异步电机),其转速可达到12000~15000r/min,从而驱动电动汽车。

图2-83所示为特斯拉Model S采用的异步电机,定子外直径为254mm,内直径为157mm;转子外直径为155.8mm,内直径为50mm;定子长度为152.6mm,转子长度为153.8mm;定子槽数为60,转子槽数为74;其峰值功率为193kW,峰值转矩为330N·m,最高转速为18000r/min,既用于前驱,也用于后驱。

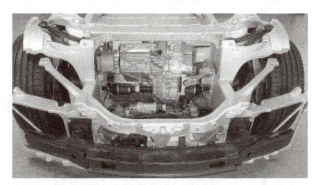

图2-83　特斯拉Model S采用的异步电机

2. 异步电机的工作原理

异步电机的工作原理逻辑如图2-84所示,异步电机的工作原理如图2-85所示。

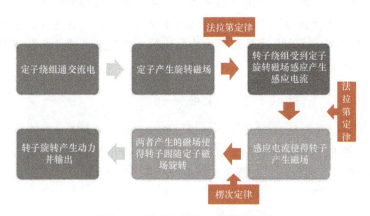

图2-84　异步电机的工作原理逻辑

当给定子绕组通交流电后,由于交流电的特性,定子绕组就会产生一个旋转的电磁场。

转子绕组是一个闭环导体,它处在定子的旋转磁场中就相当于在不停切割定子的磁力线。

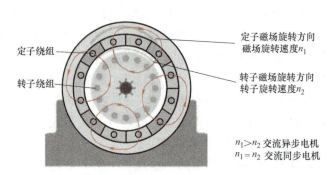

图 2-85 异步电机的工作原理

根据法拉第定律，闭合导体的一部分在磁场里做切割磁力线的运动时，导体中就会产生电流，而这个电流又会形成一个电磁场。

此时，就有了两个电磁场：一个是接通外部交流电后产生的定子电磁场；另一个是因切割定子的磁力线而产生电流后形成的转子电磁场。

根据楞次定律，感应电流的磁场总要反抗引起感应电流的原因（转子绕组切割定子电磁场的磁力线），也就是尽力使转子上的导体不再切割定子磁场的磁力线。

转子绕组就会不停追赶定子的旋转电磁场，使转子跟着定子旋转电磁场旋转，最终使电机运转。

在整个工作流程中，由于定子需通电后才能产生旋转的磁场，此磁场使转子发生电磁感应从而旋转，所以转子的转速与定子磁场的转速不同步（转速差为2%～5%），故称其为异步交流电机。反之，如果两者的转速相同，就称为同步交流电机。

如果电机转子轴上带有机械负载，则负载被电磁转矩拖动而旋转。当负载发生变化时，转子转速也随之发生变化，使转子导体中的电动势、电流和电磁转矩发生相应变化，以适应负载需要。因此，异步电机的转速是随负载变化而变化的。

异步电机的转子转速与定子旋转磁场的同步转速之间存在转速差，它的大小决定了转子电动势及其频率的大小，直接影响异步电机的工作状态。通常将转速差与同步转速的比值，用转差率表示，即有

$$s_n = \frac{n_1 - n}{n_1} \tag{2-48}$$

式中，s_n 为电机转差率；n_1 为定子旋转磁场的同步转速；n 为转子转速。

转差率是异步电机运行时的一个重要物理量。异步电机运行时，取值范围为 $0 < s_n < 1$。在额度负载条件下运行时，一般额定转差率为 0.01～0.06。

3. 异步电机数学模型

建立异步（交流感应）电机数学模型时，先做如下假设：

1）定、转子表面光滑，绕组三相对称，电磁场呈空间正弦分布。
2）忽略温度、供电频率变化对电机参数的影响。
3）忽略铁心损耗、磁路饱和、涡流等现象。
4）电机结构绝对对称，三相绕组各参数相同，自感和互感现象恒定。

异步电机物理等效模型如图 2-86 所示，定子和转子均为相差 120°的三相对称绕组，

转子定轴线分别为 A、B 和 C，定子动轴线分别为 a、b 和 c。向定子绕组通三相交流电，定子 A 相和转子 a 相的电阻分别为 R_s 和 R_r，转子逆时针旋转，角速度为 ω_{re}。当转子转过角度为 θ_{re} 时，定子 A 相自感及其与转子 a 相互感分别为 L_s 和 M，转子 a 相自感及其与定子 A 相互感分别为 l_r 和 $M\cos\theta_{re}$。

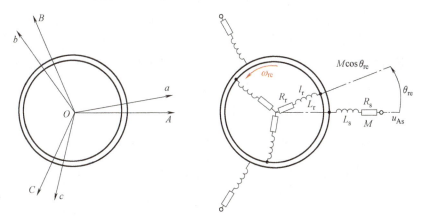

图 2-86 异步电机物理等效模型

（1）用三相静止坐标系表示磁链和电压方程 绕组磁链包括自感和互感磁链，其中互感磁链又包括自绕组之间的磁通和定转子相互绕组之间的磁通，定转子绕组磁链方程式为

$$[\psi] = [L][i] = \begin{pmatrix} L_{XX} & M_{XY} \\ m_{XY} & l_{XX} \end{pmatrix} [i] \tag{2-49}$$

式中，ψ 为绕组总磁链矩阵；L 为绕组总电感矩阵；i 为绕组总电流矩阵；L_{XX} 为定子 X 相绕组的自感；l_{XX} 为转子 X 相绕组的自感；M_{XY} 为定子 X 相绕组对转子 Y 相绕组的互感；m_{XY} 为转子 X 相绕组对定子 Y 相绕组的互感。

定子和转子绕组的匝数相等，并且忽略不穿过气隙的漏磁通，因此定子和转子之间的互感磁通相等；由于定子和转子自绕组参数相同，三相绕组的自感磁通相等，并且交链磁通等于互感与漏感磁通之和，则有

$$M_s = m_r \tag{2-50}$$

$$L_{AA} = L_{BB} = L_{CC} = M_s + l_{ls}$$
$$l_{aa} = l_{bb} = l_{cc} = m_r + l_{lr} = M_s + l_{lr} \tag{2-51}$$

式中，M_s 为与定子一相绕组交链的最大互感；m_r 为与转子一相绕组交链的最大互感；l_{ls} 为定子各相漏感；l_{lr} 为转子各相漏感；L_{AA}、L_{BB}、L_{CC} 分别为定子 A 相、B 相、C 相绕组的自感；l_{aa}、l_{bb}、l_{cc} 分别为转子 a 相、b 相、c 相绕组的自感。

由于磁场成空间正弦分布，定子和转子的三轴相位差为 $\pm 120°$，因此，固定位置的互感值为

$$M_{AB} = M_{BC} = M_{CA} = M_{BA} = M_{CB} = M_{AC} = M_s\cos 120° = -\frac{1}{2}M_s$$
$$m_{ab} = m_{bc} = m_{ca} = m_{ba} = m_{cb} = m_{ac} = m_r\cos 120° = -\frac{1}{2}M_r = -\frac{1}{2}M_s \tag{2-52}$$

设转子机械转角为 θ_m，不同位置下定子和转子绕组间的互感值为

$$M_{Aa} = m_{aA} = M_{Bb} = m_{bB} = M_{Cc} = m_{cC} = M_s \cos\theta_m$$
$$M_{Ac} = m_{cA} = M_{Ba} = m_{aB} = M_{Cb} = m_{bC} = M_s \cos(\theta_m - 120°) \quad (2\text{-}53)$$
$$M_{Ab} = m_{bA} = M_{Bc} = m_{cB} = M_{Ca} = m_{aC} = M_s(\theta_m + 120°)$$

式中，M 和 m 为互感；下角标代表对应轴线之间的互感。

令定子和转子每相绕组的合成磁链分别为 ψ_A、ψ_B、ψ_C 和 ψ_a、ψ_b、ψ_c，定子和转子每相绕组电流分别为 i_A、i_B、i_C 和 i_a、i_b、i_c，定子和转子绕组磁链方程式变为

$$[\psi] = \begin{pmatrix} \psi_s \\ \psi_r \end{pmatrix} = \begin{pmatrix} L_{ss} & L_{sr} \\ L_{rs} & L_{rr} \end{pmatrix} \begin{pmatrix} i_s \\ i_r \end{pmatrix} \quad (2\text{-}54)$$

式中，$\psi_s = \begin{pmatrix} \psi_A & \psi_B & \psi_C \end{pmatrix}^T$；$\psi_r = \begin{pmatrix} \psi_a & \psi_b & \psi_c \end{pmatrix}^T$；$i_s = \begin{pmatrix} i_A & i_B & i_C \end{pmatrix}^T$；$i_r = \begin{pmatrix} i_a & i_b & i_c \end{pmatrix}^T$；

$$L_{ss} = \begin{pmatrix} M_s + l_{1s} & -\frac{1}{2}M_s & -\frac{1}{2}M_s \\ -\frac{1}{2}M_s & M_s + l_{1s} & -\frac{1}{2}M_s \\ -\frac{1}{2}M_s & -\frac{1}{2}M_s & M_s + l_{1s} \end{pmatrix}; \quad L_{rr} = \begin{pmatrix} M_s + l_{1r} & -\frac{1}{2}M_s & -\frac{1}{2}M_s \\ -\frac{1}{2}M_s & M_s + l_{1r} & -\frac{1}{2}M_s \\ -\frac{1}{2}M_s & -\frac{1}{2}M_s & M_s + l_{1r} \end{pmatrix}; \quad L_{rs} = L_{sr}^T =$$

$$M_s \begin{pmatrix} \cos\theta_m & \cos(\theta_m - 120°) & \cos(\theta_m + 120°) \\ \cos(\theta_m + 120°) & \cos\theta_m & \cos(\theta_m - 120°) \\ \cos(\theta_m - 120°) & \cos(\theta_m + 120°) & \cos\theta_m \end{pmatrix}。$$

令定子和转子每相绕组的相电压分别为 u_A、u_B、u_C 和 u_a、u_b、u_c，由基尔霍夫电压定律及法拉第电磁感应定律，获得定子和转子三相绕组电压平衡方程为

$$\begin{pmatrix} u_A \\ u_B \\ u_C \\ u_a \\ u_b \\ u_c \end{pmatrix} = \begin{pmatrix} R_s & 0 & 0 & 0 & 0 & 0 \\ 0 & R_s & 0 & 0 & 0 & 0 \\ 0 & 0 & R_s & 0 & 0 & 0 \\ 0 & 0 & 0 & R_r & 0 & 0 \\ 0 & 0 & 0 & 0 & R_r & 0 \\ 0 & 0 & 0 & 0 & 0 & R_r \end{pmatrix} \begin{pmatrix} i_A \\ i_B \\ i_C \\ i_a \\ i_b \\ i_c \end{pmatrix} + p \begin{pmatrix} \psi_A \\ \psi_B \\ \psi_C \\ \psi_a \\ \psi_b \\ \psi_c \end{pmatrix} \quad (2\text{-}55)$$

式中，R_s 为定子单相绕组的电阻；R_r 为转子单相绕组的电阻；p 为微分算子 d/dt。

设电机转子旋转角速度为 ω_{re}，则角速度表达式为

$$\omega_{re} = p\theta_m \quad (2\text{-}56)$$

联立式 (2-54)~式 (2-56) 可得

$$\begin{pmatrix} u_s \\ u_r \end{pmatrix} = \begin{pmatrix} R_s & 0 \\ 0 & R_R \end{pmatrix} \begin{pmatrix} i_s \\ i_r \end{pmatrix} + \begin{pmatrix} L_{ss} & L_{sr} \\ L_{rs} & L_{rr} \end{pmatrix} \begin{pmatrix} \dfrac{di_s}{dt} \\ \dfrac{di_r}{dt} \end{pmatrix} + \begin{pmatrix} \dfrac{dL_{ss}}{d\theta_m} & \dfrac{dL_{sr}}{d\theta_m} \\ \dfrac{dL_{rs}}{d\theta_m} & \dfrac{dL_{rr}}{d\theta_m} \end{pmatrix} \begin{pmatrix} i_s \\ i_r \end{pmatrix} \omega_{re} \quad (2\text{-}57)$$

式中，$R_s = \begin{pmatrix} R_s & 0 & 0 \\ 0 & R_s & 0 \\ 0 & 0 & R_s \end{pmatrix}$；$R_r = \begin{pmatrix} R_r & 0 & 0 \\ 0 & R_r & 0 \\ 0 & 0 & R_r \end{pmatrix}$。

（2）用三相静止坐标系表示转矩和运动方程　电磁转矩为转子机械角变化时的电磁能变化率，由机电能转换原理，可以获得三相绕组储存的电磁能 W 的表达式为

$$W = \frac{1}{2}\begin{pmatrix} i_s \\ i_r \end{pmatrix}^T \begin{pmatrix} L_{ss} & L_{sr} \\ L_{rs} & L_{rr} \end{pmatrix} \begin{pmatrix} i_s \\ i_r \end{pmatrix} \tag{2-58}$$

异步电机电磁转矩的表达式为

$$T_e = n_p M_s \begin{pmatrix} i_A i_a + i_B i_b + i_C i_c \\ i_A i_b + i_B i_c + i_C i_a \\ i_A i_c + i_B i_a + i_C i_b \end{pmatrix} \begin{pmatrix} \sin\theta \\ \sin\left(\theta + \frac{2}{3}\pi\right) \\ \sin\left(\theta + \frac{4}{3}\pi\right) \end{pmatrix} \tag{2-59}$$

式中，T_e 为电磁转矩；n_p 为交流感应电机极对数。

异步电机的运动方程为

$$T_e - T_L = \frac{J}{n_p}\frac{d\omega_{re}}{dt} + \frac{D}{n_p}\omega_{re} + \frac{K}{n_p}\theta_m \tag{2-60}$$

式中，T_L 为负载转矩；J 为整个系统的转动惯量；D 为阻转矩阻尼系数；K 为扭转弹性转矩系数。

当负载为恒转矩时，有 $D = K = 0$。

（3）Clark 变换　为了简化表示方法，便于分析电机性能，对电压方程和转矩方程进行 Clarke 变换，将三相坐标系 A-B-C 变换成两相直角坐标系 ∂-β，如图 2-87 所示。

设变换矩阵为 $[C_1]$，根据变换前后能量不变原则，则根据图 2-87 得到两坐标系关系式为

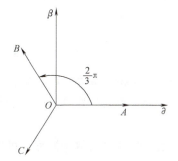

图 2-87　∂-β 坐标系图

$$\begin{pmatrix} \partial \\ \beta \\ \delta \end{pmatrix} = [C_1]\begin{pmatrix} A \\ B \\ C \end{pmatrix} = m\begin{pmatrix} 1 & -\frac{1}{2} & -\frac{1}{2} \\ 0 & \frac{\sqrt{3}}{2} & -\frac{\sqrt{3}}{2} \\ \gamma & \gamma & \gamma \end{pmatrix}\begin{pmatrix} A \\ B \\ C \end{pmatrix} \tag{2-61}$$

$$[C_1][C_1]^T = [I] \tag{2-62}$$

式中，A、B、C 分别为三相交流坐标系的物理量；∂、β 分别为两相静止坐标系的物理量；δ 为虚设的坐标系物理量；m 为待定系数；γ 为虚设的待定系数；I 为单位矩阵。

异步电机不存在零相，且满足电压与电流矢量和为零，可推导出变换矩阵 $[C_1]$ 的表达式为

$$(\boldsymbol{C}_1) = \sqrt{\frac{2}{3}} \begin{pmatrix} 1 & -\frac{1}{2} & -\frac{1}{2} \\ 0 & \frac{\sqrt{3}}{2} & -\frac{\sqrt{3}}{2} \end{pmatrix} \quad (2\text{-}63)$$

将式（2-57）进行坐标变换，获得 $\partial\text{-}\beta$ 坐标系下的电压为

$$\begin{pmatrix} u_{\alpha s} \\ u_{\beta s} \\ 0 \\ 0 \end{pmatrix} = \begin{pmatrix} R_s + p(M'_s + l_{1s}) & 0 & pM'_s & 0 \\ 0 & R_s + p(M'_s + l_{1s}) & 0 & pM'_s \\ pM'_s & \omega_{re}M'_s & R_r + p(M'_s + l_{1r}) & \omega_{re}(M'_s + l_{1r}) \\ -\omega_{re}M'_s & pM'_s & -\omega_{re}(M'_s + l_{1r}) & R_r + p(M'_s + l_{1r}) \end{pmatrix} \begin{pmatrix} i_{\alpha s} \\ i_{\beta s} \\ i_{\alpha r} \\ i_{\beta r} \end{pmatrix} \quad (2\text{-}64)$$

式中，$u_{\alpha s}$ 为 α 相定子电压；$u_{\beta s}$ 为 β 相定子电压；M'_s 为 $\frac{3}{2}M_s$；$i_{\alpha s}$ 为 α 相定子电流；$i_{\beta s}$ 为 β 相定子电流；$i_{\alpha r}$ 为 α 相转子电流；$i_{\beta r}$ 为 β 相转子电流。

定子磁链的表达式为

$$\psi_{s\alpha\beta} = \int (u_{s\alpha\beta} - R_s i_{s\alpha\beta}) \mathrm{d}t \quad (2\text{-}65)$$

式中，$\psi_{s\alpha\beta}$ 为两相静止坐标系下定子磁链；$u_{s\alpha\beta}$ 为两相静止坐标系下定子电压；$i_{s\alpha\beta}$ 为两相静止坐标系下定子电流。

将式（2-65）进行离散化，对于磁链积分运算采用离散梯形积分（即进行 z 变换），其表达式变为

$$\psi_{s\alpha\beta} = (u_{s\alpha\beta} - R_s i_{s\alpha\beta}) \frac{KT_s(z+1)}{2(z-1)} \quad (2\text{-}66)$$

式中，K 为积分系数；T_s 为采样时间。

转矩方程表达式可以由定子和转子电流及交链磁链表示为

$$T_e = pM'_s(i_{\beta s}i_{\alpha r} - i_{\alpha s}i_{\beta r}) \quad (2\text{-}67)$$

利用异步电机数学模型，可以仿真分析异步电机输出特性。

4. 异步电机的控制

异步电机是一个多输入输出系统，其中变量电压、电流、频率、磁通、转速之间又相互影响，因而又是强耦合的多变量系统。对异步电机的控制主要有转差控制、矢量控制及直接转矩控制等。

（1）转差控制 转差控制是根据异步电机电磁转矩和转差频率的关系来直接控制电机转矩的，可以在一定的转差频率范围内、一定程度上通过调节转差来控制电机的电磁转矩，从而改善调速系统的控制性能，但其控制理论是建立在异步电机的稳态数学模型基础上的，它适合于电机转速变化缓慢或者对动态性能要求不高的场合。

（2）矢量控制 矢量控制理论采用矢量分析的方法来分析异步电机内部的电磁变化过程，是建立在异步电机的动态数学模型基础上的控制方法。它将异步电机的定子电流解耦成互相独立的产生磁链的分量和产生转矩的分量，分别控制这两个分量就可以实现对异步电机的磁链控制和转矩控制的完全解耦，从而达到理想的动态性能。

（3）直接转矩控制 直接转矩控制是将电机输出转矩作为直接控制对象，通过控制

定子磁场向量控制电机转速。它不需要复杂的坐标变换，也不需要依赖转子数学模型，只是通过控制 PWM 型逆变器的导通和切换方式，控制电机的瞬时输入电压，改变磁链的旋转速度来控制瞬时转矩，使系统性能对转子参数呈现鲁棒性，并且这种方法被推广到弱磁调速范围。逆变器的 PWM（脉冲宽度调制）采用电压空间向量控制方式，性能优越，但同时不可避免地产生转矩脉动，调速性能降低的问题。此外，该方法对逆变器开关频率提高的限制较大，定子电阻对电机低速性能也有较大影响，如在低速区，定子电阻的变化引起定子电流和磁链的畸变，以及转矩脉动、死区效应和开关频率等问题。

除此之外，PID 控制、自适应控制、模糊控制等现代控制和智能控制理论也开始应用于异步电机的控制。

2.3.5　永磁同步电机

永磁同步电机具有效率高、转速范围宽、体积小、重量轻、功率密度大、成本低等优点，成为纯电动乘用车市场的主要驱动电机。

1. 永磁同步电机的结构

永磁同步电机分为正弦波驱动电流的永磁同步电机和方波驱动电流的永磁同步电机。这里介绍的主要是三相正弦波驱动的永磁同步电机。

永磁同步电机由定子、转子和电机外壳等部件组成，如图 2-88 所示。永磁同步电机属于交流电机的一种，其转子由带有永久磁场的钢制成，电机工作时给定子通电，产生旋转磁场推动转子转

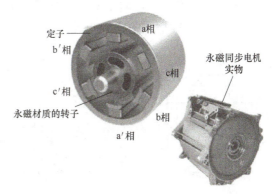

图 2-88　永磁同步电机的结构示意图

动，而"同步"的意思是在稳态运行时，转子的旋转速度与磁场的旋转速度相同。

按照永磁体在转子上的位置不同，永磁同步电机的磁极结构可分为表面式和内置式两种。

（1）表面式转子磁极结构

在表面式转子磁极结构中，永磁体通常呈瓦片形，并位于转子铁心的外表面上，永磁体提供磁通的方向为径向。表面式结构又分为凸出式和嵌入式两种，如图 2-89 所示。对采用稀土永磁材料的电机来说，因为永磁材料的相对回复磁导率接近 1，所以表面凸出式转子在电磁性能上属于隐极转子结构；而嵌入式转子的相邻两永磁磁极间有着磁导率很

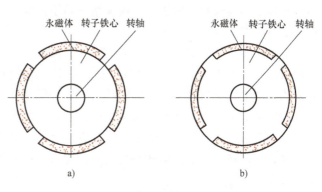

图 2-89　表面式转子磁极结构

a）凸出式　b）嵌入式

大的铁磁材料,故在电磁性能上属于凸极转子结构。

表面凸出式转子结构具有结构简单、制造成本较低、转动惯量小等优点,在矩形波永磁同步电机和恒功率运行范围不宽的正弦波永磁同步电机中得到广泛应用。此外,表面凸出式转子结构中的永磁磁极易于实现最优设计,使之成为能使电机气隙磁通密度波形趋近于正弦波的磁极形状,可显著提高电机乃至整个传动系统的性能。

表面嵌入式转子结构可充分利用转子磁极不对称性所产生的磁阻转矩,提高电机的功率密度,动态性能较凸出式有所改善,制造工艺也较简单,常被某些调速永磁同步电机采用,但漏磁系数和制造成本都比凸出式高。

(2) 内置式转子磁极结构　内置式转子结构的永磁体位于转子内部,永磁体外表面与定子铁心内圆之间有铁磁物质制成的极靴,极靴中可以放置铸铝笼或铜条笼,起阻尼或起动作用,动态和稳态性能好,广泛用于要求有异步起动能力或动态性能高的永磁同步电机。内置式转子内的永磁体受到极靴的保护,其转子磁极结构的不对称性所产生的磁阻转矩也有助于提高电机的过载能力或功率密度,并且易于弱磁扩速。

按永磁体磁化方向与转子旋转方向的相互关系,内置式转子结构又可分为径向式、切向式和混合式三种,如图2-90所示。

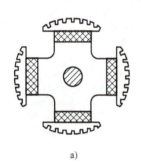 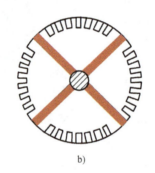 

a)　　　　　　　　　b)　　　　　　　　　c)

图 2-90　内置式转子结构

a) 径向式　b) 切向式　c) 混合式

采用径向式转子结构的永磁同步电机,其磁钢或是放在磁通轴的非对称位置上,或是同时利用径向和切向充磁的磁钢,都可以产生高磁通密度。该结构的优点是漏磁系数小,转轴上不需采取隔磁措施,极弧系数易于控制,转子冲片机械强度高,安装永磁体后转子不易变形等。

切向式转子结构的转子有较大的惯性,漏磁系数较大,制造工艺和成本较径向式有所增加。其优点是一个极距下的磁通由相邻两个磁极并联提供,可得到更大的单极磁通。尤其当电机极数较多、径向式结构不能提供足够的单极磁通时,切向式转子结构的优势就显得更为突出。此外,采用该结构的永磁同步电机的磁阻转矩可占总电磁转矩的40%,对提高电机的功率密度和扩展恒功率运行范围都是很有利的。

混合式结构集中了径向式和切向式的优点,但结构和制造工艺均较为复杂,制造成本也较高。

2. 永磁同步电机的工作原理

永磁同步电机的工作原理逻辑如图2-91所示,由于转子自带磁性,当定子绕组通电后,转子立即受力,这就使得定子磁场与转子两者的转速达到同步。

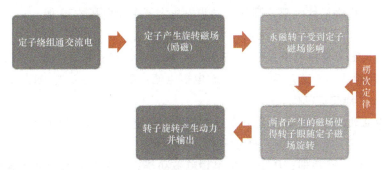

图 2-91 永磁同步电机的工作原理逻辑

永磁同步电机的工作原理如图 2-92 所示,电机的转子是个永磁体,N 极和 S 极沿圆周方向交替排列,定子是旋转的磁场。电机运行时,定子存在旋转磁动势,转子像磁针在旋转磁场中旋转一样,随着定子的旋转磁场同步旋转。

永磁同步电机的转速可表示为

$$n = n_0 = \frac{60 f_s}{p_n} \tag{2-68}$$

式中,f_s 为电源频率;p_n 为电机极对数。

永磁同步电机的定子是三相对称绕组,三相正弦波电压在定子三相绕组中产生对称三相正弦波电流,并在气隙中产生旋转磁场。旋转磁场与已充磁的磁极作用,带动转子与旋转磁场同步旋转并力图使定子和转子磁场的轴线对齐。当外加负载转矩后,转子磁场轴线将落后定子磁场轴线一个功率角,负载越大,功率角越大,直到一个极限角度,电机停止。由此可见,永磁同步电机在运行中,转速必须与频率严格成比例旋转,否则会失步停转。因此,它的转速与旋转磁场同步,其静态误差为零。在负载扰动下,只是功率角变化,而不引起转速变化,其响应时间是实时的。

3. 永磁同步电机功角特性

在分析永磁同步电机时,经常把负载电流分解为直轴电流和交轴电流两个分量。图 2-93 所示为永磁同步电机的物理模型,以平行于转子合成磁场为 d 轴,垂直于转子

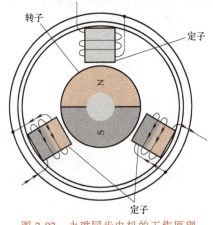

图 2-92 永磁同步电机的工作原理

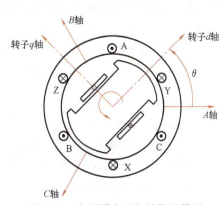

图 2-93 永磁同步电机的物理模型

合成磁场为 q 轴，建立 d-q 坐标系。

如果忽略三相绕组的电阻，则永磁同步电机定子单相电压方程为

$$U = E_0 + I_a R_a + \mathrm{j}I_d X_d + \mathrm{j}I_q X_q \tag{2-69}$$

式中，U 为电机定子单相电压；E_0 为单相的空载反电动势；I_a 为电枢电流，$I_a = I_d + I_q$；I_d 为直（d）轴电枢电流；I_q 为交（q）轴电枢电流；R_a 为电枢绕组电阻；X_d 为直轴同步电抗；X_q 为交轴同步电抗。

永磁同步电机从电源吸收的有功功率扣除在三相绕组中消耗的铜损耗后的电磁功率为

$$P_{em} = 3P_s = 3UI_s\cos\varphi \tag{2-70}$$

式中，P_{em} 为电机电磁功率；P_s 为电机单相电磁功率；U 为电机定子单相电压；I_s 为电机定子单相电流；φ 为电机功率因数角。

d-q 轴的电压方程为

$$\begin{aligned} I_d X_d &= E_0 - U\cos\theta \\ I_q X_q &= U\sin\theta \end{aligned} \tag{2-71}$$

式中，θ 为功角。

电机功率因数角与功角之间的关系为

$$\varphi = \psi - \theta \tag{2-72}$$

式中，ψ 为内功率因数角。

将式（2-72）代入式（2-70）中可得

$$P_{em} = 3UI_s\cos\psi\cos\theta + 3UI_s\sin\psi\sin\theta \tag{2-73}$$

电机定子单相电流与直轴和交轴电枢电流的关系分别为

$$\begin{aligned} I_d &= I_s\sin\psi \\ I_q &= I_s\cos\psi \end{aligned} \tag{2-74}$$

将式（2-74）、式（2-71）代入式（2-73）可得

$$P_{em} = \frac{3E_0 U}{X_d}\sin\theta + \frac{3U^2}{2}\left(\frac{1}{X_q} - \frac{1}{X_d}\right)\sin 2\theta \tag{2-75}$$

永磁同步电机的电磁功率分两部分，第一部分由永磁场与电枢磁场相互作用产生，称为基本电磁功率；第二部分由凸极效应产生，称为附加电磁功率或磁阻功率。对于永磁同步电机，充分利用磁阻功率是提高电机功率密度和效率的有效途径。

电磁功率与功角的关系称为永磁同步电机的功角特性。

电机的电磁功率除以机械角速度，即可得电机的电磁转矩为

$$T_e = \frac{P_e}{\Omega} = \frac{3pE_0 U}{\omega X_d}\sin\theta + \frac{3pU^2}{2\omega}\left(\frac{1}{X_q} - \frac{1}{X_d}\right)\sin 2\theta \tag{2-76}$$

式中，Ω 为电机的机械角速度；ω 为电机的电角速度；p 为电机的极对数。

永磁同步电机的电磁转矩也分两部分，第一部分称为永磁转矩，第二部分称为磁阻转矩。

电磁转矩与功角的关系称为永磁同步电机的矩角特性。永磁同步电机的矩角特性和功角特性曲线的趋势是一致的。

永磁同步电机的功角特性如图 2-94 所示。

4. 永磁同步电机的数学模型

永磁同步电机的数学模型是研究其速度控制算法的基础和依据，其数学模型必须能够准确地反映出永磁同步电机静态和动态的特性，因而数学模型的好坏直接影响了控制的精度。由于永磁同步电机是一个复杂的系统，为了简化分析，在建立其数学模型之前，需要做如下假设：

1) 电机定子三相绕组在空间均匀分布，彼此相差120°。
2) 电机的参数不受外界环境的影响。
3) 电子各相绕组的自感和互感均不随电机的状态改变。
4) 转子磁链在气隙中以正弦的形式分布。
5) 定子三相绕组的各相参数完全相同。

永磁同步电机的数学模型按照坐标系的不同可以分为三种：三相静止坐标系、两相静止坐标系和两相旋转坐标系。

(1) 三相静止坐标系下的永磁同步电机数学模型 三相静止坐标系下的永磁同步电机物理模型如图2-95所示。图中 A、B、C 为三相定子绕组的轴线，彼此相差120°；θ 为转子位置角，是转子 N 极轴线与定子 A 相绕组轴线之间的夹角。

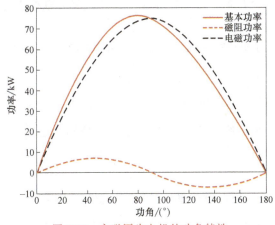

图 2-94 永磁同步电机的功角特性

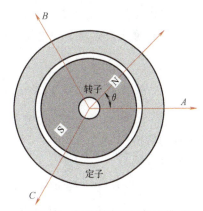

图 2-95 永磁同步电机物理模型

根据基尔霍夫电压定律及法拉第电磁感应定律可得三相静止坐标系下的定子电压方程为

$$\begin{pmatrix} u_A \\ u_B \\ u_C \end{pmatrix} = \begin{pmatrix} R_s & 0 & 0 \\ 0 & R_s & 0 \\ 0 & 0 & R_s \end{pmatrix} \begin{pmatrix} i_A \\ i_B \\ i_C \end{pmatrix} + \frac{d}{dt} \begin{pmatrix} \psi_A \\ \psi_B \\ \psi_C \end{pmatrix} \qquad (2\text{-}77)$$

式中，u_A、u_B、u_C 和 i_A、i_B、i_C 分别为定子 A、B、C 三相绕组的电压和电流；R_s 为电机定子电阻；ψ_A、ψ_B、ψ_C 分别为定子 A、B、C 三相绕组的磁链。

电机在 A、B、C 三相静止坐标系下的磁链方程为

$$\begin{pmatrix} \psi_A \\ \psi_B \\ \psi_C \end{pmatrix} = \begin{pmatrix} L_{AA}(\theta) & M_{AB}(\theta) & M_{AC}(\theta) \\ M_{BA}(\theta) & L_{BB}(\theta) & M_{BC}(\theta) \\ M_{CA}(\theta) & M_{CB}(\theta) & L_{CC}(\theta) \end{pmatrix} \begin{pmatrix} i_A \\ i_B \\ i_C \end{pmatrix} + \psi_f \begin{pmatrix} \cos\theta \\ \cos(\theta - 2\pi/3) \\ \cos(\theta - 4\pi/3) \end{pmatrix} \qquad (2\text{-}78)$$

式中，$L_{AA}(\theta)$、$L_{BB}(\theta)$、$L_{CC}(\theta)$ 分别为定子 A、B、C 三相绕组的自感；$M_{XY}(\theta)$ 为定子 X 相绕组对 Y 相绕组的互感（XY 代表 AB、AC、BA、BC、CA、CB）；ψ_f 为转子磁链的最大值。

三相静止坐标系下的永磁同步电机的电磁转矩方程为

$$T_e = -p\psi_f [i_A \sin\theta + i_B \sin(\theta - 2\pi/3) + i_C \sin(\theta - 4\pi/3)] \quad (2\text{-}79)$$

永磁同步电机的运动方程为

$$T_e - T_L = J\frac{d\omega_m}{dt} \quad (2\text{-}80)$$

式中，T_L 为永磁同步电机的负载转矩；J 为永磁同步电机转子的转动惯量；ω_m 为永磁同步电机转子的机械角速度。

可以看出，三相静止坐标系下的永磁同步电机数学模型是非线性时变方程，在此方程下分析和研究永磁同步电机是十分困难的，必须选择合适的数学模型以实施对电机的分析和控制。

（2）两相静止坐标系下的永磁同步电机数学模型　在三相静止坐标系下，永磁同步电机的电压方程中含有微分算子，分析模型时较为烦琐，为了简化模型，建立如图 2-96 所示的两相静止坐标系。两相静止坐标系中的 α 轴与定子 A 相绕组的轴线重合，α 轴逆时针旋转 90°空间电角度得到 β 轴。

将三相静止坐标系下的电压方程，经过变换得到两相静止坐标系下的电压方程为

$$\begin{pmatrix} u_\alpha \\ u_\beta \end{pmatrix} = \begin{pmatrix} R_s & 0 \\ 0 & R_s \end{pmatrix} \begin{pmatrix} i_\alpha \\ i_\beta \end{pmatrix} + \frac{d}{dt} \begin{pmatrix} \psi_\alpha \\ \psi_\beta \end{pmatrix} \quad (2\text{-}81)$$

式中，u_α、u_β 和 i_α、i_β 分别为定子 α 轴和 β 轴的电压和电流；ψ_α、ψ_β 分别为定子 α 轴和 β 轴的磁链。

磁链方程为

$$\begin{pmatrix} \psi_\alpha \\ \psi_\beta \end{pmatrix} = \begin{pmatrix} L_d\cos^2\theta + L_q\sin^2\theta & (L_d - L_q)\sin\theta\cos\theta \\ (L_d - L_q)\sin\theta\cos\theta & L_d\cos^2\theta + L_q\sin^2\theta \end{pmatrix} \begin{pmatrix} i_\alpha \\ i_\beta \end{pmatrix} + \psi_f \begin{pmatrix} \cos\theta \\ \sin\theta \end{pmatrix} \quad (2\text{-}82)$$

式中，L_d 和 L_q 分别为电机直轴和交轴电感。

转矩方程为

$$T_e = \frac{3}{2}p(\psi_\alpha i_\beta - \psi_\beta i_\alpha) \quad (2\text{-}83)$$

（3）两相旋转坐标系下的永磁同步电机数学模型　d-q 坐标系是旋转坐标系，随电机磁场的旋转而转动，其中 d 轴称为直轴，直轴方向永远是永磁同步电机转子励磁磁链的方向；q 轴称为交轴，q 轴超前 d 轴 90°，如图 2-97 所示。

两相旋转坐标系下的永磁同步电机的定子电压方程为

$$\begin{pmatrix} u_d \\ u_q \end{pmatrix} = \begin{pmatrix} R_s & 0 \\ 0 & R_s \end{pmatrix} \begin{pmatrix} i_d \\ i_q \end{pmatrix} + \begin{pmatrix} 0 & -\omega_e \\ \omega_e & 0 \end{pmatrix} \begin{pmatrix} \psi_d \\ \psi_q \end{pmatrix} + \frac{d}{dt} \begin{pmatrix} \psi_d \\ \psi_q \end{pmatrix} \quad (2\text{-}84)$$

式中，u_d、u_q 和 i_d、i_q 分别为定子电压和电流在 d 轴和 q 轴的分量；ψ_d、ψ_q 分别为定子

磁链在 d 轴和 q 轴的分量；ω_e 为转子电角速度。

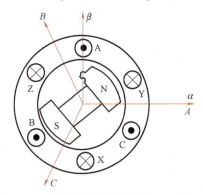

图 2-96　三相静止坐标系和两相静止坐标系

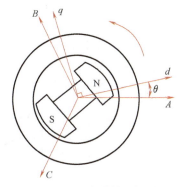

图 2-97　两相旋转坐标系

磁链方程为

$$\begin{pmatrix} \psi_d \\ \psi_q \end{pmatrix} = \begin{pmatrix} L_d & 0 \\ 0 & L_q \end{pmatrix} \begin{pmatrix} i_d \\ i_q \end{pmatrix} + \psi_f \begin{pmatrix} 1 \\ 0 \end{pmatrix} \tag{2-85}$$

电磁转矩方程为

$$T_e = p(\psi_d i_q - \psi_q i_d) \tag{2-86}$$

将式（2-85）代入式（2-86）得

$$T_e = p[\psi_f i_q + (L_d - L_q) i_d i_q] \tag{2-87}$$

对于隐极式永磁同步电机，有 $L_d = L_q$，则有

$$T_e = p\psi_f i_q \tag{2-88}$$

永磁同步电机的运动方程为

$$T_e - T_L = J \frac{d\omega_m}{dt} + B\omega_m \tag{2-89}$$

式中，B 为电机阻尼系数。

（4）坐标变换　为了简化永磁同步电机的数学模型，需要对三种坐标系进行坐标变换。坐标变换的基本思想就是根据矢量旋转理论，将三相静止坐标系下的交流信号变换成两相旋转坐标系下的直流信号。坐标变换原理如图 2-98 所示。

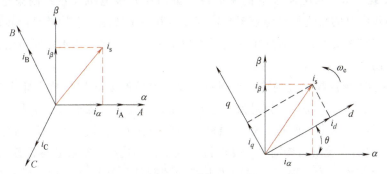

图 2-98　坐标变换原理

三相静止坐标系到两相静止坐标系的 Clarke 变换为

$$\begin{pmatrix} i_\alpha \\ i_\beta \end{pmatrix} = \sqrt{\frac{2}{3}} \begin{pmatrix} 1 & -\frac{1}{2} & -\frac{1}{2} \\ 0 & \frac{\sqrt{3}}{2} & -\frac{\sqrt{3}}{2} \end{pmatrix} \begin{pmatrix} i_A \\ i_B \\ i_C \end{pmatrix} \tag{2-90}$$

Clarke 逆变换为

$$\begin{pmatrix} i_A \\ i_B \\ i_C \end{pmatrix} = \sqrt{\frac{2}{3}} \begin{pmatrix} 1 & 0 \\ -\frac{1}{2} & \frac{\sqrt{3}}{2} \\ -\frac{1}{2} & -\frac{\sqrt{3}}{2} \end{pmatrix} \begin{pmatrix} i_\alpha \\ i_\beta \end{pmatrix} \tag{2-91}$$

两相静止坐标系变换到两相旋转坐标系的 Park 变换为

$$\begin{pmatrix} i_d \\ i_q \end{pmatrix} = \begin{pmatrix} \cos\theta & \sin\theta \\ -\sin\theta & \cos\theta \end{pmatrix} \begin{pmatrix} i_\alpha \\ i_\beta \end{pmatrix} \tag{2-92}$$

Park 逆变换为

$$\begin{pmatrix} i_\alpha \\ i_\beta \end{pmatrix} = \begin{pmatrix} \cos\theta & -\sin\theta \\ \sin\theta & \cos\theta \end{pmatrix} \begin{pmatrix} i_d \\ i_q \end{pmatrix} \tag{2-93}$$

三相静止坐标系变换到两相旋转坐标系的电流方程为

$$\begin{pmatrix} i_d \\ i_q \end{pmatrix} = \sqrt{\frac{2}{3}} \begin{pmatrix} \cos\theta & \cos\left(\theta-\frac{2\pi}{3}\right) & \cos\left(\theta+\frac{2\pi}{3}\right) \\ -\sin\theta & -\sin\left(\theta-\frac{2\pi}{3}\right) & -\sin\left(\theta+\frac{2\pi}{3}\right) \end{pmatrix} \begin{pmatrix} i_A \\ i_B \\ i_C \end{pmatrix} \tag{2-94}$$

利用永磁同步电机数学模型，可以对永磁同步电机控制和输出特性进行仿真研究。

5. 永磁同步电机的控制

为了提高永磁同步电机控制系统的性能，使其具有更快的响应速度、更高的转速精度、更宽的调速范围，提出了各种新型控制策略用于永磁同步电机控制。永磁同步电机控制主要有矢量控制、直接转矩控制和智能控制等。

（1）**矢量控制**　永磁同步电机矢量控制策略与异步电机矢量控制策略有些不同。由于永磁同步电机的转速和电源频率严格同步，其转子转速等于旋转磁场转速，转差恒等于零，没有转差功率，控制效果受转子参数影响小。因此，在永磁同步电机上更容易实现矢量控制。

（2）**直接转矩控制**　直接转矩控制不需要矢量控制复杂的旋转坐标变换和转子磁链定向，转矩取代电流成为受控对象，电压矢量则是控制系统唯一的输入，直接控制转矩和磁链的增加或减小，但是转矩和磁链并不解耦，对电机模型进行简化处理，没有 PWM 信号发生器，控制结构简单，受电机参数变化影响小，能够获得极佳的动态性能。

（3）**智能控制**　为了提高永磁同步电机的控制性能和控制精度，模糊控制、神经网络控制等开始应用于同步电机。

采用智能控制方法的永磁同步电机控制系统，在多环控制结构中，智能控制器处于最外环充当速度控制器,而内环电流控制、转矩控制仍采用 PI 控制、直接转矩控制这些方法,这主要是因为外环是决定系统性能的根本因素,而内环主要的作用是改造对象特性以利于外环的控制,各种扰动给内环带来的误差可以由外环控制或抑制。

在永磁同步电机系统中应用智能控制,也不能完全屏弃传统的控制方法,必须将两者很好地结合起来,才能取长补短,使系统的性能达到最优。

2.3.6 开关磁阻电机

开关磁阻电机是继直流电机和交流电机之后,又一种极具发展潜力的新型电机。开关磁阻电机是采用定转子凸极且极数相接近的大步距磁阻式步进电机的结构,利用转子位置传感器通过电子功率开关控制各相绕组导通使之运行的电机。开关磁阻电机主要用于电动客车和电动货车。

1. 开关磁阻电机的结构

开关磁阻电机由双凸极的定子和转子组成,如图 2-99 所示,其定子、转子的凸极均由普通的硅钢片叠压而成。定子极上绕有集中绕组,把沿径向相对的两个绕组串联成一个两级磁极,称为"一相";转子既无绕组又无永磁体,仅由硅钢片叠成。

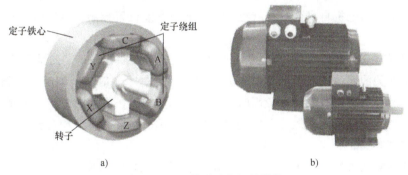

图 2-99 开关磁阻电机的结构
a) 内部结构　b) 实物

开关磁阻电机有多种不同的相数结构,如单相、二相、四相及多相等,且定子和转子的极数有多种不同的搭配。低于三相的开关磁阻电机一般没有自起动能力。开关磁阻电机的相数多,有利于减小转矩脉动,但结构复杂、主开关器件多、成本增高,目前应用较多的是四相 8/6 极结构和三相 6/4 极结构。下面介绍的开关磁阻电机四相 8/6 极结构。

2. 开关磁阻电机的工作原理

开关磁阻电机的工作原理示意图如图 2-100 所示,S_1、S_2 是电子开关,VD_1、VD_2 是二极管,U 是直流电源。

电机的定子和转子呈凸极形状,极数互不相等,转子由叠片构成,带有位

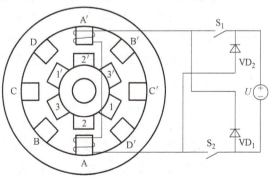

图 2-100 开关磁阻电机的工作原理示意图

置检测器以提供转子位置信号，使定子绕组按一定的顺序通断，保持电机的连续运行。

开关磁阻电机的磁阻随着转子磁极与定子磁极的中心线对准或错开而变化。因为电感与磁阻成反比，所以当转子磁极在定子磁极中心线位置时，相绕组电感最大；当转子磁极中心线对准定子磁极中心线时，相绕组电感最小。

因为开关磁阻电机的运行原理遵循"磁阻最小原理"——磁通总要沿着磁阻最小的路径闭合，所以具有一定形状的铁心在移动到最小磁阻位置时，必须使自己的主轴线与磁场的轴线重合。当定子D-D′极励磁时，所产生的磁力则力图使转子旋转到转子极轴线1-1′与定子极轴线D-D′重合的位置，并使D相励磁绕组的电感最大。若以图2-100中定子、转子所处的相对位置作为起始位置，则依次给D—A—B—C相绕组通电，转子会逆着励磁顺序以逆时针方向连续旋转；反之，若依次给B—A—D—C相绕组通电，则电机会沿着顺时针方向转动。因此，开关磁阻电机的转向与相绕组的电流方向无关，而仅取决于相绕组通电的顺序。

3. 开关磁阻电机的控制

开关磁阻电机不同于常规的感应电机，因其自身结构的特殊性，既可以通过控制电机自身的参数（如开通角、关断角）来实现控制，也可以采取适用于其他电机的控制理论，如PID控制、模糊控制等，对功率变换器部分进行控制，进而实现电机的速度调节。

针对开关磁阻电机自身参数进行控制，主要有角度位置控制、电流斩波控制和电压控制。

(1) 角度位置控制 角度位置控制是在绕组上施加的电压一定的情况下，通过改变绕组上主开关的开通角和关断角，来改变绕组的通、断电时刻，调节相电流的波形，实现转速闭环控制。当电机转速较高时，旋转电动势较大，则此时电流上升率下降，各相主开关器件的导通时间较短，电机绕组的相电流不易上升，电流相对较小，便于使用角度位置控制方式。

因为开通角和关断角均可调节，角度位置控制可分为变开通角、变关断角和同时改变开通角及关断角三种方式。改变开通角，可改变电流波形的宽度、峰值和有效值的大小，还可改变电流波形与电感波形的相对位置，从而改变电机的转矩和转速。而关断角一般不影响电流的峰值，但可改变电流波形的宽度及其与电感曲线的相对位置，进而改变电流的有效值。故一般采用固定关断角、改变开通角的控制方式。

根据开关磁阻电机的转矩特性，当电流波形主要位于电感的上升区时，产生的平均电磁转矩为正，电机运行在电动状态；当电流波形主要位于电感的下降段时，产生的平均电磁转矩为负，电机工作在制动状态。通过对开通角、关断角的控制，可以使电流的波形处在绕组电感波形的不同位置，因此可以用控制开通角、关断角的方式来使电机运行在不同的状态。

角度位置控制的优点在于转矩调节的范围宽；可同时多相通电，以增加电机的输出转矩，同时减小了转矩波动；通过角度的优化，能实现效率最优控制或转矩最优控制。

角度位置控制不用于低速场合，因为低速时，旋转电动势较小，使电流峰值增大，必须采取相应措施进行限流，故一般用于转速较高的场合。

(2) 电流斩波控制 电机低速运行特别是起动时，旋转电动势引起的压降很小，相电流上升快,为避免过大的电流脉冲对功率开关器件及电机造成损坏,需要对电流峰值进行限定,因此,可采用电流的斩波控制,获取恒转矩的机械特性。电流斩波控制一般不会对开通角、关断角进行控制,它直接选择在每相的特定导通位置对电流进行斩波控制。

电流斩波控制的优点在于它适用于电机的低速调速系统,可以控制电流峰值的增长,并有很好的电流调节作用;因每相电流波形会呈现较宽的平顶状,使得产生的转矩比较平稳,转矩的波动相应地比其他控制方式要小。

然而,由于电流的峰值受到限制,当电机转速在负载的扰动作用下发生变化时,电流的峰值无法做出相应的改变,使得系统的特性较软,因此系统在负载扰动下的动态响应很缓慢。

(3) 电压控制　电压控制是在保持开通角、关断角不变的前提下,使功率开关器件工作在 PWM 方式。通过调节 PWM 波的占空比来调整加在绕组两端电压的平均值,进而改变绕组电流的大小,实现对转速的调节。若增大调制脉冲的频率,就会使电流的波形比较平滑,电机出力增大,噪声减小,但对功率开关器件工作频率的要求就会增大。

电压控制的优点在于它通过调节绕组电压的平均值进而调节电流,因此可用于低速和高速系统,且控制简单,但其调速范围有限。

开关磁阻电机也可以采用多种控制方式相组合的方法进行控制,如高速角度控制和低速电流斩波控制组合,变角度电压斩波控制和定角度电压斩波控制组合等。这些组合方式各有优势及不足,因此必须针对不同的应用场合和不同的性能要求,合理地选择控制方式,才能使电机运行于最佳状态。

4 种典型电机的性能比较见表 2-3。

表 2-3　4 种典型电机的性能比较

项目	直流电机	异步电机	永磁同步电机	开关磁阻电机
转速范围/(r/min)	4000~6000	12000~20000	4000~10000	>15000
功率密度	低	中	高	较高
功率因数	—	82~85	90~93	60~65
峰值效率(%)	85~89	94~95	95~97	85~90
负荷效率(%)	80~87	90~92	85~97	78~86
过载能力(%)	200	300~500	300	300~500
恒功率区比例	—	1:5	1:2.25	1:3
电机重量	重	中	轻	轻
电机外形尺寸	大	中	小	小
可靠性	一般	好	优良	好
结构坚固性	差	好	一般	优良
控制操作性能	最好	好	好	好
控制器成本	低	高	高	一般

2.3.7 轮毂电机

轮毂电机技术又称为车轮内装式电机技术，是一种将电机、传动系统和制动系统融为一体的轮毂制造技术。采用轮毂电机技术是电动汽车的最终驱动形式。随着电池技术、动力控制系统和整车能源管理系统等相关技术研发的不断深入，电机性能的不断提高，轮毂电机技术将在电动汽车上取得更大成功。

1. 轮毂电机结构型式

轮毂电机驱动系统通常由电机（定子、转子）、制动装置和电子控制器等组成，如图 2-101 所示。

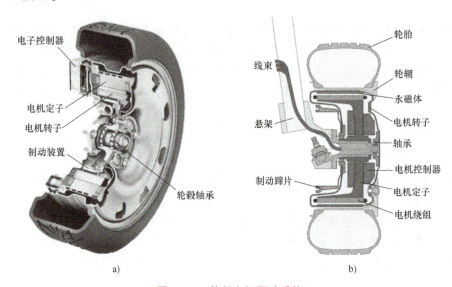

图 2-101 轮毂电机驱动系统
a) 结构图　b) 安装示意图

图 2-102 所示为轮毂电机驱动系统分解示意图。

轮毂电机驱动系统根据电机的转子形式主要分成两种结构型式：内转子式和外转子式。其中外转子式是低速外转子电机，电机的最高转速为 1000~1500r/min，无减速装置，车轮的转速与电机相同；而内转子式则是高速内转子电机，配备固定传动比的减速器，为获得较高的功率密度，电机的转速可高达 10000r/min。减速结构通常采用传动比为 10∶1 左右的行星齿轮减速装置，车轮的转速为 1000r/min 左右。

图 2-102 轮毂电机驱动系统分解示意图

随着更为紧凑的行星齿轮减速器的出现，内转子式轮毂电机在功率密度方面比低速外转子式更具竞争力。

高速内转子式轮毂电机具有较高的比功率，质量小，体积小，效率高，噪声小，成本低；缺点是必须采用减速装置，使效率降低，非簧载质量增大，电机的最高转速受线圈损耗、摩擦损耗以及变速机构的承受能力等因素的限制。低速外转子式轮毂电机结构简单、轴向尺寸小、比功率高，能在很宽的速度范围内控制转矩，且响应速度快，外转子直接和车轮相连，没有减速机构，因此效率高；缺点是如想获得较大的转矩，必须增大发动机体积和质量，因而成本高，加速时效率低，噪声大。这两种结构在目前的电动汽车中都能应用，但是随着紧凑型行星齿轮变速机构的出现，高速内转子式驱动系统在功率密度方面比低速外转子式更具竞争力。

轮毂电机动力系统由于电机电制动容量较小，不能满足整车制动效能的要求，通常需要附加机械制动系统。轮毂电机系统中的制动器可以根据结构选用鼓式制动器或盘式制动器。由于电机电制动容量的存在，往往可以使制动器的设计容量适当减小。大多数的轮毂电机系统采用风冷方式进行冷却，也有采用水冷和油冷的方式对电机、制动器等的发热部件进行散热降温，但结构比较复杂。

2. 轮毂电机的应用类型

轮毂电机系统的驱动电机按照电机磁场的类型分为轴向磁场电机和径向磁场电机两种类型。轴向磁场电机的结构更利于热量散发，并且它的定子可以不需要铁心；径向磁场电机定子与转子之间的受力比较均衡，磁路由硅钢片叠压得到，技术更简单成熟。

轮毂电机类型主要分为永磁、感应、开关磁阻式，其特点分别如下：

1）无刷永磁同步电机可采用圆柱形径向磁场结构或盘式轴向磁场结构，具有较高的功率密度和效率以及宽广的调速范围，发展前景十分广阔，已在国内外多种电动汽车中获得应用。

2）感应（异步）电机结构简单、坚固耐用、成本低廉、运行可靠，转矩脉动小，噪声低，不需要位置传感器，转速极限高；缺点是驱动电路复杂，成本高，相对永磁电机而言，异步电机的效率和功率密度偏低。

3）开关磁阻式电机具有结构简单，制造成本低廉，转速/转矩特性好等优点，适用于电动汽车驱动；缺点是设计和控制非常困难和精细，运行噪声大。

3. 轮毂电机驱动方式

轮毂电机的驱动方式可以分为直接驱动和减速驱动两种基本形式。

（1）直接驱动 直接驱动方式如图2-103所示，采用低速外转子式轮毂电机，轮毂电机与车轮组成一个完整部件总成，电机布置在车轮内部，直接驱动车轮带动汽车行驶。其主要优点是电机体积小，质量小，成本低，系统传动效率高，结构紧凑，既有利于整车结构布置和车身设计，也便于改型设计。这种驱动方式直接将外转子安装在车轮的轮辋上驱动车轮转动。因为电动汽车在起步时需要较大的转矩，所以安装在直接驱动型电动轮中的电机必须能在低速时提供大转矩；承载大转矩时需要大电流，易损坏电池和永磁体；电机效率峰值区域很小，负载电流超过一定值后效率急剧下降。为了使电动汽车能够有较好的动力性，电机还必须具有很宽的转矩和转速调节范围。由于电机工作会产生一定的冲击和振动，要求车轮轮辋和车轮支撑必须坚固、可靠，同时由于非簧载质量大，要保证汽车的舒适性，就要对悬架系统进行优化设计。此方式适用于平路或负载小的场合。

（2）**减速驱动** 减速驱动方式如图 2-104 所示，采用高速内转子式轮毂电机，适合现代高性能电动汽车的运行要求。这种电动轮采用高速内转子电机，其目的是获得较高的功率。减速机构布置在电机和车轮之间，起减速和增矩的作用，保证电动汽车在低速时能够获得足够大的转矩。电机输出轴通过减速机构与车轮驱动轴连接，使电机轴承不直接承受车轮与路面的载荷作用，改善了轴承的工作条件；采用固定速比行星齿轮减速器，使系统具有较大的调速范围和输出转矩，消除了车轮尺寸对电机输出转矩和功率的影响。但轮毂电机内齿轮的工作噪声较大，并且润滑方面存在很多问题；其非簧载质量也比直接驱动式电动轮电驱动系统的大，对电机及系统内部的结构方案设计要求更高。

图 2-103　轮毂电机直接驱动方式

图 2-104　轮毂电机减速驱动方式

2.3.8　电机控制器

电机控制器是控制动力电源与电机之间能量传输的装置，由控制信号接口电路、电机控制电路和驱动电路组成。

1. 电机控制器的功能

电机控制器作为电动汽车中连接动力蓄电池与驱动电机的电能转换单元，是电机驱动及控制系统的核心。电机控制器从整车控制器获得整车的需求，从动力蓄电池获得电能，经过自身逆变器的调制，获得控制电机需要的电流和电压，提供给电机，使得电机的转速和转矩满足整车的加速、减速、制动及停车等要求。

电机控制器具有以下功能：

1）把直流电变成交流电。
2）控制电机正反向驱动、正反转发电。
3）控制电机的动力输出，同时对电机进行保护。
4）通过 CAN 总线与其他控制模块通信，接收并发送相关的信号，间接控制车上相关系统的运行。
5）制动能量加馈控制。
6）自身内部故障的检测和处理。
7）采集 P 位、R 位、N 位和 D 位信号。

8) 采集制动传感器信号。

图 2-105 所示为电机控制器的外形。从外部看,一般的电机控制器最少具备两对高压接口和一个低压接口。高压输入接口用于连接动力蓄电池包;高压输出接口连接电机,提供控制电源。所有通信、传感器、低压电源等都要通过低压接口引出,连接到整车控制器和动力蓄电池管理系统。

图 2-105 电机控制器的外形

2. 电机控制器的组成

电机控制器主要由电子控制模块、驱动模块、功率变换模块和各种传感器组成。

(1) **电子控制模块** 电子控制模块包括硬件电路和相应的控制软件。硬件电路主要包括微处理器及其最小系统,对电机电流、电压、转速、温度等状态的监测电路,各种硬件保护电路,以及与整车控制器、蓄电池管理系统等外部控制单元数据交互的通信电路。控制软件根据不同类型电机的特点实现相应的控制算法。

(2) **驱动模块** 驱动模块将微处理器对电机的控制信号转换为驱动功率变换器的驱动信号,并实现功率信号和控制信号的隔离。

(3) **功率变换模块** 功率变换模块对电机电流进行控制。电动汽车经常使用的功率器件有大功率晶体管、门极关断晶闸管、功率场效应晶体管、绝缘栅双极型晶体管(IGBT)以及智能功率模块等。

(4) **传感器** 传感器主要包括电流传感器、电压传感器和温度传感器。电流传感器用以检测供给电机工作的实际电流(包括母线直流电流、三相交流电流);电压传感器用以检测供给电机控制器工作的实际电压(包括高压电池电压、蓄电池电压);温度传感器用以检测电机控制系统的工作温度(包括模块温度、电机控制器温度)。

3. 电机控制器的工作原理

电机控制器的工作原理如图 2-106 所示。G1、G3、G5 导通时通过正向电流;G2、G4、G6 导通时通过负向电流,电流方向改变的即为交流电。三相交流电机在给它固定频率的电源时,电机就按照该频率以固定的转速旋转,改变频率即可改变电机的旋转速度。

图 2-107 所示为某电动汽车双向逆变充放电式电机控制器的结构原理图。其主要功能包括电机控制与车辆控制功能、电网对车辆充电功能、车辆对电网放电功能、车辆对用电设备供电功能以及车辆充放电功能。驱动电机控制器通过采集节气门、制动、档位、模式等信号控制动力输出。

4. 电机控制方式

电机控制方式主要有电压控制方式、电流控制方式、频率控制方式、弱磁控制、矢量控制及直接转矩控制。

(1) **电压控制方式** 电压控制方式是通过改变电机端电压而实现转速控制的控制方式。

(2) **电流控制方式** 电流控制方式是通过改变电机绕组电流而实现转速控制的控制方式。

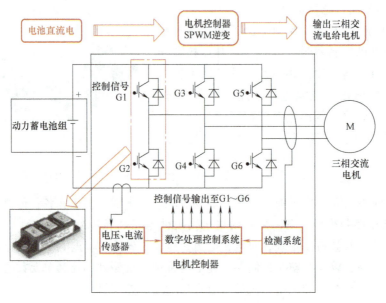

图 2-106　电机控制器的工作原理

SPWM—正弦脉冲宽度调制

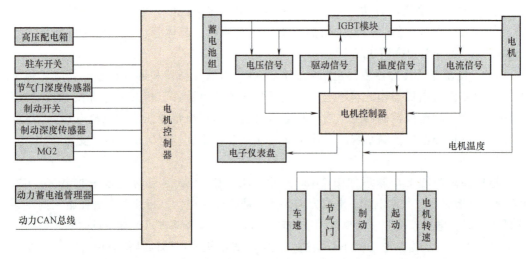

图 2-107　某电动汽车双向逆变充放电式电机控制器的结构原理图

（3）**频率控制方式**　频率控制方式是通过改变电机的电源频率而实现转速控制的控制方式。

（4）**弱磁控制**　弱磁控制是通过减弱气隙磁场控制电机转速的控制方式。

（5）**矢量控制**　矢量控制是将交流电机的定子电流作为矢量，经坐标变换分解成与直流电机的励磁电流和电枢电流相对应的独立控制电流分量，以实现电机转速/转矩控制的方式。

（6）**直接转矩控制**　直接转矩控制是用空间矢量的分析方法，直接在定子坐标系下计算并控制交流电机的转矩，采用定子磁场定向，借助于离散的两点式调节产生PWM信号，直接对逆变器的开关状态进行控制，以获得转矩的高动态性能的控制方式。

随着电动汽车和控制技术的发展,现代控制和智能控制在电机控制中的应用已成为趋势。

5. 电机与控制器的匹配

电机控制器选择必须与电机相匹配。控制器容量等级为 5kV·A、10kV·A、15kV·A、35kV·A、50kV·A、60kV·A、100kV·A、150kV·A、200kV·A、270kV·A、300kV·A、360kV·A、420kV·A 及以上。

电机与控制器输出容量的匹配关系见表 2-4。

表 2-4 电机与控制器输出容量的匹配关系

电机额定功率/kW	控制器输出容量/kV·A	电机额定功率/kW	控制器输出容量/kV·A	电机额定功率/kW	控制器输出容量/kV·A
1	5	18.5	50	90	150
2.2	5	22	50	110	200
3.7	10	30	60	132	200
5.5	15	37	60	150	270
7.5	15	45	100	160	330
11	35	55	100	185	360
15	35	75	150	200	420

电机控制向数字化方向发展,专用芯片及数字信号处理器的出现,促进了电机控制器的数字化,提高了电机系统的控制精度,有效减小了系统体积。

2.4 变速器及电驱动系统

2.4.1 变速器

电动汽车的变速器主要有单档变速器和二档变速器。

1. 单档变速器

电动汽车的传动系统普遍采用单档变速器。单档变速器结构简单、成本低、传动效率高。单档变速器由两级齿轮传动组成,其中第二级齿轮传动集成差速器。单档变速器的减速机构主要有两种基本结构,分别是圆柱齿轮减速和行星齿轮减速,如图 2-108 所示。

图 2-109 所示为某电动汽车同轴单档变速器,该变速器采用圆柱齿轮减速。

奥迪 e-tron AKA320 同轴单档变速器如图 2-110 所示,该变速器采用行星齿轮减速。

2. 二档变速器

与减速比为 9~10.5 的单档变速器相比,二档变速器的低速档减速比设置为 11~12,满足加速和爬坡性能,并且所需电机最大转矩可以降低;高速档减速比设置为 5~9,满足最高车速要求,并且所需电机最高转速可以降低。电机最大转矩和最高转速降低,可使电机小型化、轻量化,而且二档变速器可使电机较多地在最佳效率点运转,降低油耗。

图 2-108 单档变速器减速机构形式

a) 圆柱齿轮减速 b) 行星齿轮减速

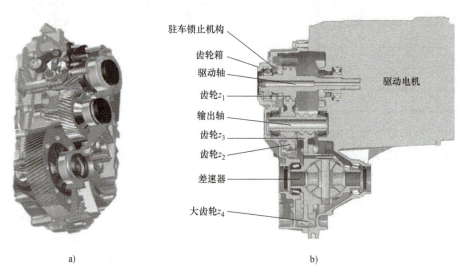

图 2-109 某电动汽车同轴单档变速器

a) 结构图 b) 剖视图

图 2-110 奥迪 e-tron AKA320 同轴单档变速器

a) 结构图 b) 行星齿轮减速

舍弗勒同轴二档变速器如图 2-111 所示。

图 2-111　舍弗勒同轴二档变速器

2.4.2　电驱动系统

1. 电驱动系统的定义

电驱动系统主要由电机、电机控制器和机械传动装置组成，它的结构型式直接影响电动汽车驱动系统的布置形式，如图 2-112 所示。

随着电动汽车技术的不断发展，电驱动系统集成化已经成为必然趋势。通过集成化，车企一方面可以简化主机厂的装配，提高产品合格率；另一方面可以大规模缩减供应商数量，还可以达到轻量化、节约成本等目的。

三合一电驱动系统是指将电机、电控和减速器集成为一体，目前已成为电动汽车电驱动系统的主流。

图 2-112　电驱动系统

博世、吉凯恩、采埃孚、麦格纳、大陆集团、博格华纳、舍弗勒等国际零部件巨头均已推出了高度集成的电驱动系统，并开始匹配量产车型。我国在电驱动系统技术上存在明显的短板，机电耦合技术落后，但国内一些企业也在积极开发电驱动系统。

2. 博世（BOSCH）的电驱动系统

德国博世公司电驱动系统的产品系列按照设计可实现输出功率从 50kW 到 300kW、转矩从 1000N·m 到 6000N·m 不同的变形产品，用以覆盖纯电动汽车和混合动力电动汽车对电驱动系统的不同需求，可以安装在小型乘用车、越野车甚至轻型商用车上。

图 2-113 所示为博世的三合一电驱动系统，它由永磁同步电机、电机控制器和二级减速器集成在一起。其输出功率为 150kW，输出转矩为 3800N·m，质量为 90kg，功率密度为 1.67kW/kg，可用于总质量≤7.5t 的车型。

图 2-113 博世的三合一电驱动系统

三合一电驱动系统将原来独立的电机、电机控制器和减速器集成到一个外壳当中，使得整个电驱动系统成本更低、体积更小、效率更高。生产成本降低的同时，其体积降低减小超过 20%。

博世的三合一电驱动系统可安装于纯电动汽车和混合动力电动汽车上，包括前驱或后驱，车型包括轿车、SUV，甚至是轻型商用车。

博世的电驱动系统具有以下特点：

1）高度集成化。博世充分利用其完整的产品线，进行高度整合后将电机、电机控制器和减速器合三为一，体积上的大幅减小更能支持新能源车型紧凑的动力布局。

2）简化冷却管路和功率驱动线缆。高度集成的另一个好处就是电机和控制器的冷却管路整合从而简化了管线布置。模块内部集成大功率交流驱动母线，进一步降低了线缆成本。

3）平台化设计灵活，适配不同车型。它可以适应多种类型的车辆，可以安装在纯电动汽车和混合动力电动汽车的前、后车轴上。

3. 吉凯恩（GKN）的电驱动系统

英国吉凯恩公司将电机、电机控制器和减速器置于同一个封装空间，如图 2-114 所示。

吉凯恩的三合一电驱动系统采用轻量化设计，传动部件实现了 12.5 的传动比，该设计可适应更高的电机转速。该系统可提供高达 2000N·m 的转矩和 70kW 的功率，足以使车辆在纯电动模式下达到 125km/h 的最高速度。此外，在全轮驱动模式下，纯电动模式比传统机械系统的提速能力强很多。整套装置的质量只有 20.2kg，且体积较小，长、宽、高分别为 457mm、229mm、259mm，便于在有限空间内安装。

图 2-114 吉凯恩的三合一电驱动系统

该装置采用机电驱动离合器，在不需要纯电动或混合动力驱动时，可以通过一个集成的切断装置将电机从传动系统中断开。该装置还对齿轮和轴承布置进行了优化，实现更高的效率、更好的NVH（噪声、振动与声振粗糙度）性能和耐久性。

吉凯恩的同轴电驱动系统Co-axial eAxle如图2-115所示，为单档、两级减速，减速比为10。

吉凯恩的电驱动系统可安装于纯电动汽车和混合动力电动汽车上。

图2-116所示为吉凯恩的双速三合一电驱动系统，为二档、两级减速，电机功率为120kW，最大输出转矩为3500N·m，单个后轮的转矩可达2000N·m。

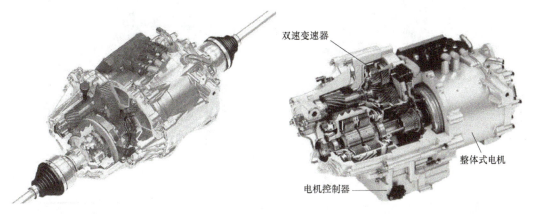

图2-115　吉凯恩的同轴电驱动系统Co-axial eAxle　　图2-116　吉凯恩的双速三合一电驱动系统

4. 采埃孚（ZF）的电驱动系统

德国ZF公司研发的适用于小型和中型轿车的电驱动系统，如图2-117所示。其驱动单元安装于车桥中部，最大输出功率为120kW，可以保证在低速情况下就能输出高转矩值。

图2-117　ZF的轿车电驱动系统

ZF研发的适用于客车和货车的中央电驱动系统，如图2-118所示。它可以快速对传统客车和货车实现电动化，取消传统发动机和变速器，在原变速器位置放置该电驱动系统，而传动轴和后桥以及整个后悬架系统都保持不变。

ZF另一款三合一电驱动系统如图2-119所示，它把电机、电机控制器及减速器集成为一体，适合于前驱或后驱。

ZF的轮边双电机驱动桥AVE130如图2-120所示，两个驱动电机布置在车桥两侧，通过侧减速器和轮边减速器实现减速增矩驱动车轮。轮边双电机驱动系统便于实现电子差速与转矩协调控制,可回收制动能量,具有能量利用率高的独特优势。AVE130 轮边双电机驱动桥和传统的低地板门式车桥安装空间要求相同,客车制造商无须额外开发针对电动化的设计平台,因此大大降低了成本。另一方面,AVE130 兼容蓄电池、超级电容器、燃料电池或架空接触网等几乎所有传统能源方案。

图 2-118 ZF 的中央电驱动系统

图 2-119 ZF 三合一电驱动系统

5. 麦格纳（Magna）的电驱动系统

加拿大麦格纳公司的 1eDT330 电驱动系统如图 2-121 所示,主要用于纯电动汽车。其最大输出转矩为 3300N·m,最大输入转矩为 2×320N·m（两个电机）,质量（不带油液）为 150kg（包括电机）,长、宽、高分别为 512mm、631mm、367mm,输入轴和输出轴中心距为 215mm,减速比为 5.50,适用电机功率为 77~150kW,适用电压为 300~400V。

图 2-120 ZF 的轮边双电机驱动桥 AVE130

图 2-121 麦格纳的 1eDT330 电驱动系统

图 2-122 所示为麦格纳的高集成电驱动系统（低）,主要用于纯电动汽车和混合动力电动汽车。其峰值功率为 76kW,最高转速为 13500r/min,最大输出转矩为 1600N·m,逆变器参数分别为 360V、350A。

图 2-123 所示为麦格纳的高集成电驱动系统（中）,主要用于纯电动汽车和混合动力电动汽车。其峰值功率为 140kW,最高转速为 18000r/min,最大输出转矩为 3800N·m,逆变器参数分别为 450V、500A。

图 2-124 所示为麦格纳的高集成电驱动系统（高）,主要用于纯电动汽车和混合动力

电动汽车。其峰值功率为253kW，最高转速为16500r/min，最大输出转矩为5300N·m，逆变器参数分别为460V、960A。

图2-122 麦格纳的高集成电驱动系统（低）

图2-123 麦格纳的高集成电驱动系统（中）

图2-125所示为麦格纳的1eDT200单档减速器。其最大输出转矩为2500N·m，最大输入转矩为200N·m，质量（不带油液）为20kg，长、宽、高分别为230mm、455mm、318mm，输入轴和输出轴中心距为157.5mm，减速比为8.61或9.89（二选一），适用电机功率为15~90kW，适用电压为48~400V。

图2-124 麦格纳的高集成电驱动系统（高）

图2-125 麦格纳的1eDT200单档减速器

图2-126所示为麦格纳的2eDT200二档变速器。其最大输出转矩为2500N·m，最大输入转矩为200N·m，质量（不带油液）为26kg，长、宽、高分别为245mm、462mm、300mm，输入轴和输出轴中心距为188mm，减速比分别为12.06和8.61，适用电机功率为55~90kW，适用电压为300~400V，电机换档。

6. 德国大陆集团的电驱动系统

德国大陆集团的第三代电驱动系统如图2-127所示。它集成了电机、减速器和逆变器，电机采用永磁同步电机，峰值功率为150kW，输出转矩可达2900N·m，并包含电子驻车机构，长、宽、高分别为550mm、380mm、397mm，系统质量可以控制在80kg以内。

7. 比亚迪的电驱动系统

比亚迪电动汽车使用的三合一电驱动系统如图2-128所示。比亚迪的三合一电驱动系统综合效率达到88%，最高效率达到91.9%，质量下降35%，功率密度提升40%，电机成本下降40%。

图2-126　麦格纳的2eDT200二档变速器

图2-127　德国大陆集团的第三代电驱动系统

项目	40kW平台	70kW平台	120kW平台	180kW平台
外形				
适用车重/t	<1.1	1.2～1.6	1.7～2.2	2.3～2.7
最高转速/(r/min)	14 000	14 000	14 000	14 000
峰值转矩/N·m	120	180	280	330
峰值功率/kW	42	70	120	180
总成质量/kg	53	63	80	92

图2-128　比亚迪开发的三合一电驱动系统

在2020（第十六届）北京国际汽车展览会上，广汽新能源重点发布了全球首创高性能二档双电机"四合一"集成电驱动系统，实现了双电机、控制器和二档减速器深度集成，如图2-129所示。该系统的驱动功率为340kW，综合驱动效率达到90%，功率提升13%，体积减小30%，重量减轻25%。

华为"多合一"电驱动系统Drive-ONE集成了电池控制单元（battery control unit，BCU）、动力驱动单元（power distribution unit，PDU）、驱动电源（DC/DC）、微控制单元（micro controller unit，MCU）、车载充电机（on board charger，OBC）、驱动电机和减速器七大部件，实现了机械部件和功率部件的深度融合，同时还将智能化带入到电驱动系统中，实现端云协同与控制归一，如图2-130所示。

图2-129　广汽新能源的"四合一"集成电驱动系统

图 2-130 华为"多合一"电驱动系统 DriveONE

多合一电驱动系统已经是行业公认的一个发展方向,其优点是不仅可以共享外壳耦合及冷却系统,还可以共享电路及功率开关器件,能有效降低电驱动系统的体积和质量。由于体积变小,高集成化电驱动系统的应用范围会大幅度提升,可以轻松地部署到更多车型上,实现更大规模的批量生产,降低零件的采购和制造成本。但并非越多的部件集成在一起就越有优势,而是要看实际市场需求,而且各部件的技术成熟程度极为关键。

集成化电驱动系统的发展趋势如下:

(1) **电机高速化** 当前市场上电驱动系统的电机最高转速一般在 12000r/min 左右,但是随着新技术、新材料的发展及应用,加之客户对驱动效率、加速体验的重视及追求,采用更高转速的驱动电机成为集成电驱动系统发展的必然趋势。高转速电机能够提高功率密度,同时减小体积、降低成本,对于电动汽车的动力性能来说优势尤为明显。现阶段有部分转速超过 16000r/min 的高速电机,主要应用于中高端的纯电动车型中。

(2) **多档变速器** 目前全球主流集成化电驱系统多采用电机匹配单档减速器的架构,其结构简单,成本较低,但在高转速情况下效率和转矩会急速衰减,当电动汽车达到极速后没有提升的空间,因此,经济性不高。而多档化设计能够使电机尽量工作在高效率的转速区间,同时兼顾其动力性和经济性,特别是在极速状态和低负荷条件下,档位的切换能够确保驱动电机多数情况处于高效率工作点。随着未来技术成熟度的提高和成本的降低,相信多档变速器将会成为更多集成化电驱动系统的选择。

(3) **平台化设计** 汽车产品平台化设计能够有效降低研发成本,缩短上市周期。根据不同转矩、功率需求以及不同级别的车型,可以规划不同的系列化电驱动平台产品。通过平台化设计集成电驱动系统,可以降低各部件的采购成本,实现技术经验共享。纯电动乘用车市场需要在短时间内产生规模效应、增量降本,因此集成化电驱动系统向平台化设计发展是大势所趋。

高速化、多档化、平台化的三合一电驱动系统在近期将会是纯电动汽车产业重点研究的技术核心。

2.5 整车控制器

2.5.1 整车控制器的控制模式

整车控制器是车辆正常行驶的控制中枢,是整车控制系统的核心部件。整车控制器通过采集加速踏板信号、制动踏板信号及其他部件信号，并做出相应判断后，控制下层各部件控制器的动作，可实现整车驱动、制动和能量回收。对于只有一个电机的纯电动汽车也可以不配备整车控制器，而是利用电机控制器进行整车控制。

纯电动汽车整车控制器的控制模式主要分为集中式控制和分布式控制两种方案。

1. 集中式控制系统

集中式控制系统的基本思想是整车控制器独自完成对输入信号的采集，并根据控制策略对数据进行分析和处理，然后直接对各执行机构发出控制指令，驱动纯电动汽车行驶。集中式控制系统的优点是处理集中、响应快和成本低；缺点是电路复杂，并且不易散热。

2. 分布式控制系统

分布式控制系统的基本思想是整车控制器采集驾驶人的动作信号，同时通过CAN总线与电机控制器、蓄电池管理系统以及其他设备控制系统通信，电机控制器、蓄电池管理系统以及其他设备控制系统分别将各自采集的整车信号通过CAN总线传递给整车控制器。整车控制器根据整车信息，并结合控制策略对数据进行分析和处理，电机控制器和蓄电池管理系统收到控制指令后，根据电机和蓄电池当前的状态信息，控制电机运转和蓄电池放电。分布式控制系统的优点是模块化和复杂度低；缺点是成本相对较高。

纯电动汽车整车控制系统的组成如图2-131所示。整车控制系统的顶层是整车控制器，整车控制器通过CAN总线接收电机控制器、蓄电池管理系统以及其他设备控制系统的信息，并对电机控制系统、蓄电池管理系统、其他设备控制系统和车载信息显示系统发送控制指令。电机控制系统和蓄电池管理系统分别负责驱动电机和动力蓄电池组的监控与管理；其他设备控制系统负责执行与管理，如电动空调系统；车载信息显示系统用于显示车辆当前的状态信息等。

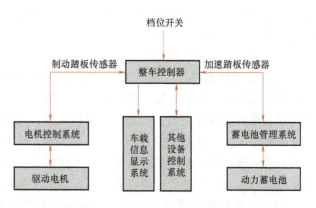

图2-131 纯电动汽车整车控制系统的组成

2.5.2 整车控制器的结构

整车控制器采集加速踏板信号、制动踏板信号及其他部件信号，并做出相应判断，然后控制下层各部件控制器的动作，从而实现整车驱动、制动和能量回收。

整车控制器主要由主控芯片及其最小系统、信号调理电路组成，如图2-132所示。

1. 主控芯片

主控芯片是整车控制器的核心，综合考虑纯电动汽车整车控制器的功能及其运行的外界环境，主控芯片应该具有高速的数据处理性能、丰富的硬件接口、低成本和可靠性高的特点。

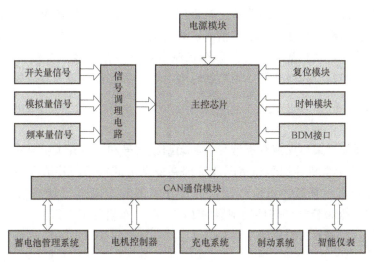

图 2-132　整车控制器的组成

2. 最小系统

最小系统由主控芯片周边的时钟模块、复位模块、BDM（background debugging mode，背景调试模式）接口和电源模块组成。

3. 信号调理电路

信号调理电路包括开关量信号、模拟量信号和频率量信号的处理电路以及与主控芯片相连的 CAN 通信模块。

开关量信号包括钥匙信号、档位信号、充电开关及制动信号等；模拟量信号一般有加速踏板信号、制动踏板信号和电池电压信号等；频率量信号，包括像车速传感器的电磁信号等。

图 2-133 所示为某电动汽车的整车控制器原理图。该车为后轮驱动，左后轮和右后轮分别由两个轮毂电机驱动。整车控制器接收驾驶人的操作信号和汽车的运动传感器信号，其中驾驶人的操作信号包括加速踏板信号、制动踏板信号、换档信号和转向角度信

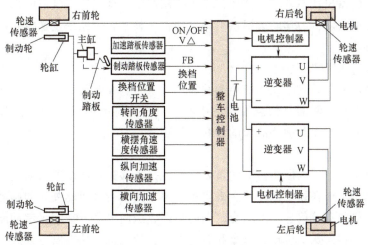

图 2-133　某电动汽车的整车控制器的原理图

号,分别用加速传感器、制动传感器、换档位置开关和转向角度传感器测量;汽车的运动传感器信号包括横摆角速度传感器信号、纵向加速度传感器信号、横向加速度传感器信号和4个车轮的轮速传感器信号。整车控制器将这些信号经过控制策略计算,通过左、右两组电机控制器和逆变器分别控制轮毂电机并驱动左后轮和右后轮。

2.5.3 整车控制器的功能

整车控制器通过采集加速踏板信号、制动踏板信号和档位开关信号等驾驶信息,同时接收CAN总线上电机控制器和蓄电池管理系统发出的数据,并结合整车控制策略对这些信息进行分析和判断,提取驾驶人的驾驶意图和车辆运行状态信息,最后通过CAN总线发出指令来控制各部件控制器的工作,保证车辆的正常行驶。

整车控制器的基本功能如图2-134所示。

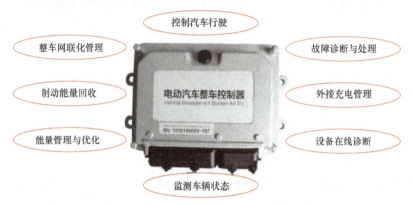

图 2-134　整车控制器的基本功能

1. 控制汽车行驶

电动汽车的动力电机必须按照驾驶人的意图输出驱动或制动转矩。当驾驶人踩下加速踏板或制动踏板时,动力电机要输出一定的驱动功率或再生制动功率。踏板开度越大,动力电机的输出功率越大。因此,整车控制器要合理解释驾驶人的操作;接收整车各子系统的反馈信息,为驾驶人提供决策反馈;对整车各子系统发送控制指令,以实现车辆的正常行驶。

2. 整车网联化管理

整车控制器是电动汽车众多控制器中的一个,是CAN总线中的一个节点。在整车网络管理中,整车控制器是信息控制的中心,负责信息的组织与传输、网络状态的监控、网络节点的管理以及网络故障的诊断与处理。

3. 制动能量回收

纯电动汽车区别于内燃机汽车的重要特征就是能够进行制动能量回收,通过控制纯电动汽车的电机工作在再生制动状态来实现。整车控制器分析驾驶人的制动意图、蓄电池组状态和电机状态等信息,并结合制动能量回收控制策略,在满足制动能量回收的条件下对电机控制器发送电机模式指令和转矩指令,使电机工作在发电模式,在不影响制动性能的前提下将电制动回收的能量储存在蓄电池组中,从而实现制动能量回收。

4. 能量管理与优化

在纯电动汽车中，蓄电池除了给动力电机供电以外，还要给电动附件供电，因此，为了获得最大的续驶里程，整车控制器将负责整车的能量管理，以提高能量的利用率。在蓄电池的 SOC 值较低时，整车控制器将对某些电动附件发出指令，限制电动附件的输出功率，以增加续驶里程。

5. 监测车辆状态

整车控制器通过直接采集信号和接收 CAN 总线上的数据的方式获得车辆运行的实时数据，包括车速、电机的工作模式、转矩、转速、蓄电池的剩余电量、总电压、单体电压、蓄电池温度和故障等信息，然后通过 CAN 总线将这些实时信息发送到车载仪表进行显示。此外，整车控制器还负责定时检测 CAN 总线上各模块的通信，如果发现总线上某一节点不能正常通信，则在车载仪表上显示该故障信息，并对相应的紧急情况采取合理的措施进行处理，防止极端状况的发生，使驾驶人能够直接、准确地获取车辆当前的运行状态信息。

6. 故障诊断与处理

连续监测整车电控系统，进行故障诊断。故障指示灯指示出故障类别和部分故障码。根据故障内容，及时进行相应的安全保护处理。对于不太严重的故障，能做到低速行驶到附近维修站进行检修。

7. 外接充电管理

实现充电的连接，监控充电过程，报告充电状态，充电结束。

8. 设备在线诊断

负责与外部诊断设备的连接和诊断通信，实现统一诊断服务（UDS），包括数据流读取，故障码的读取和清除以及控制端口的调试。

2.5.4 整车控制器的技术要求

直接向整车控制器发送信号的传感器包括加速踏板传感器、制动踏板传感器和档位开关，其中加速踏板传感器和制动踏板传感器输出模拟信号，档位开关输出信号是开关量信号。整车控制器通过向电机控制器、蓄电池管理系统发送指令间接控制电机运转和蓄电池充放电，通过控制主继电器来实现车载模块的上下电。

根据整车控制网络的构成以及对整车控制器输入输出信号的分析，整车控制器应满足以下技术要求：

1) 设计硬件电路时，应该充分考虑汽车恶劣的行驶环境，注重电磁兼容性，提高抗干扰能力。整车控制器在软硬件上都应具备一定的自保护能力，以防止极端情况的发生。

2) 整车控制器需要有足够多的 I/O 接口，能够快速准确地采集各种输入信号，至少具备两路 A/D 转换通道用于采集加速踏板信号和制动踏板信号，应该具有多个开关量输入通道，用于采集汽车档位信号，同时应该具有多个用于驱动车载继电器的功率驱动信号输出通道。

3) 整车控制器应该具备多种通信接口，CAN 通信接口用于与电机控制器、蓄电池管理系统和车载仪表通信，RS232 通信接口用于与上位机通信，同时预留一个 RS-485/

422 通信接口，可以兼容不支持 CAN 通信的设备，如某些型号的车载触摸屏。

4）在不同路况条件下，汽车会遇到不同的冲击和振动，整车控制器应该具备良好的抗冲击性，才能保证汽车的可靠性和安全性。

2.6 纯电动汽车高压系统

2.6.1 高压系统的组成与等级

电动汽车电压系统分为低压系统和高压系统。低压系统是指由 12V 低压蓄电池供电的零部件系统，纯电动汽车低压系统一般采用直流 12V 或 24V 电源，一方面为灯光、仪表、车身附件等常规低压电器供电；另一方面为整车控制器、高压电气设备的控制电路和辅助部件供电。

电动汽车的高压系统主要负责车辆的起动、行驶、充放电及空调动力等，并随时检测整个高压系统的绝缘故障、断路故障、搭铁故障和高压故障等，确保整车设备和人员安全。

1. 高压系统的组成

电动汽车高压系统是指电动汽车内部 B 级电压以上与动力蓄电池直流母线相连或由动力蓄电池电源驱动的高压驱动零部件系统，主要包括蓄电池系统、动力总成、高压电控系统、充电系统及高压设备等，如图 2-135 所示。

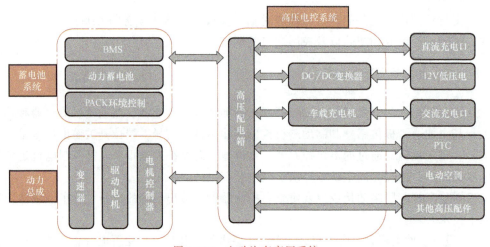

图 2-135 电动汽车高压系统

（1）**蓄电池系统** 蓄电池系统是电动汽车的能源供给装置，需要给整车所有系统提供能源。当电量消耗后，也需要给该系统进行充电。因此其能源流动既有流出，也有流入。动力蓄电池为高压直流电，其工作电压一般为 100~400V，输出电流可达到 300A。三元锂电池是目前的主流。

（2）**动力总成** 电动汽车的动力总成主要由驱动电机、电机控制器和变速器共同组成。电机控制器将高压直流电转换为三相交流电，并与整车控制器及其他模块进行信号交互,实现对驱动电机的有效控制。驱动电机按照电机控制器的指令,将电能转化为机械能,输出给车辆的传动系统。同时,也可以将行驶中产生的机械能(如制动效能),转化为电能,通过车载充电器输送给动力蓄电池。当前的主流驱动电机是永磁同步电机和三相交流异步电机。

(3)**高压电控系统** 高压电控系统包括高压配电箱、维修开关、DC/DC变换器和车载充电机。高压配电箱(power distribution unit,PDU)是整车高压电的一个电源分配装置,类似于低压电路系统中的电器保险盒,高压系统的各个组件都需要通过它进行电量分配,如高压压缩机、高压加热器(positive temperature coefficient,PTC)、电机控制器等;维修开关介于动力蓄电池和PDU之间,当维修动力蓄电池时,使用它可以进行整车高压电的切断,确保维修安全;电压变换器(DC/DC)将动力蓄电池的高压直流电转化为整车用电器需要的低压直流电,供给蓄电池,以能够保持整车用电平衡;车载充电机(OBC)是将交流电转为直流电的装置。受整车布置的影响,越来越多的车型趋向于将DC/DC变换器与OBC整合为控制器,甚至将PDU、DC/DC变换器与OBC整合为三合一控制器。

(4)**充电系统** 充电系统包括直流充电口和交流充电口。直流充电口属于快充接口,使用高压直流电,可以不经过处理直接通过PDU输送给动力蓄电池进行充电;交流充电口属于慢充接口,使用高压交流电,需要经过二合一控制器中的OBC单元或OBC(没有二合一控制器,OBC与DC/DC变换器是分离的)进行转化,转化后的高压直流电经过PDU给动力蓄电池充电。

(5)**高压设备** 电动汽车上的高压设备主要包括转向助力系统、制动系统、电动空调和PTC等。转向助力系统由变频驱动器和转向助力泵组成,协助车辆转动转向盘,减轻驾驶人驾驶车辆的负担;制动系统由变频驱动器和电动空压机组成,为制动系统、悬架系统提供压缩空气,实现制动功能;为了调节车辆内部空间温度,电动汽车上设置电空调压缩机和PTC,空调和加热器是电动汽车上的用电大户。

图2-136所示为电动汽车高压系统配电原理图。

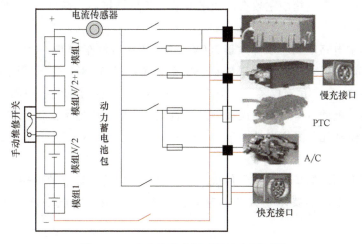

图2-136 电动汽车高压系统配电原理图

2. 电动汽车高压系统电压的等级

电动汽车高压系统电压常见的等级有 144V、288V、317V、346V、400V 和 576V 等,但不限于这些。

2.6.2 高压配电箱

电动汽车高压配电箱又称为高压配电盒,是高压系统分配单元。电动汽车具有高电压和大电流的特点,通常配备 300V 以上的高压系统,工作电流可达 200A 以上,可能危及人身安全和高压零部件的使用安全性。因此,在设计和规划高压动力系统时,不仅要充分满足整车动力驱动的要求,还要确保汽车运行安全、驾乘人员安全和汽车运行环境安全。

电动汽车高压配电箱的功能是保障整车系统动力电能的传输,是动力蓄电池与各高压设备的电源和信号传递的桥梁,并随时检测整个高压系统的绝缘故障、断路故障、搭铁故障及高压故障等。

高压配电箱在电动汽车上的位置如图 2-137 所示。它与动力蓄电池及其管理系统、电机控制器、车载充电机、非车载充电设备及电动附件等相连。

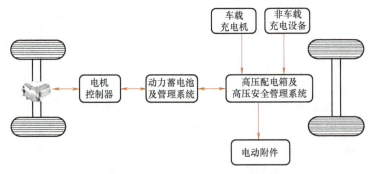

图 2-137 高压配电箱在电动汽车上的位置

电动汽车高压配电箱中主要有高压继电器、高压插接器、高压线束和熔断器等。

1. 高压继电器

电动汽车主电路电压一般都大于 200V,远高于传统汽车的 12~48V,电动汽车除需要传统汽车所需的低电压继电器以外,还需配备特殊的 5~8 个高压直流继电器,分别是 2 个主继电器、1 个预充电器、2 个急速充电器、2 个普通充电继电器和 1 个高压系统辅助继电器。电动汽车中的电流属于高压直流,一般继电器无法满足要求,目前应用最多的是真空型和充气型继电器。

2. 高压插接器

电动汽车使用的插接器不同于传统汽车使用的插接器,传统的插接器难以满足电动汽车大电流、高电压的要求。因此,电动汽车必须使用针对电动汽车的大功率插接产品。

3. 高压线束

高压线束是电动汽车上插接器和线缆在整个汽车运行之中非常关键的连接件,影响高压线束安全的隐患主要是过热或燃烧,恶劣环境对线束还有屏蔽性能、进水和进尘的风险等。不同于传统汽车的 12V 线束,高压线束还需要考虑与整车电气系统的磁兼容性。

在实际使用中,电动汽车受到的电磁干扰是传统内燃机汽车的近百倍。电动汽车的高压线束是高效的电磁干扰发射天线和接收天线,是导致电动汽车出现电磁兼容故障及辐射干扰超过法规要求的重要原因。

高压线束产生的磁干扰会影响汽车信号线路中数据传输的完整性和准确性,严重时会影响整车的操控性和安全性。因此,在高压线束外边常常采用注胶、包裹屏蔽线等方式来减少对整车的磁干扰。

4. 熔断器

熔断器有交流和直流用途之分,交流熔断器应用于工业配电系统。车载的锂电池、储能电容、电机、变流器和电控线路均属直流系统,都需要直流类型的熔断器做短路保护,才能保证安全可靠的正常运行和超强能力的短路开断效果。

在电动汽车高压配电箱中,输出端主要连接汽车辅助电源系统,在配电箱内部一般情况下会包括电加热风机支路、空调压缩机支路、DC/DC 支路及充电机支路。在这 4 个支路中,每个支路都需要安装线路保护熔断器,其目的是在各负载发生短路时能够及时切断电源保护线路,避免车辆发生火灾。

图 2-138 所示为高压配电箱连接的高压电气零部件。

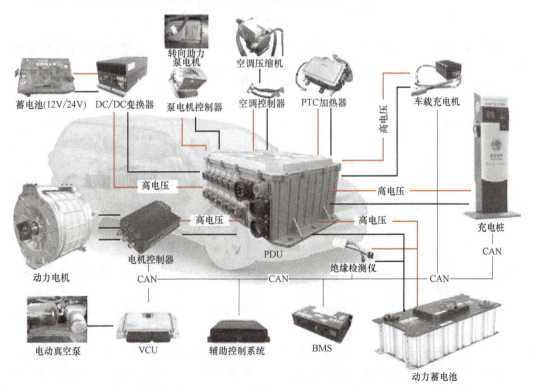

图 2-138 高压配电箱连接的高压电气零部件

图 2-139 所示为比亚迪 e6 电动汽车的高压配电系统。

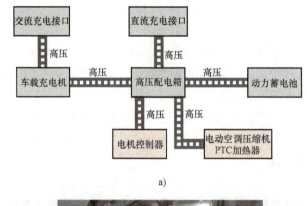

图 2-139 比亚迪 e6 电动汽车的高压配电系统

a) 高压配电箱连接图 b) 高压配电箱外围连接

目前大多数电动汽车的系统最大电压一般在 DC700V 以下，也有少数车型会略高于此电压，因而用于电池保护的熔断器的电压以 DC500V 和 DC700V 两种为主，电流等级多为 200~400A。

2.6.3 电源变换器

电源变换器可分为直流/直流（direct current/direct current，DC/DC）变换器、直流/交流（direct current/alternating current，DC/AC）变换器和交流/直流（alternating current/direct current，AC/DC）变换器。

1. DC/DC 变换器

DC/DC 变换器是在直流电路中将一个电压值的电能变换为另一个电压值的电能的装置，它分为降压 DC/DC 变换器、升压 DC/DC 变换器及双向 DC/DC 变换器。

DC/DC 变换器主要实现以下功能：

（1）驱动直流电机　在小功率直流电机驱动的转向、制动等辅助系统中，一般直接采用 DC/DC 电源变换器供电。

（2）向低压设备供电　向电动汽车中的各种低压设备如车灯等供电。

（3）给低压蓄电池充电　在电动汽车中，需要高压电源通过降压型 DC/DC 变换器给低压蓄电池充电，如图 2-140 所示，将动力蓄电池的 400V 高压直流电转化为 12V 低压直流电给低压蓄电池充电。

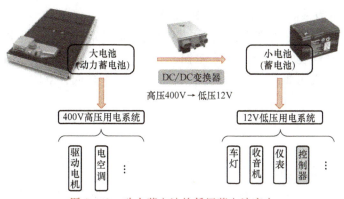

图 2-140　动力蓄电池给低压蓄电池充电

（4）不同电源之间的特性匹配　以燃料电池电动汽车为例，一般采用燃料电池组和动力蓄电池的混合动力系统结构。在能量混合型系统中，采用升压型 DC/DC 变换器；在功率混合型系统中，采用双向型 DC/DC 变换器。

2. DC/AC 变换器

DC/AC 变换器是将直流电变换成交流电的装置，也称为逆变器。使用交流电机的电动汽车必须通过 DC/AC 变换器将蓄电池或燃料电池的直流电变换为交流电。

3. AC/DC 变换器

AC/DC 变换器是将交流电变换成电子设备所需要的稳定直流电的装置。电动汽车中 AC/DC 的功能主要是将交流发电机发出的交流电变换为直流电提供给用电设备或储能装置储存。

电源变换器在电动汽车上的应用实例如图 2-141 所示。

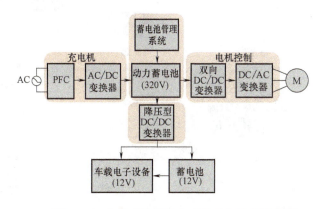

图 2-141　电源变换器在电动汽车上的应用实例

电动汽车动力蓄电池的电压为 320V，由蓄电池管理系统进行管理和监测，并通过一个车载充电机（含 AC/DC 变换器）进行充电，交流电压范围是从 110V 的单相系统到 380V 的三相系统；动力蓄电池通过一个双向 DC/DC 变换器和 DC/AC 变换器来驱动交流电机，同时用于再生制动，将回收的能量存入动力蓄电池；另外，为了将动力蓄电池的 320V 高电压转换为可供车载电子设备使用和给蓄电池充电的 12V 电压，需要一个降压型 DC/DC 变换器。

图 2-142 所示为某电动汽车的 DC/DC 变换器实物。

电动汽车高压系统正逐渐向集成化、模块化方向发展,逐渐衍生出电动汽车"三大件":蓄电池系统、动力总成、高压电控。

高压电控的集成化如图 2-143 所示,其特点是成本降低、空间节省、高压线束减少、可靠性增强。

图 2-142　某电动汽车的 DC/DC 变换器实物　　　图 2-143　高压电控的集成化

驱动系统的集成化如图 2-144 所示,其特点是结构紧凑、可靠性高、成本低、效率高。

高压电气系统的集成化如图 2-145 所示,其特点是成本降低、集成度高、电效率高、简化生产工艺。

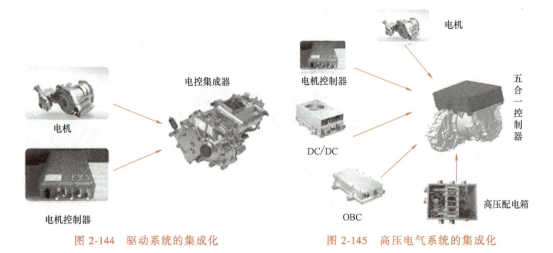

图 2-144　驱动系统的集成化　　　图 2-145　高压电气系统的集成化

2.7　电动汽车制动能量回收技术

2.7.1　制动能量回收系统的作用

制动能量回收系统是指汽车滑行、减速或下坡时,将车辆行驶过程中的动能及势能转化或部分转化为车载可充电储能系统的能量并存储起来的系统。制动能量回收对于提高电动汽车的能量利用率具有重要意义。有关研究表明，在存在较频繁的制动与起动的城市工况运行条件下，有效地回收制动能量，电动汽车大约可降低15%的能量消耗，可使电动汽车的续驶里程延长10%~30%。

2.7.2 制动能量回收系统的组成与原理

电动汽车的制动系统主要由两部分组成，即电机再生制动部分和传统液压摩擦部分。因此，电动汽车的制动系统是机电复合的制动系统。

电动汽车制动能量回收系统涉及的主要部件如图2-146所示。

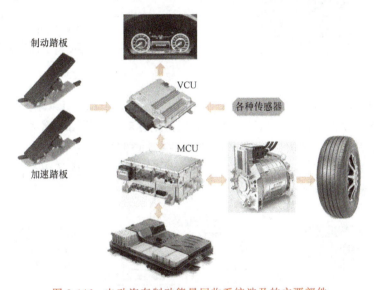

图2-146 电动汽车制动能量回收系统涉及的主要部件

当驾驶人松开加速踏板时，整车控制器根据制动踏板的开度、车辆行驶状态信息，以及动力蓄电池的状态信息，来判断某一时刻是否进行制动能量回收。例如，当动力蓄电池的温度过低时，不能进行能量回收；根据动力蓄电池的剩余电量，决定制动能量回收的大小，不同车型可能有不同的控制策略。如果动力蓄电池的电量还有很多，如电量大于90%或95%，就不进行能量回收；如果动力蓄电池的电量很少，就能够进行正常的能量回收，电池电量介于两者之间时，就会限制能量回收的最大充电电流。

当电动汽车减速时，车轮带动驱动电机转动，电机成为交流发电机而产生电流，通过电机控制器将交流电整流为直流电给动力蓄电池组充电（制动再生能量）。电动汽车控制器可通过各种传感器对动力蓄电池、驱动电机进行监控并及时反馈信息，并通过电功率表、转速表和温度表等仪表进行显示。

制动能量回收的原则：能量回收制动不应该干预ABS的工作。当ABS进行制动力调节或ABS报警时，制动能量回收不应该工作。当电机驱动系统有故障时，制动能量回收系统也不工作。

在整个制动过程中，要保证电动汽车的制动稳定性和平稳性，并尽可能多地回收制动能量，延长电动汽车的续驶里程。

图 2-147 所示为某电动汽车制动能量回收等级，具备 4 级制动能量回收级别，分别是轻微、中等、强力和最强制动能量回收。

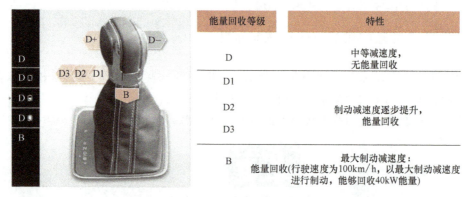

图 2-147　某电动汽车制动能量回收等级

四轮轮毂电机驱动的纯电动汽车制动能量回收系统的结构与原理如图 2-148 所示。电动汽车的制动过程是在液压摩擦制动与电机再生制动协调作用下完成的。再生制动系统主要是由轮毂电机、电机控制器、逆变器、制动控制器和动力蓄电池等主要部件组成。汽车进行制动时，制动控制器根据不同的制动工况发出不同的指令，通过电机控制器控制轮毂电机，进行再生制动。

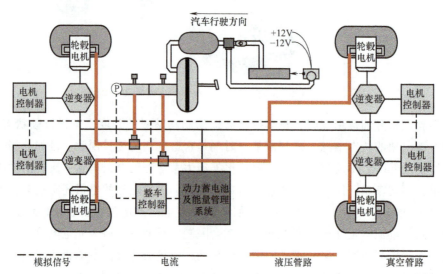

图 2-148　纯电动汽车制动能量回收系统的结构与原理

制动能量回收通过以下过程实现：

1) 在制动开始时，能量管理系统将动力蓄电池 SOC 值发送给制动控制器，当 SOC>0.8 时，取消能量回收；当 0.7≤SOC≤0.8 时，制动能量回收受动力蓄电池允许的最大充电电流制约；当 SOC<0.7 时，制动能量回收不受动力蓄电池允许的最大充电电流制约。

第2章 纯电动汽车技术及仿真实践

2)制动控制器接收由压力变送器传送的主缸压力信号,并计算出需要的电机再生制动强度上限。

3)制动控制器根据轮毂电机转速,计算轮毂电机实际能够提供的制动强度。

4)比较需要的电机再生制动强度上限和轮毂电机实际能够提供的制动强度,并将结果作为电信号发送给电机控制器。

5)此时的轮毂电机工作在发电机状态下,可以提供恒定流向的电流,再通过逆变器限制电机产生的最高电压和对电压进行升压,输出大电流,充到动力蓄电池组中。

6)为了保护动力蓄电池,能量管理系统需要时刻检测电池温度,若温度过高则停止制动能量回收。

2.7.3 制动能量回收控制策略

1. 影响制动能量回收的因素

制动能量回收的过程是把驱动轮的部分动能通过电机回馈到动力蓄电池组中,因此整车控制系统的各个模块和各模块的使用环境对制动能量回收有较大影响。影响电动汽车制动能量回收的因素主要有以下4方面:

(1)**电机特性** 当进行制动能量回收时,电机工作在再生制动模式,电机的最大制动转矩影响能够提供的电制动力的大小。向蓄电池组充电功率的大小由电机的发电功率决定,同时在制定能量回收策略时也须考虑电机的工作温度等因素。

(2)**蓄电池特性** 当蓄电池剩余电量较高时,只能进行小电流充电或者不回收制动能量;当蓄电池剩余电量较低时,在不影响安全的前提下可以适当提高制动能量所占比例。同时,充电时间过长或充电电流过大会损害蓄电池的健康,蓄电池应该具有高的充放电循环次数和快速充放电能力。此外,蓄电池的充电内阻影响蓄电池的充电功率,因此要选用内阻小的电池。

(3)**车辆行驶工况** 车辆行驶于不同工况时,纯电动汽车的制动频率和制动强度不同。制动越频繁或制动强度越低,电动汽车可以回收的制动能量就越多,如车辆频繁起步与停车的城市工况。在高速公路行驶工况下制动频率较低,因而回收的制动能量也相对较少。

(4)**制动的安全性** 当车辆进行制动时,首先需要考虑的是制动系统须满足驾驶人的制动需求和制动时车辆的稳定性,只有在满足这些要求的前提下才能够考虑回收制动能量的多少。在有些情况下,虽然电机能够提供足够大的制动力,但是为了防止车轮抱死也必须减小电制动力以确保行车安全。

2. 常见的制动能量回收控制策略

前轮驱动纯电动汽车的制动能量回收系统如图2-149所示。

制动能量回收的控制策略主要关注的是前、后轮制动器提供的制动力和前轮电机提供的再生制动力三部分之间的关系,由此得到的基于电机再生制动的能量回收控制策略主要有前、后轴制动力理想分配时的控制策略,前、后轴制动力比例分配时的控制策略和最优能量回收控制策略。

(1)**前、后轴制动力理想分配时的控制策略** 当减速度要求较小时,仅电机再生

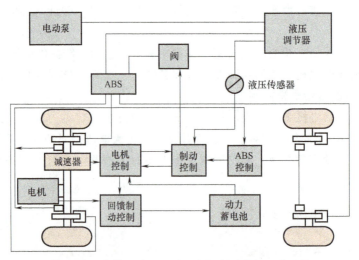

图 2-149 前轮驱动纯电动汽车的制动能量回收系统

制动系统工作。随着制动减速度逐渐增大，前、后轴制动力将被控制在理想制动力分配曲线上。其中，前轴制动力等于再生制动力和机械制动力总和。当控制系统获得驾驶人的减速度要求时，将根据制动电机的特性和车载蓄电池 SOC 值来决定驱动轴制动力是由再生制动系统单独提供，还是由机械制动系统和再生制动系统共同提供。

(2) **前、后轴制动力比例分配时的控制策略**　当需要的总制动力较小时，全部由再生制动力提供；当需要的减速度增大时，电机再生制动力所占的比例逐渐减小，机械制动力开始起作用；当总制动力大于一定值时，意味着这是一个紧急制动，再生制动力减小到零，机械制动提供所有的制动力；当所需的制动减速度介于两者之间时，再生制动与机械制动共同作用。

(3) **最优能量回收控制策略**　当总制动力需求小于此时能提供的最大再生制动力时，仅由再生制动力起作用；当总制动力大于此时所能提供的最大再生制动力时，总制动力减去最大再生制动力是应该提供的机械制动力，提供的机械制动力将分配为前轮机械制动力和后轮机械制动力。前、后轮机械制动力的分配原则是尽量使总的前、后轮制动力分配接近理想制动力曲线。

三种制动能量回收控制策略的比较见表 2-5。

表 2-5　三种制动能量回收控制策略的比较

控制策略	硬件组成的复杂程度	制动稳定性	制动能量回收效率
前、后轴制动力理想分配时的控制策略	较复杂，需专门的制动力控制系统	较高	较高
前、后轴制动力比例分配时的控制策略	一般，改动较小	中等	中等
最优能量回收控制策略	较复杂，需专门的制动力控制系统	较低	最高

可以看出，三种制动能量回收控制策略各有优缺点，其中，前、后轴制动力比例分

配时的控制策略既能保证一定的能量回收效率，制动稳定性较理想，而且结构较简单，是目前技术条件下一种比较好的选择。

2.8　电动汽车充电技术

2.8.1　电动汽车对充电设备的要求

电动汽车由车载动力蓄电池提供能量，并由电机提供动力来实现行驶。电动汽车行驶消耗的是电池的能量，电池电量消耗后需要补充电量，把电网或者其他储能设备中的电能转移到车辆的电池的过程就是充电。

电动汽车的充电设备是指与电动汽车或动力蓄电池相连接，并为其提供电能的设备，是电动汽车充电站最主要的设备。

电动汽车对充电设备有以下基本要求：

1）安全性。电动汽车充电时，要确保人员的人身安全和蓄电池组的安全。

2）使用方便。充电设备应具有较高的智能性，不需要操作人员过多干预充电过程。

3）成本经济。成本经济、价格低廉的充电设备有助于降低整个电动汽车的成本，提高运行效益，促进电动汽车的商业化推广。

4）效率高。高效率是对现代充电设备最重要的要求之一，效率的高低对整个电动汽车的能量效率具有重大影响。

5）对供电电源污染要小。采用电力电子技术的充电设备是一种高度非线性的设备，会对供电网及其他用电设备产生有害的谐波污染，而且由于充电设备功率因数低，在充电系统负载增加时，对供电网的影响也不容忽视。

2.8.2　电动汽车充电设备的种类

电动汽车充电设备的种类有很多，一般分为非车载充电机、车载充电机、交流充电桩、直流充电桩和交直流充电桩等。

1. 非车载充电机

非车载充电机是指安装在电动汽车车体外，将电网的交流电能变换为直流电能，采用传导方式为电动汽车动力蓄电池充电的专用装置，如图2-150所示。

非车载充电机一般由高频开关电源模块、监控单元、人机操作界面、与电动汽车连接的电气接口、计量系统和通信接口等组成。

2. 车载充电机

车载充电机是指固定安装在电动汽车上运行，将交流电能转换为直流电能，采用传导方式为电动汽车动力蓄电池充电的专用装置，如图2-151所示。

车载充电机由交流输入接口、功率单元、控制单元及直流输出接口等部分组成。充电过程中由车载充电机提供蓄电池管理系统、充电接触器、仪表盘、冷却系统等低压用电电源。

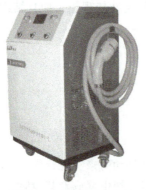

图 2-150 非车载充电机

图 2-151 车载充电机

3. 交流充电桩

交流充电桩是指固定在电动汽车外,与交流电网连接,采用传导方式为具有车载充电装置的电动汽车提供交流电源的专用供电装置。交流充电桩只提供电力输出,没有充电功能,需连接车载充电机为电动汽车充电。图 2-152 所示为电动汽车交流充电示意图及实物。

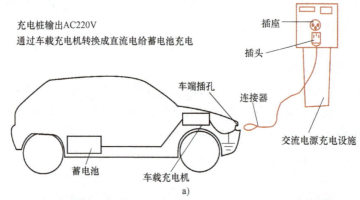

a)

b)

图 2-152 电动汽车交流充电示意图及实物

a) 交流充电示意图 b) 交流充电桩实物

交流充电桩由桩体、电气模块和计量模块3部分组成。桩体外部结构包括外壳和人机交互界面；电气模块包括充电插座、供电电缆、电源转接端子排及安全防护装置等；计量模块包括电能表、计费管理系统和非接触式读写装置等。

交流充电桩输出单相/三相交流电，通过车载充电机转换成直流电给车载蓄电池充电，功率较小，有7kW、22kW、40kW等，充电速度较慢，一般安装在商业区、写字楼、小区停车场等地。

交流充电原理图如图2-153所示。高压电通过变压器转化成低压电，低压电经由低压电缆引至非车载充电机，输出交流电，通过车载充电机给蓄电池充电。

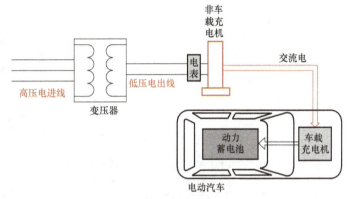

图2-153 交流充电原理图

4. 直流充电桩

直流充电桩是指固定在电动汽车外，与交流电网连接，可以为车载电动汽车动力蓄电池提供直流电源的供电装置。直流充电桩直接输出直流电给车载电池充电，功率较大，有60kW、120kW、200kW甚至更高，充电速度较快，故一般安装在大型充电站。图2-154所示为电动汽车直流充电示意图及实物。直流充电桩主要由触摸屏、刷卡区、充电指示灯、插枪接口及充电桩体等部分组成。

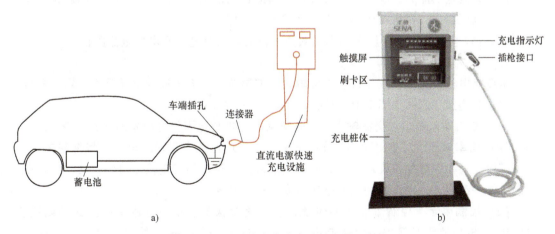

图2-154 电动汽车直流充电示意图及实物

a) 直流充电示意图 b) 直流充电桩实物

直流充电原理图如图 2-155 所示。高压电通过变压器转化为低压电，低压电经由低压电缆引至非车载充电机，输出直流电，不通过车载充电机直接给蓄电池充电。

5. 交直流充电桩

交直流充电桩是采用交直流充电方式于一体的结构，既可实现直流充电，也可以交流充电。白天充电业务多的时候，使用直流充电方式进行快速充电，当夜间充电站用户少时可用交流充电方式进行慢充操作。图 2-156 所示为电动汽车交直流充电桩实物，它具有交流充电接口和直流充电接口。

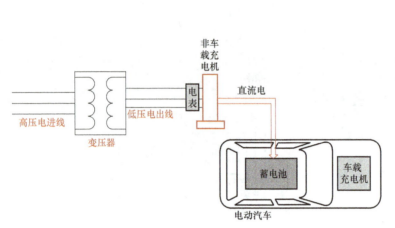

图 2-155　直流充电原理图

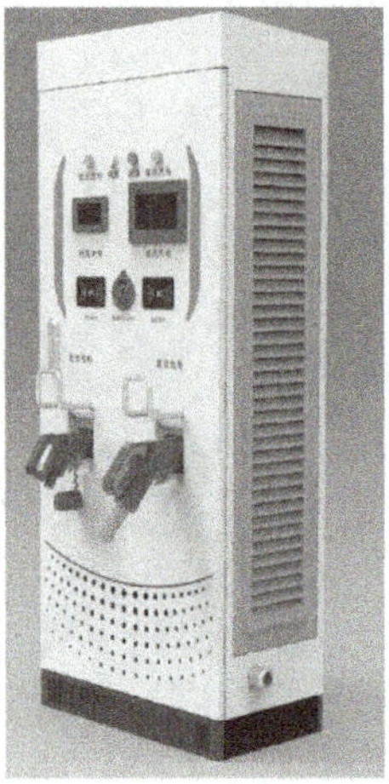

图 2-156　电动汽车交直流充电桩实物

2.8.3　车载充电机的组成及原理

车载充电机是指固定安装在电动汽车上的充电机，具有为电动汽车动力蓄电池安全、自动充满电的能力，车载充电机依据蓄电池管理系统提供的数据，可以动态调节充电电流或电压参数，执行相应的动作，完成充电过程。

图 2-157 所示为某电动汽车利用车载充电机为动力蓄电池充电的电流路径。

1. 车载充电机的组成

车载充电机由交流输入端口、功率单元、控制单元、低压辅助单元及直流输出端口等组成，其连接示意图如图 2-158 所示。

（1）**交流输入端口**　交流输入端口是车载充电机与地面供电设备的连接装置。

（2）**功率单元**　功率单元作为充电能量的传递通道，主要包括电磁干扰抑制模块、整流模块、功率因数校正模块、滤波模块、全桥变换模块和直流输出模块，其作用是在控制单元的配合下，把电网的交流电转换成蓄电池需要的高压直流电。

（3）**控制单元**　控制单元主要包括初级检测及保护模块、过流检测及保护模块、过电压/欠电压监测及保护模块和 DSP（digital signal processing，数字信号处理）主控模块，其作用是通过电力电子开关器件控制功率单元的转换过程，通过闭环控制方式精确地完成转换功能，并提供保护功能。

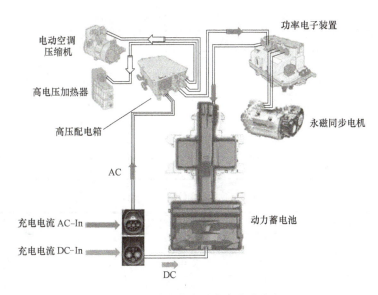

图 2-157 动力蓄电池充电电流路径

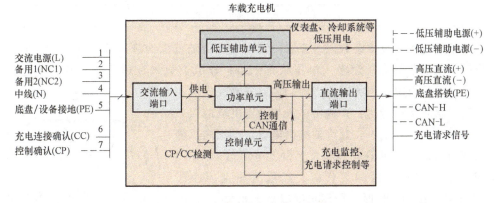

图 2-158 车载充电机连接示意图

（4）**低压辅助单元** 低压辅助单元主要包括 CAN 通信模块、辅助电源模块和人机交互模块，其作用是为控制单元的电力电子器件提供低压供电及实现系统与外界的联系。

（5）**直流输出端口** 直流输出端口是车载充电机与蓄电池之间的连接装置。

车载充电机的优点是不管车载蓄电池在任何时候、任何地方需要充电时，只要有充电机额定电压的交流插座，就可以对电动汽车进行充电。车载充电机的缺点是受电动汽车的空间所限，功率较小，输出充电电流小，蓄电池充电的时间较长。

2. 车载充电机技术参数

车载充电机输入技术参数的推荐值见表 2-6。

车载充电机输出技术参数的推荐值见表 2-7。

输出电流可根据各厂家蓄电池组电压情况设定。车载充电机在额定输入电压、额定负载的状态下，效率应不低于 90%，功率因数应不低于 0.92。

表2-6 车载充电机输入技术参数的推荐值

序号	额定输入电压/V	额定输入电流/A	额定输入功率/kW	额定频率/Hz
1	单相220	10	2.2	50
2	单相220	16	3.5	
3	单相220	32	7.0	
4	三相380	16	10.5	
5	三相380	32	21.0	
6	三相380	63	41.0	

表2-7 车载充电机输出技术参数的推荐值

输出电压等级	输出电压范围/V	标称输出电压推荐值/V
1	24~65	48
2	55~120	72
3	100~250	144
4	200~420	336
5	300~570	384,480
6	400~750	640

车载充电机的技术参数误差要求：输入电压波动范围为额定输入电压±15%；输入电压频率波动范围为额定输入电压频率±2%；车载充电机在恒压输出状态下运行时，其输出电压与设定电压的误差应为±1%；车载充电机在恒流输出状态下运行时，其输出电流与设定电流的误差应为±5%；车载充电机在允许的输出电流的范围内，输出电流的周期和随机偏差不能大于设定电流值的10%；车载充电机在稳流区间工作时，其稳流精度应小于1%，在稳压区间工作时，稳压精度应小于0.5%。

3. 电动汽车车载充电机的充电接口

电动汽车车载充电机的充电接口属于交流充电接口，车辆供电插头的触头布置方式如图2-159所示，车辆充电插座的触头布置方式如图2-160所示。交流充电接口（慢充接口）有7个孔，中间三个大孔分别接中线（火线）、地线、交流电源（零线），用来传导交流电。

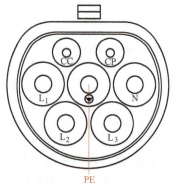

图2-159 车载充电机车辆供电插头的触头布置方式

车载充电机车辆供电插头和充电插座如图2-161所示。

在充电连接过程中，首先接通保护搭铁触头，最后接通控制确认触头与充电连接确认触头；断开过程相反。车辆充电接口的电气连接界面如图2-162所示，供电接口的电气连接界面如图2-163所示。

4. 车载充电机发展趋势

随着电动汽车续驶里程的提升（350~500km），电池电量普遍大于60kW·h，传统

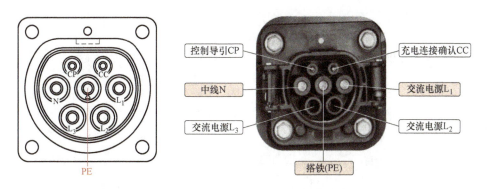

图 2-160 车辆充电插座的触头布置方式

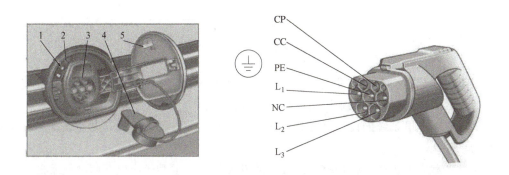

图 2-161 车载充电机车辆供电插头和充电插座

1—整车充电按钮 2—充电过程指示灯 3—充电插座 4—保护盖 5—保护盖的接片

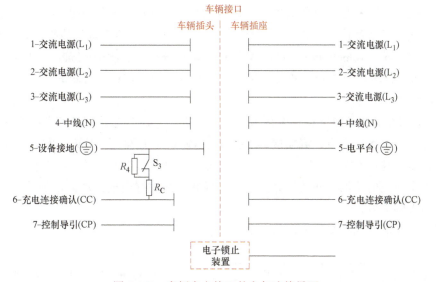

图 2-162 车辆充电接口的电气连接界面

的 3.3kW 和 6.6kW 车载充电机功率已不能满足当下纯电动汽车的慢充（6~8h）需求，车载充电机功率扩容势在必行。然而，整车配备大功率充电机虽可减少充电时间，但由

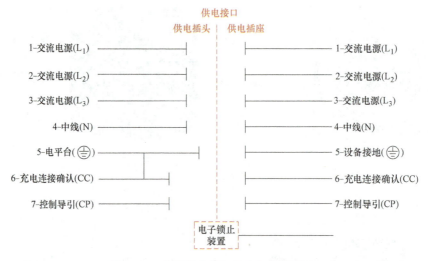

图 2-163 车辆供电接口的电气连接界面

于受限于车辆配重、空间以及成本制约,同时大功率的交流充电也受电网基础设施的影响,如小区配电的容量,该解决方案面临诸多挑战。

电动汽车充电系统的设计趋势是大功率、高效率,以便在一次充电后保证尽可能多的续驶里程。

对于车载充电机产品扩功率、降成本的发展趋势,主要形成以下两种技术形态:

1)单向充电技术向双向充电技术发展,单向充电机变成双向充电机。车载双向充电机就是充电机既可以给电动汽车的蓄电池进行充电,又可以在必要时将蓄电池的电逆变成交流电,给负载离网供电,或回馈到电网并网馈电。通过车载双向充电机的应用,未来电动汽车不再只是一个交通工具,还将成为一个移动的储能电站。

车载充电机呈集成化趋势,车载充电机与 DC/DC 变换器和电机控制器集成在一起,成为具有车对车(vehicle to vehicle, V2V)、车对负载(vehicle to load, V2L)、车对家庭(vehicle to home, V2H)、车对电网(vehicle to grid, V2G)功能的双向充电机,如图 2-164 所示。

2)单相充电技术向三相充电技术发展。现阶段,许多电动汽车不支持高于 6.6kW 的交流充电功率水平,但交流插接器支持高达 19kW(美国)、14kW(欧洲)的单相功率水平,以及高达 52kW(美国)、44kW(欧洲)的三相功率水平。标准化充电功率与电动汽车交流充电功能之间还未完全匹配,因此,在现有充电标准内增加 AC 充电水平存在相当大的潜力。

美国、欧洲及我国交流充电额定电压/电流见表 2-8。

表 2-8 美国、欧洲及我国交流充电额定电压/电流

类型	国家/地区	最高电压(V)/电流(A)	峰值功率/kW
单相/AC	美国	240/80	19
	欧洲	220/63	14
	中国	220/32	7

(续)

类型	国家/地区	最高电压(V)/电流(A)	峰值功率/kW
三相/AC	美国	480/63	52
	欧洲	400/63	44
	中国	380/63	41

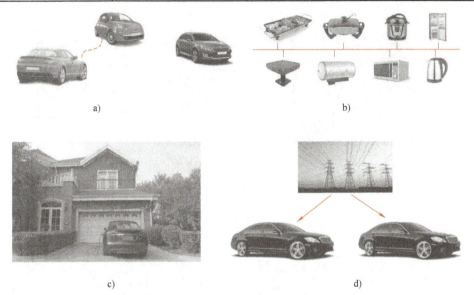

图 2-164 车载双向充电机
a) V2V b) V2L c) V2H d) V2G

2.8.4 非车载充电机的组成及原理

作为推动电动汽车发展的重要因素,电动汽车充电站这一基础设施的建设显得尤为重要,没有充电站就相当于没有加油站,充电站的建设对于电动汽车的远程旅行、提高续驶里程,具有非常重要的作用。而作为充电站的核心,非车载充电机是必不可少的。

1. 电动汽车非车载充电机的组成

非车载充电机主要由充电机主体和充电终端两部分组成,如图 2-165 所示。充电机主体包括三相输入接触器、功率模块和管理模块,其中三相输入接触器与电网相连,将交流电转换为电压、电流可调的直流电。充电机主体的输出经过充电终端的充电线缆接口与电动汽车的蓄电池相连。充电终端主要包括终端 MCU(微控单元)主控制器、整流柜控制系统、IC 卡计费系统、信息打印系统、电能测量系统、电池管理系统、充电站监控系统及人机界面等,如图 2-166 所示。

功率模块是非车载充电机中实现能量传递的主体,是充电机中最关键的部件,单个功率模块难以实现充电机的大功率输出,必须选择分布式系统来实现,即多个相同的功率模块并联均流。

人机界面不但要提供给客户充电时所关心的一些信息,还要提供给充电站维护人员一些必要信息,主要有电池类型、充电电压、充电电流、电能量计量信息;电池单体最

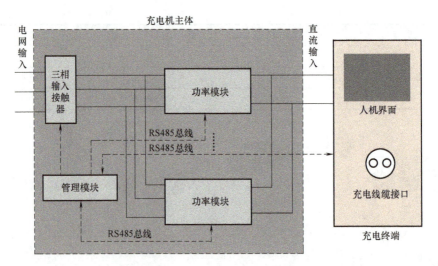

图 2-165 非车载充电机的系统结构

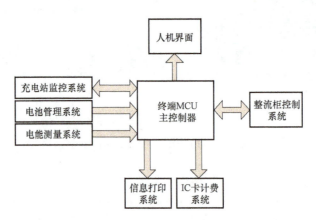

图 2-166 非车载充电机充电终端的结构

高/最低电压;故障及报警信息等;在充电完成后,需要充电机打印输出交易信息,如用电度数、交易金额及充电时间等。

管理模块和充电终端以及各功率模块进行数据交互,通过 RS485 总线下发正确的充电控制命令和参数设置命令给各功率模块。功率模块作为充电的具体执行模块,按照管理模块下发的命令上传自身参数,或者接受管理模块的命令,设置相关参数完成充电过程。管理模块和功率模块协同工作实现充电功能。

2. 电动汽车非车载充电机技术参数

电动汽车非车载充电机输入技术参数见表 2-9。

表 2-9 电动汽车非车载充电机输入技术参数

输入方式	输入电压额定值/V	输入电流额定值/A	频率/Hz
1	单相 220	$I_N \leqslant 16$	
2	单相 220/三相 380	$16 < I_N \leqslant 32$	50
3	三相 380	$I_N > 32$	

根据蓄电池组电压等级的范围，非车载充电机输出电压一般分为三级：150~350V、300~500V、450~700V。

非车载充电机输出额定电流宜采用 10A、20A、50A、100A、160A、200A、315A、400A、500A。

当非车载充电机的输出功率为额定功率的 50%~100% 时，效率不应小于 90%，功率因数不应小于 0.9。

非车载充电机技术参数误差要求：当交流电源电压在标称值的 ±15% 范围内变化，输出直流电压在规定的相应调节范围内变化时，输出直流电流在额定值的 20%~100% 范围内任意数值上应保持稳定，充电机输出电流误差不应超过 ±1%；当交流电源电压在标称值的 ±15% 范围内变化，输出直流电流在额定值的 0~100% 范围内变化时，输出直流电压在规定的相应调节范围内任意数值上应保持稳定，充电机输出电压误差不应超过 ±0.5%。

3. 电动汽车非车载充电机的充电接口

电动汽车非车载充电机的充电接口属于直流充电接口，其车辆插头的触头布置方式如图 2-167 所示，车辆插座的触头布置方式如图 2-168 所示。非车载充电机的充电接口（快充口）有 9 个孔，中间两个大孔分别接直流正极和直流负极。

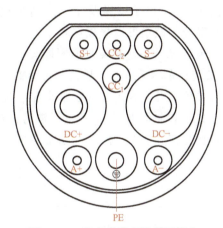

图 2-167 非车载充电机车辆插头的触头布置方式

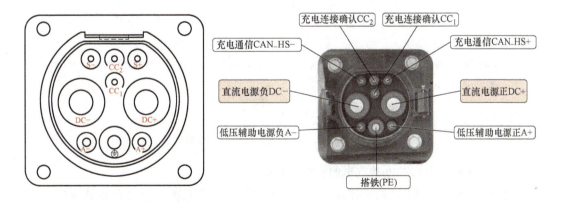

图 2-168 非车载充电机车辆插座的触头布置方式

非车载充电机车辆供电插头和充电插座实物如图 2-169 所示。

车辆插头和车辆插座在连接过程中触头耦合的顺序为保护搭铁、直流电源正、直流电源负、车辆端连接确认，低压辅助电源正与低压辅助电源负、充电通信与供电端连接确认；脱开的过程则顺序相反。非车载充电机直流充电接口的连接界面如图 2-170 所示。

4. 电动汽车非车载充电机的充电过程

非车载充电机直流充电安全保护系统的基本方案如图 2-171 所示，包括非车载充电机控制装置，电阻 $R_1 \sim R_5$，开关 S，直流供电回路接触器 K_1 和 K_2（可以仅设置 1 个）、低压辅助供电回路接触器 K_3 和 K_4（可仅设置 K_3）、充电回路接触器 K_5 和 K_6（可以仅设置 1 个），电子锁以及车辆控制装置，其中车辆控制装置可以集成在蓄电池管理系统中。电阻 R_2 和 R_3 安装在车辆插头上，电阻 R_4 安装在车辆插座上。开关 S 为车辆插头的内部常闭开关，当车辆插头和车辆插座完全连接后，开关 S 闭合。在整个充电过程中，非车载充电机控制装置应能监测接触器 K_1、K_2，接触器 K_3、K_4 及电子锁的状态并控制其接通及关断；电动汽车车辆控制装置应能监测接触器 K_5 和 K_6 的状态并控制其接通及关断。

图 2-169　非车载充电机车辆供电插头和充电插座实物

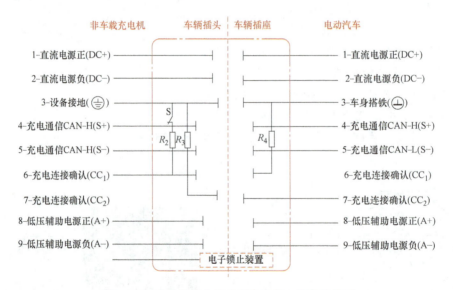

图 2-170　非车载充电机直流充电接口的连接界面

利用非车载充电机对电动汽车的充电过程如下：

1）将车辆插头和车辆插座插合后，车辆的总体设计方案可以自动启动某种触发条件，通过互锁或者其他控制措施使车辆处于不可行驶状态。

2）操作人员对非车载充电机进行充电设置后，非车载充电机控制装置通过测量检测点 1 的电压值判断车辆插头与车辆插座是否已完全连接，如检测点 1 的电压值为 4V，则判断车辆接口完全连接，非车载充电机控制电子锁锁止。

3）在车辆接口完全连接后，如非车载充电机完成自检，则闭合接触器 K_3 和 K_4，使低压辅助供电回路导通，同时开始周期发送"充电机辨识报文"；在得到非车载充电机提供的低压辅助电源供电后，车辆控制装置通过测量检测点 2 的电压值判断车辆接口

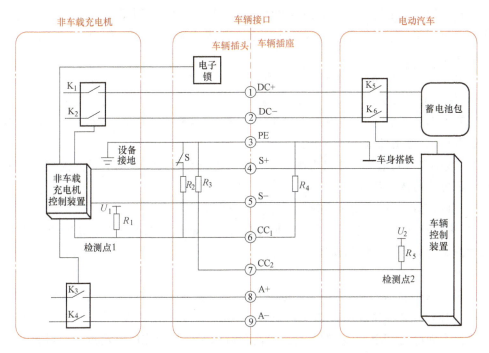

图 2-171 非车载充电机直流充电安全保护系统的基本方案

是否已完全连接;如检测点 2 的电压值为 6V,则车辆控制装置开始周期发送"车辆控制装置(或蓄电池管理系统)辨识报文",该信号也可作为车辆处于不可行驶状态的触发条件之一。

4)车辆控制装置与非车载充电机控制装置通过通信完成"握手"和配置后,车辆控制装置闭合接触器 K_5 和 K_6,使充电回路导通,非车载充电机控制装置闭合接触器 K_1 和 K_2,使直流供电回路导通。

5)在整个充电阶段,车辆控制装置通过向非车载充电机控制装置实时发送充电级别需求来控制整个充电过程,非车载充电机控制装置根据电池充电级别需求来调整充电电压和充电电流,以确保充电正常进行,此外,车辆控制装置和非车载充电机控制装置还相互发送各自的状态信息。

6)车辆控制装置根据蓄电池系统是否达到满充状态或是否收到"充电机中止充电报文"来判断是否结束充电。在满足以上充电结束条件时,车辆控制装置开始周期发送"车辆控制装置(或蓄电池管理系统)中止充电报文",在一定时间后断开接触器 K_5 和 K_6;非车载充电机控制装置开始周期发送"充电机中止充电报文",并控制充电机停止充电,之后断开接触器 K_1、K_2、K_3 和 K_4,然后电子锁解锁。

2.8.5 电动汽车充电方法

电动汽车蓄电池充电方法主要有恒流充电、恒压充电和恒流限压充电,现代智能型蓄电池充电机可设置不同的充电方法。

1. 恒流充电

恒流(constant current,CC)充电是指充电过程中使充电电流保持不变的方法。恒流充电具有较大的适应性，容易将蓄电池完全充满，有益于延长蓄电池的寿命。其缺点是在充电过程中，需要根据逐渐升高的蓄电池电动势调节充电电压，以保持电流不变，充电时间也较长。

恒流充电是一种标准的充电方法，有以下4种充电方法：

1）涓流充电。它是指以小于 $0.1C$ 电流对电池充电，一般在电池接近充满电，进行补充充电时采用，若电池对充电时间没有严格要求，建议采用涓流充电方式充电（在此情况下，电池使用寿命较长）。

2）最小电流充电。它是在能使深度放电的电池有效恢复电池容量的前提下，把充电电流尽可能地调整到最小的充电方法。

3）标准充电。即采用标准速率充电，充电时间为14h。

4）高速率（快速）充电。即在3h内就给蓄电池充满电的方法，这种充电方法需要自动控制电路保护电池不损坏。

2. 恒压充电

恒压（constant voltage，CV）充电是指充电过程中保持充电电压不变的充电方法，恒压充电时充电电流随蓄电池电动势的升高而减小。合理的充电电压，应在蓄电池即将充满时使其充电电流趋于0。如果电压过高会造成充电初期充电电流过大和过充电，如果电压过低则会使蓄电池充电不足。充电初期若充电电流过大，则应适当调低充电电压，待蓄电池电动势升高后再将充电电压调整到规定值。

恒压充电的优点是充电时间短，充电过程无须调整电压，较适合于补充充电。其缺点是不容易将蓄电池完全充满，充电初期大电流对极板会有不利影响。

3. 恒流限压充电

恒流限压充电方法是先以恒流方式进行充电，当蓄电池组端电压上升到限压值时，充电机自动转换为恒压充电，直到充电完毕。

充电深度（depth of charge，DOC）和放电深度（depth of discharge，DOD）是充电的基本概念，电池保有容量数值以百分比率来表示。充电深度是指蓄电池在充电过程中从外电路接受的电量与其完全充电状态时的容量之比。放电深度是指在电池使用过程中，电池放出的容量占其额定容量的百分比。放电深度的高低和二次电池的充电寿命有很大关系，二次电池的放电深度越深，其充电寿命越短，因此在使用时应尽量避免深度放电。容量为 $10A\cdot h$ 的电池放电后容量变为 $2A\cdot h$，可以称为80%DOD；容量为 $10A\cdot h$ 的电池，充电后容量为 $8A\cdot h$，称为80%DOC。形容满充满放，通常称为100%DOD。

2.8.6 电动汽车充电方式

电动汽车充电方式有交流慢充方式、直流快充方式、电池更换充电方式及无线充电方式等，其中以交流慢充方式和直流快充方式为主，纯电动汽车上一般都有交流慢充和直流快充接口，如图2-172所示。两个充电接口在结构上是不同的，不能互换。插电式混合动力电动汽车因为带电量小，只配备交流充电接口。充电是电动汽车使用过程中重要的一环，充电的体验很大程度上决定了消费者的购买决策和用车体验。

第2章 纯电动汽车技术及仿真实践

图 2-172 交流慢充接口和直流快充接口

1. 交流慢充方式

交流慢充方式是用交流充电桩充电接口，把电网的交流电输入电动汽车的慢充接口，经过汽车内部的充电机把交流电转成直流电后再输入蓄电池，完成充电，如图 2-173 所示。交流充电桩没有功率转换模块，不做交直流转换。充电功率取决于车载充电机功率。

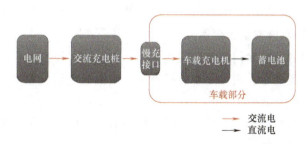

图 2-173 交流充电桩充电示意图

交流慢充方式也可以使用标准家用电源插座或者预装的充电墙盒以及充电桩。交流慢充方式采用恒压、恒流的传统充电方式对电动汽车进行充电，相应的充电机的工作和安装成本相对较低。电动汽车家用充电设施（车载充电机）和小型充电站多采用这种充电方式。车载充电机是电动汽车的一种最基本的充电设备，如图 2-174 所示。由于只需将车载充电机的插头插到停车场或家中的电源插座上即可进行充电，充电过程一般由用户自己独立完成。充电时直接从低压照明电路取电，充电功率较小，由 220V/16A 规格的标准电网电源供电。典型的充电时间为 8~10h（SOC 达到 95% 以上）。这种充电方式对电网没有特殊要求，只要是能够满足照明要求的供电质量就能够使用。由于在家充电通常是晚上或者是在电力低谷期，有

图 2-174 车载充电机充电方式

利于电能的有效利用，因此电力部门一般会给予电动汽车用户一些优惠，如电力低谷期充电打折。

小型充电站是电动汽车的一种最重要的充电方式，如图2-175所示，充电机设置在街边、超市、办公楼、停车场等处，采用交流慢充方式充电，电动汽车驾驶人只需将车辆停靠在充电站指定的位置上，接上电线即可开始充电。计费方式是投币或刷卡，充电功率一般为5~10kW，采用三相四线制380V供电或单相220V供电。其典型的充电时间是：补电1~2h，充满5~8h（SOC达到95%以上）。

图2-175 小型充电站充电方式

交流慢充方式具有以下主要优点：

1）充电技术成熟，技术门槛低，使用方便，容易推广普及。

2）充电设施配置简单，占地较小，投资少；电池充电过程缓和，电池能够深度充满，续驶里程更长。

3）充电时电池发热温和，不易发生高温短路或爆炸危险，安全性较高。

4）接口和相关标准较低。

5）充电功率相对低，对配电网要求降低，基础设施配套需求小。

6）一般选择夜间充电，可避开傍晚用电高峰期，享受低谷电价优惠，节能效果较好。

交流慢充方式具有以下主要缺点：

1）充电时间长。

2）用于有慢速充电需求的停车场所，如住宅小区停车场、社会公共停车场等，使用受限。

2. 直流快充方式

直流快充方式是用直流充电桩充电接口，把电网的交流电转化成直流电，输送到电动汽车的快充接口，电能直接进入蓄电池充电，如图2-176所示。直流充电桩内置功率转换模块，能将电网的交流电转换为直流电，不用经过车载充电机

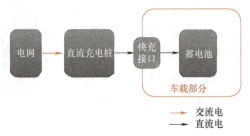

图2-176 直流充电桩充电示意图

转换。直流充电的功率取决于蓄电池管理系统和充电桩输出功率,取两者较小值。

快速充电是用直流电充电,每小时最多可充电 40kW。直流快充方式以 150~400A 的高充电电流在短时间内为蓄电池充电,与交流慢充方式相比直流充电桩安装成本相对较高。快速充电也可称为迅速充电或应急充电,其目的是在短时间内给电动汽车充满电,充电时间应与燃油汽车的加油时间接近。大型充电站(机)多采用这种充电方式。

直流快充方式如图 2-177 所示,它主要针对需要快速补充电能的情况进行充电,充电机功率很大,一般都大于 30kW,采用三相四线制 380V 供电。其典型的充电时间为 10~30min。这种充电方式对电池寿命有一定影响,特别是普通蓄电池不能进行快速充电,因为在短时间内接受大量的电量会导致蓄电池

图 2-177 直流快充方式

过热。快速充电站的关键是非车载快速充电组件,它能够输出 35kW 甚至更高的功率。由于功率和电流的额定值都很高,这种充电方式对电网有较高的要求。

直流快充方式具有以下主要优点:

1)技术较为成熟,接口标准要求较低。

2)充电速度快,对于增加电动汽车长途续驶能力,是一种有效的补充方案。

直流快充方式具有以下主要缺点:

1)充电功率较大,对接口和用电安全的要求提高,电池散热成为重要因素。

2)电池不能深度充电,一般为电池容量的 80% 左右,容易损害电池寿命,需要承担更多的电池折旧成本。

3)短时用电消耗大,对配电网要求较高,基础设施配套需求巨大。

4)一般在白天和傍晚时间段充电,属于城市电力负荷高峰时段,对城市电网的安全性有不小的影响,而且不享受夜间电价打折。

3. 电池更换充电方式

电池更换充电方式采用更换动力蓄电池的方法,可以迅速补充车辆电能,电池更换可在 10min 以内完成,理论上无限提升了车辆续驶里程。

图 2-178 所示为利用换电机器人为电动汽车更换电池。

电池更换充电方式具有以下主要优点:

1)电池更换使用户感受接近传统的加油站加油。

2)用户只需购买裸车,电池采用租赁的方式,大幅降低了车辆价格。

3)采用适合的充电方式保证电池的健康以及电池效能的发挥,电池集中管理便于集中回收和维护,减少环境污染。

4)选择夜间用电低谷时段慢速充电,降低服务机构运行成本,对电网起到错峰填谷的作用。

电池更换充电方式具有以下主要缺点：

1）基础设施建设成本较高，占用场地大，电网配套要求高。

2）需解决电动汽车更换电池方便问题，如电池设计安装位置、电池拆卸难易程度等。

3）需要电动汽车行业众多标准的严格统一，包括电池本身外形和各项参数的标准化，电池和电动汽车接口的标准化，电池和外置充电设备接口的标准化等。

图 2-178　电池更换充电方式

4）电池更换容易导致电池接口接触不良等问题，对电池及车辆接口的安全可靠性要求提高。

5）电池租赁带来了资产管理、物流配送、计价收费等一系列问题，使运作更复杂，提高了成本。

4. 无线充电方式

电动汽车无线充电方式是利用无线电能传输技术对蓄电池进行充电的一种新型充电方式，主要有电磁感应充电方式和磁共振充电方式。电磁感应充电方式是将受电线圈安装在汽车的底盘上，将供电线圈安装在地上，当电动汽车行驶到供电线圈正上方时，供电线圈中有交变电流通过，通过电磁感应在受电线圈中产生一定的电流，如图 2-179a 所示。磁共振充电方式与电磁感应充电方式的工作原理大致相同，其区别在于磁共振式中的供电线圈和受电线圈使用相同的共振周波，即谐振。将供电线圈和受电线圈调整到相同的频率，它们就可以交换彼此的能量，如图 2-179b 所示。

相对于电动汽车的有线充电而言，无线充电具有以下优势：

1）充电设备占地小，充电便利性高。

2）充电设施可无人值守，后期维护成本低。

3）相同占地面积下，可充电的电动汽车数量提升，增大空间利用率。

但无线充电具有以下劣势：

1）充电效率不高，峰值效率为 90% 左右，传统充电效率为 95% 左右。

2）传递功率不够大，一般在 10kW 以下。

3）无线充电主要采用电磁方式，存在辐射泄漏的安全问题。

有了无线充电技术，公路上行驶的电动汽车或双能源汽车可通过安装在电线杆或其他高层建筑上的发射器快速补充电能，电费将从汽车上安装的预付卡中扣除。

电动汽车无线充电示意图如图 2-180 所示。

5. 移动式充电方式

移动充电是指电动汽车在路上巡航时进行充电，如图 2-181 所示，有接触式和感应式两种。

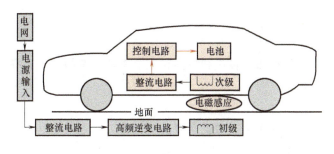

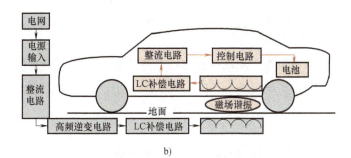

图 2-179 无线充电方式

a) 电磁感应充电方式　b) 磁共振充电方式

图 2-180 电动汽车无线充电示意图

图 2-181 电动汽车移动充电

(1) **接触式移动充电** 接触式移动充电系统需要在车体的底部装一个接触拱,通过与嵌在路面上的充电元件相接触,接触拱便可获得瞬时高电流,当电动汽车行驶通过移动式充电区时,为电动汽车充电。

(2) **感应式移动充电** 车载式接触拱由感应线圈取代,嵌在路面上的充电元件由可产生强磁场的高电流线圈取代,便形成感应式移动充电系统。

2.9　纯电动汽车传动系统参数匹配

传动系统的匹配直接影响电动汽车的动力性和经济性,其匹配方法有多种,本书只介绍最基本的匹配方法。纯电动汽车传动系统匹配主要包括驱动电机参数匹配、传动系传动比匹配和动力蓄电池参数匹配。

2.9.1 驱动电机参数匹配

驱动电机参数主要包括额定转速和最高转速、额定功率和峰值功率、额定转矩和峰值转矩以及额定电压等。

1. 驱动电机的转速

电机最高转速与电动汽车最高车速之间的关系为

$$n_{max} = \frac{v_{max} i_t}{0.377 r} \tag{2-95}$$

式中，n_{max} 为电机的最高转速；v_{max} 为电动汽车的最高车速；i_t 为电动汽车传动系传动比；r 为车轮半径。

电动汽车的最高车速是指电动汽车能够往返各持续 1km 以上距离的最高平均车速。

电机的额定转速为

$$n_e = \frac{n_{max}}{\beta} \tag{2-96}$$

式中，n_e 为电机的额定转速；β 为电机扩大恒功率区系数。

β 值越大，在低转速区电机就能获得更大的转矩，有利于提高车辆的加速能力和爬坡性能，稳定运行性能好；但 β 值过大，就会增大电机的工作电流，同时功率变换器的功率损失和尺寸也会增大，因此 β 值不宜过高，通常为 2~4。

2. 驱动电机的功率

驱动电机是纯电动汽车行驶的唯一动力源，对整车的动力性有直接影响。所选的电机功率越大，整车的动力性越好，但是如果功率过大，电机的质量和体积也会增大，且电机的工作效率不高，这样就不能充分利用有限的车载能源，从而使续驶里程降低。

（1）驱动电机的峰值功率 驱动电机的峰值功率由整车的设计目标确定，峰值功率应该达到最高车速、最大爬坡度及加速能力分别对应的最大功率需求。

1) 根据电动汽车最高车速确定驱动电机峰值功率。电动汽车以最高车速在平坦路面行驶时所需要的驱动电机功率为

$$P_{m1} = \frac{v_{max}}{3600 \eta_t} \left(mgf + \frac{C_D A v_{max}^2}{21.15} \right) \tag{2-97}$$

式中，P_{m1} 为电动汽车以最高车速行驶时所消耗的功率；m 为电动汽车试验质量；f 为轮胎滚动阻力系数；C_D 为汽车迎风阻力系数；A 为电动汽车迎风面积；η_t 为电动汽车传动系统效率；g 为重力加速度。

电动汽车试验质量是指电动汽车整备质量与一试验所需附加质量之和。附加质量分别为：如果最大允许装载质量≤180kg，该质量为最大允许装载质量；如果最大允许装载质量>180kg，但<360kg，该质量为 180kg；如果最大允许装载质量>360kg，该质量为最大允许装载质量的一半。最大允许装载质量包括驾驶人质量。

2) 根据电动汽车最大爬坡度确定驱动电机峰值功率。电动汽车以爬坡车速爬上最大坡度时所需要的驱动电机功率为

$$P_{m2} = \frac{v_p}{3600\eta_t}\left(mgf\cos\alpha_{max} + mg\sin\alpha_{max} + \frac{C_D A v_p^2}{21.15}\right) \quad (2\text{-}98)$$

式中,P_{m2} 为电动汽车以爬坡车速爬上最大坡度所消耗的功率;v_p 为电动汽车爬坡车速;α_{max} 为最大坡度角。

电动汽车爬坡车速是指电动汽车在给定坡度的坡道上能够持续行驶 1km 以上的最高平均车速。

对于纯电动汽车,车辆通过 4% 坡度的爬坡速度不低于 60km/h;车辆通过 12% 坡度的爬坡速度不低于 30km/h;车辆最大爬坡度不低于 20%。

3) 根据电动汽车加速能力确定驱动电机峰值功率。电动汽车加速能力是指电动汽车从静止起步加速到终止速度所需要的最短时间。电动汽车在水平道路上满足加速能力所需求的电机功率为

$$P_{m3} = \frac{1}{3600\eta_t}\left(mgf\frac{v_e}{1.5} + \frac{C_D A v_e^3}{52.875} + \delta m \frac{v_e^2}{7.2t_e}\right) \quad (2\text{-}99)$$

式中,P_{m3} 为电动汽车在水平道路上满足加速能力所需求的电机功率;δ 为电动汽车旋转质量换算系数;v_e 为加速终止时的速度;t_e 为加速时间。

对于纯电动汽车,0—50km/h 和 50—80km/h 的加速性能,其加速时间应分别不超过 10s 和 15s。

驱动电机的峰值功率应能同时满足电动汽车对最高车速、最大爬坡度和加速能力的要求,因此电动汽车驱动电机的峰值功率为

$$P_{emax} \geq \max\{P_{m1}, P_{m2}, P_{m3}\} \quad (2\text{-}100)$$

式中,P_{emax} 为驱动电机的峰值功率。

(2) 驱动电机的额定功率 正确选择驱动电机的额定功率非常重要。如果额定功率选择过小,电机经常在过载状态下运行;相反,如果额定功率选择过大,电机经常在欠载状态下运行,效率及功率因数降低,不仅浪费电能,而且增加动力蓄电池的容量,综合经济效益下降。电机额定功率应使电机尽可能工作在高效率区。

驱动电机额定功率应满足电动汽车对最高车速的要求,同时须考虑电机过载要求。电动汽车驱动电机的额定功率为

$$P_e \geq \max\{P_{m1}, P_{emax}/\lambda\} \quad (2\text{-}101)$$

式中,P_e 为驱动电机的额定功率;λ 为电机的过载系数。

3. 驱动电机的转矩

驱动电机的额定转矩为

$$T_e = \frac{9550P_e}{n_e} \quad (2\text{-}102)$$

驱动电机的峰值转矩应满足电动汽车起动转矩和最大爬坡角的要求,同时结合传动系最大传动比来确定,即

$$T_{emax} \geq \frac{mg(f\cos\alpha_{max} + \sin\alpha_{max})r}{\eta_t i_{max}} \quad (2\text{-}103)$$

式中,T_{emax} 为驱动电机的峰值转矩;i_{max} 为传动系最大传动比。

驱动电机参数初步确定之后，还须验证是否满足一定速度下的最大爬坡度和汽车行驶最高车速的要求，即

$$\frac{mg}{T_{emax}\eta_t}\left(f\cos\alpha_{max}+\sin\alpha_{max}+\frac{C_DAv_p^2}{21.15mg}\right)\leqslant\frac{i_t}{r}\leqslant\frac{0.377n_{max}}{v_{max}} \quad (2\text{-}104)$$

4. 驱动电机额定电压

驱动电机电压等级的确定和动力蓄电池组电压等级密切相关。在输出功率一定的条件下，电流会随电压升高而减小，这就降低了对开关和导线等元件的要求，如果电压较高，会增加单体电池串联的数量，导致整车质量和成本增加，动力性下降且布置困难。电机额定电压常由电机的参数决定，并正比于电机额定功率，即电机的额定功率越大，电机的额定电压越高。同时，电机额定电压的选择应符合标准系列规定的电压。

2.9.2 传动系传动比匹配

在电机输出性能一定的前提下，传动比的选择主要取决于汽车的动力性。对于传统的内燃机汽车，档位数越多，相应地增加了发动机工作在高性能区域的可能性，进而提高了汽车的燃料经济性。相比之下，电动汽车的动力来自驱动电机，电机具有较宽的工作范围。电机特性为低速恒转矩，高速恒功率，适合电动汽车的运行，并不需要过多档位，过多的档位反而会增加变速器的结构复杂性。固定速比的变速器并不能满足电机常工作于高效率区的条件。二档变速器具有结构简单、成本低、控制容易，同时又能满足汽车动力性和经济性的要求。

传动系传动比的选择应满足以下原则：最大传动比应满足汽车的爬坡性能，同时兼顾电机低速区工作的效率；最小传动比应满足汽车行驶的最高车速，同时尽量降低电机输入轴的转速，兼顾电机高转速工况下的效率。

当电机输出特性一定时，传动系传动比的选择依赖于整车的动力性指标，即电动汽车传动比的选择应满足汽车最高车速、最大爬坡度以及对加速能力的要求。

1. 一档传动比的确定

一档驱动时，最大驱动力应小于或等于驱动轮的峰值附着力，以此确定一档传动比的上限。对于前轮驱动电动汽车，一档传动比的上限应满足

$$i_0i_{g12}\leqslant\frac{mgrb\varphi}{T_{emax}\eta_tL} \quad (2\text{-}105)$$

式中，i_0 为主减速器传动比；i_{g12} 为变速器一档传动比的上限；b 为电动汽车质心至后轴距离；L 为轴距；φ 为路面附着系数。

一档传动比的下限应满足电动汽车在电机峰值转矩下的爬坡度，即

$$i_0i_{g11}\geqslant\frac{r}{T_{emax}\eta_t}\left(mgf\cos\alpha_{max}+mg\sin\alpha_{max}+\frac{C_DAv_p^2}{21.15}\right) \quad (2\text{-}106)$$

式中，i_{g11} 为变速器一档传动比的下限。

2. 二档传动比的确定

二档传动比的上限与最高车速有关，即

$$i_0 i_{g22} \leqslant \frac{0.377 r n_{\max}}{v_{\max}} \tag{2-107}$$

式中，i_{g22} 为变速器二档传动比的上限。

二档传动比的下限与汽车以最高车速行驶时的阻力有关，即

$$i_0 i_{g21} \geqslant \frac{r}{T_{u\max} \eta_t} \left(mgf + \frac{C_D A v_{\max}^2}{21.15} \right) \tag{2-108}$$

式中，i_{g21} 为变速器二档传动比的下限；$T_{u\max}$ 为最高车速对应的输出转矩。

对于二档变速器，两档位传动比之间应分配合理，否则可能由于一、二档驱动力不连续导致换档时的动力中断，进而影响驾驶体验。因此，二档电机基速下的驱动力应大于或者等于一档电机最高转速下的驱动力，即

$$\frac{9550 P_{e\max} i_{g2} i_0}{n_e} \geqslant \frac{9550 P_{e\max} i_{g1} i_0}{n_{\max}} \tag{2-109}$$

整理式（2-109）可得

$$\frac{i_{g1}}{i_{g2}} \leqslant \frac{n_{\max}}{n_e} \tag{2-110}$$

2.9.3 动力蓄电池参数匹配

动力蓄电池是整车的能量来源，整车所有的能量消耗均来自于动力蓄电池。因此，所选择的动力蓄电池的类型、质量和各种技术参数都会影响电动汽车的整车性能，是电动汽车的关键部件之一。动力蓄电池参数匹配主要包括电池容量、电池数目、电池电压等参数的匹配。

1. 动力蓄电池匹配原则

动力蓄电池类型的选择应符合电动汽车的运行要求。电动汽车要求动力蓄电池具有较高的比能量和比功率，以满足电动汽车续驶里程和动力性的要求，同时也希望动力蓄电池具有与汽车使用寿命相当的充放电循环寿命，拥有高效率、良好的性价比以及免维护特性。目前可用于纯电动汽车的动力蓄电池主要有铅酸蓄电池、金属氢化物镍蓄电池和锂离子蓄电池。其中，锂离子蓄电池因其高能量和充放电速度快等优越性能得到越来越多的关注，成为当前市场前景最好的一种产品。

动力蓄电池的电压等级应与驱动电机电压等级相一致且满足电机电压变化的要求。同时，由于电动空调、电动真空泵和电动转向助力泵等附件也消耗一定的电能，蓄电池组的总电压要大于驱动电机的额定电压。

动力蓄电池一般有能量型与功率型两种。为满足电动汽车的行驶要求，采用能量型电池，匹配时主要考查电池的能量，即电池应具有较大的容量，以增加车辆的续驶里程。又因为电池容量与其功率成正比，容量越大，其输出的功率越大，所以其输出功率均能满足整车电力系统的要求，因此主要根据续驶里程来确定电池容量，并且确定的电池容量还须符合市场现有产品的标准，并通过对现有产品反复验证进行设计。

2. 动力蓄电池参数匹配

动力蓄电池组是由一个或多个蓄电池模块组成的单一机械总成；蓄电池模块是一组

相联的单体蓄电池的组合；单体蓄电池是构成蓄电池的最小单元，一般由正极、负极和电解质等组成。

(1) 动力蓄电池组容量 动力蓄电池组容量取决于电动汽车的续驶里程，蓄电池组容量越大，电动汽车的续驶里程越高，但整车质量和成本随之增加。因此合理匹配动力蓄电池组的容量可大大提高整车的性能。

电动汽车在水平路面上巡航行驶所消耗的功率为

$$P_{md} = \frac{v_d}{3600\eta_t}\left(mgf + \frac{C_D A v_d^2}{21.15}\right) \tag{2-111}$$

式中，P_{md} 为电动汽车巡航行驶时所消耗的功率；v_d 为电动汽车巡航行驶速度。

蓄电池组能量应满足

$$E_z \geq \frac{mgf + C_D A v_0^2/21.15}{3600\xi_{SOC}\eta_t\eta_e\eta_d(1-\eta_a)} \times S \tag{2-112}$$

式中，E_z 为蓄电池组能量；ξ_{SOC} 为蓄电池放电深度；η_e 为电机及控制器整体效率，是指电机转轴输出功率与控制器输入功率之比，用百分数表示；η_d 为蓄电池放电效率；η_a 为汽车附件能量消耗比例系数；S 为电动汽车续驶里程。

蓄电池组能量与容量的关系为

$$E_z = \frac{U_z C_z}{1000} \tag{2-113}$$

式中，U_z 为蓄电池组电压；C_z 为蓄电池组容量。

蓄电池组容量应满足

$$C_z \geq \frac{mgf + C_D A v_0^2/21.15}{3.6\xi_{SOC}\eta_t\eta_e\eta_d(1-\eta_a)U_z} \times S \tag{2-114}$$

(2) 动力蓄电池模块数量 动力蓄电池模块数量必须满足驱动电机供电、电动汽车行驶时所需的峰值功率和续驶里程的要求。

蓄电池组的最低工作电压应能满足驱动电机系统的最小工作电压，由此需要的电池模块数量为

$$N_1 \geq \frac{U_{emin}}{U_{zd}} \tag{2-115}$$

式中，N_1 为满足驱动电机系统最小工作电压所需要的电池模块数量；U_{emin} 为驱动电机的最小工作电压；U_{zd} 为蓄电池组单体模块电压。

满足电动汽车行驶所需的峰值功率要求的电池模块数量为

$$N_2 = \frac{P_{emax}}{P_{bmax}\eta_e N_0} \tag{2-116}$$

式中，N_2 为满足电机峰值功率要求的电池模块数量；P_{bmax} 为单体蓄电池最大输出功率；N_0 为蓄电池模块所包含的单体蓄电池的数量。

单体蓄电池的最大输出功率为

$$P_{bmax} = \frac{2U_b^2}{9R_{b0}} \tag{2-117}$$

式中，U_b 为单体蓄电池开路电压；R_{b0} 为单体蓄电池等效内阻。

满足电动汽车续驶里程要求的电池模块数量为

$$N_3 = \frac{1000SP_{md}}{v_0 \eta_e U_{zd} C_z} \tag{2-118}$$

式中，N_3 为满足电动汽车续驶里程要求的电池模块数量。

实际蓄电池组模块数量为

$$N_z \geqslant \max\{N_1, N_2, N_3\} \tag{2-119}$$

式中，N_z 为实际蓄电池组模块数量。

2.10 纯电动汽车动力性和经济性

2.10.1 纯电动汽车的动力性

电动汽车动力性与内燃机汽车动力性的区别在于产生驱动力的动力源，内燃机汽车的动力源为发动机，电动汽车的动力源为电机。

1. 电机外特性

电动汽车中驱动电机的外特性曲线如图 2-182 所示。该特性曲线分为两个区域：恒转矩区和恒功率区。恒转矩区是从零转速到额定转速，电机的输出转矩恒定，而功率随转速的提高线性增加；恒功率区是从额定转速到最高转速，电机的输出功率恒定，而转矩随转速的提高呈曲线逐渐下降。

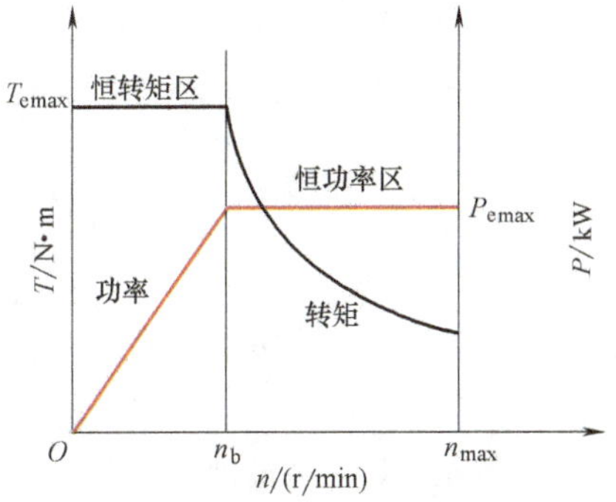

电机输出转矩与转速关系为

$$T_e = \begin{cases} T_c, & n \leqslant n_b \\ \sum_{i=0}^{k} a_i n^i, & n > n_b \end{cases} \tag{2-120}$$

图 2-182 驱动电机的外特性曲线

式中，T_e 为电机输出转矩；T_c 为电机恒转矩；n 为电机转速；n_b 为电机基速；k 为多项式的阶次；a_i 为多项式拟合系数。

电机输出功率为

$$P_e = \frac{T_e n}{9550} \tag{2-121}$$

式中，P_e 为电机输出功率。

为了建立电机外特性的数学模型，需在专门的电动汽车动力测功平台上测试电机的外特性，然后利用 MATLAB 软件对电机外特性试验数据进行拟合，建立电机外特性数学模型。

电机基速可近似表示为

$$n_b = \frac{9550 P_r}{T_r} \tag{2-122}$$

式中，P_r 为电机额定功率；T_r 为电机额定转矩。

电机输出转矩与转速关系可近似表示为

$$T_e = \begin{cases} T_m, & n \leq n_b \\ \dfrac{9550 P_m}{n}, & n > n_b \end{cases} \quad (2\text{-}123)$$

式中，P_m 为电机峰值功率。

2. 电动汽车的驱动力和行驶阻力

电动汽车在行驶过程中，动力蓄电池储存的电能通过控制器输出给驱动电机，电机输出功率，驱动电机产生的转矩经传动系统传给驱动轮。

电动汽车的驱动力为

$$F_t = \frac{T_s i_t \eta_t}{r} \quad (2\text{-}124)$$

式中，F_t 为汽车的驱动力。

在恒功率区，电动汽车的驱动力是电机转速的函数。

电动汽车的行驶阻力包括滚动阻力、空气阻力、坡度阻力和加速阻力，其表达式和燃油汽车的一样，即

$$F_f = mgf\cos\alpha \quad (2\text{-}125)$$

$$F_w = \frac{C_D A v^2}{21.15} \quad (2\text{-}126)$$

$$F_i = mg\sin\alpha \quad (2\text{-}127)$$

$$F_j = \delta m \frac{dv}{dt} \quad (2\text{-}128)$$

式中，F_f 为汽车滚动阻力；F_w 为汽车空气阻力；F_i 为汽车坡度阻力；F_j 为汽车加速阻力。

3. 电动汽车动力性评价指标

电动汽车动力性评价指标和燃油汽车的一样，也是最高车速、加速能力和爬坡能力。

(1) 最高车速 当电动汽车达到最高车速时，电机处于恒功率区运行，汽车的驱动力与行驶阻力（滚动阻力和空气阻力之和）处于平衡状态。求出电动汽车驱动力与行驶阻力曲线的交点，即可得出最高车速。

(2) 加速能力 电动汽车的行驶加速度为

$$a_j = \frac{F_t - (F_f + F_w)}{\delta m} \quad (2\text{-}129)$$

电动汽车从静止起步全力加速至车速 u_a 的加速时间为

$$t = \int_0^{u_a} \frac{\delta m}{3.6[F_t - (F_f + F_w)]} du \quad (2\text{-}130)$$

(3) 爬坡能力 电动汽车爬坡度为

$$i_\alpha = \tan\left[\arcsin\frac{F_t-(F_f+F_w)}{mg}\right] \tag{2-131}$$

2.10.2 纯电动汽车的经济性

1. 电动汽车经济性评价指标

电动汽车与燃油汽车在驱动系统、动力源方面存在质的差别，由此导致这两种车辆在经济性评价指标、评价方法上存在很大的差异。动力蓄电池作为纯电动汽车唯一的动力源，其能量存储密度不能达到燃油的水平，致使车辆续驶里程短，因此降低能量消耗率、提高能耗经济性对电动汽车更加重要。

电动汽车经济性评价指标主要是以一定的车速或循环行驶工况为基础，以车辆行驶一定里程的能量消耗量来衡量，主要有续驶里程和单位里程能量消耗率。

(1) 续驶里程 续驶里程是电动汽车蓄电池组充满电后可连续行驶的里程，可以分为等速工况续驶里程和循环工况续驶里程。等速工况续驶里程是指电动汽车在良好的水平路面上一次充满电后等速行驶直至消耗掉全部携带的电能为止所行驶的里程；循环工况续驶里程是指充满电后，基于一定的运动工况需求进行行驶，其所能实现的最大的行驶里程。

电动汽车 NEDC（新欧洲驾驶循环）循环工况由 4 个市区循环和 1 个市郊循环组成，理论试验距离为 11.022km，试验时间为 19min40s，如图 2-183 所示。图中①代表市区循环；②代表市郊循环；③代表基本的市区循环。

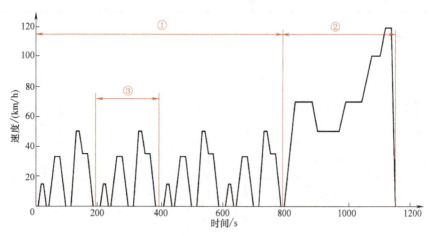

图 2-183 电动汽车 NEDC 循环工况

市区基本循环如图 2-184 所示。
市区基本循环试验参数见表 2-10。

表 2-10 市区基本循环试验参数

运转次序	操作状态	工况序号	加速度/(m/s^2)	速度/(km/h)	操作时间/s	工况时间/s	累计时间/s
1	停车	1	0.00	0	11	11	11

（续）

运转次序	操作状态	工况序号	加速度/(m/s²)	速度/(km/h)	操作时间/s	工况时间/s	累计时间/s
2	加速	2	1.04	0→15	4	4	15
3	等速	3	0.00	15	8	8	23
4	减速	4	-0.83	15→0	5	5	28
5	停车	5	0.00	0	21	21	49
6	加速	6	0.69	0→15	6	12	55
7	加速	6	0.79	15→32	6	12	61
8	等速	7	0.00	32	24	24	85
9	减速	8	-0.81	32→0	11	11	96
10	停车	9	0.00	0	21	21	117
11	加速	10	0.69	0→15	6	26	123
12	加速	10	0.51	15→35	11	26	134
13	加速	10	0.46	35→50	9	26	143
14	等速	11	0.00	50	12	12	155
15	减速	12	-0.52	50→35	8	8	163
16	等速	13	0.00	35	15	15	178
17	减速	14	-0.97	35→0	10	10	188
18	停车	15	0.00	0	7	7	195

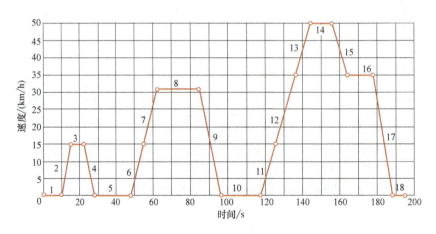

图 2-184 市区基本循环

一个市区基本循环时间为195s，其中停车60s，占30.77%；加速42s，占21.54%；等速59s，占30.26%；减速34s，占17.44%。一个市区基本循环的理论行驶距离为1017m；平均车速为18.77km/h。

市郊循环如图2-185所示。

市郊循环试验参数见表2-11。

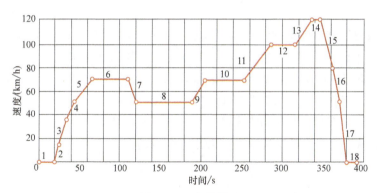

图 2-185 市郊循环

表 2-11 市郊循环试验参数

运转次序	操作状态	工况序号	加速度/(m/s²)	速度/(km/h)	操作时间/s	工况时间/s	累计时间/s
1	停车	1	0.00	0	20	20	20
2	加速	2	0.69	0→15	6	41	26
3	加速		0.51	15→35	11		37
4	加速		0.42	35→50	10		47
5	加速		0.40	50→70	14		61
6	等速	3	0.00	70	50	50	111
7	减速	4	-0.69	70→50	8	8	119
8	等速	5	0.00	50	69	69	188
9	加速	6	0.43	50→70	13	13	201
10	等速	7	0.00	70	50	50	251
11	加速	8	0.24	70→100	35	35	286
12	等速	9	0.00	100	30	30	316
13	加速	10	0.28	100→120	20	20	336
14	等速	11	0.00	120	10	10	346
15	减速	12	-0.69	120→80	16	34	362
16	减速		-1.04	80→50	8		370
17	减速		-1.39	50→0	10		380
18	停车	13	0.00	0	20	20	400

一个市郊循环时间是 400s，其中停车 40s，占 10%；加速 109s，占 27.25%；等速 209s，占 52.25%；减速 42s，占 10.50%。一个市郊循环的理论行驶距离是 6956m；平均车速为 62.60km/h。

续驶里程对于综合评价电动汽车的蓄电池组、电机及传动效率、电动汽车实用性具有积极意义。但此指标与电动汽车蓄电池组装车容量及电池水平有关，在不同车型和装配不同容量蓄电池组的同种车型间不具有可比性。即使装配相同容量同种蓄电池的同一车型，续驶里程也受到蓄电池组状态、天气、环境因素等使用条件影响而有一定的波动。

（2）单位里程能量消耗率 单位里程能量消耗率又可分为单位里程电网交流电能量消耗率和蓄电池组直流电能量消耗率，其中交流电能量消耗率受到不同类型充电设备的效率影响；直流电能量消耗率仅以车载蓄电池组的能量状态作为标准，脱离了充电机的影响，可以比较直接地反映电动汽车的实际性能。

交流电能量消耗率是指电动汽车经过规定的试验循环后对动力蓄电池重新充电至试验前的容量，从电网得到的电能除以续驶里程所得的值，即

$$E = \frac{W}{S} \tag{2-132}$$

式中，E 为电动汽车单位里程能量消耗率；W 为蓄电池在充电期间从电网获得的能量；S 为试验期间电动汽车所能行驶的总距离，即续驶里程。

交流电能量消耗率评价指标不仅与电动汽车本身经济性有关，还受电网、充电设备等影响，因此，也可以选择以动力蓄电池组的直流电能量消耗率作为评价指标。

2. 电动汽车单位里程能量消耗率

电动汽车单位里程能量消耗率为

$$E_p = \frac{\int_0^{t_0} P_e \mathrm{d}t}{S} \tag{2-133}$$

式中，E_p 为电动汽车单位里程能量消耗率；P_e 为汽车工况行驶的功率需求；t_0 为工况行驶时间；S 为工况行驶的距离。

工况分为加速工况、等速工况、减速工况和驻车工况。

（1）加速工况单位里程能量消耗率 汽车在平坦路面上加速行驶所需的功率为

$$P_j = \frac{v(t)}{3600\eta_t}\left[mgf + \frac{C_D A v^2(t)}{21.15} + \delta m a_j\right] \tag{2-134}$$

式中，P_j 为汽车加速工况行驶所需的功率；$v(t)$ 为汽车行驶速度；a_j 为汽车加速度。

汽车行驶速度为

$$v(t) = v_0 + 3.6 a_j t \tag{2-135}$$

式中，v_0 为加速初始速度；t 为加速时间。

汽车加速工况行驶的距离为

$$S_j = \frac{v_j^2 - v_0^2}{25920 a_j} \tag{2-136}$$

式中，v_j 为加速终了速度。

汽车加速时间为

$$t = \frac{v_j - v_0}{3.6 a_j} \tag{2-137}$$

电动汽车加速工况单位里程能量消耗率为

$$E_j = \frac{1}{\eta_t}\left[\frac{C_D A}{2 \times 21.15}(v_j^2 + v_0^2) + (mgf + \delta m a_j)\right] \tag{2-138}$$

可以看出，电动汽车加速工况单位里程能量消耗率是加速段初始速度和终了速度平方和的函数，在平均速度相同的情况下，加速段初始速度平方和小的能耗低。提高初始速度和增加速度间隔，单位里程能量消耗率都将增加。

（2）**等速工况单位里程能量消耗率** 汽车在平坦道路上等速行驶所需的功率为

$$P_\mathrm{d} = \frac{v_0}{3600\eta_\mathrm{t}}\left(mgf + \frac{C_\mathrm{D}Av_0^2}{21.15}\right) \tag{2-139}$$

汽车等速工况行驶的距离为

$$S_\mathrm{d} = v_0 t_0 \tag{2-140}$$

电动汽车等速工况单位里程能量消耗率为

$$E_\mathrm{d} = \frac{1}{3600\eta_\mathrm{t}}\left(\frac{C_\mathrm{D}Av_0^2}{21.15} + mgf\right) \tag{2-141}$$

可以看出，电动汽车等速工况单位里程能量消耗率是速度平方的函数，提高行驶速度，单位里程能量消耗率将增加。

（3）**减速工况单位里程能量消耗率** 电动汽车减速工况行驶包含两种情况，一种是滑行减速或无再生制动功能下的制动减速，此时电机处于关断状态，电能输出为零，电动汽车单位里程能量消耗率为零；另一种是有再生制动功能下的制动减速，此时车轮拖动电机，电机处于发电机工作状态，电动汽车能量消耗为负，即动力蓄电池处于充电工作状态。

汽车减速工况行驶的距离为

$$S_\mathrm{b} = \frac{v_{\mathrm{b}0}^2 - v_{\mathrm{b}j}^2}{25920 a_\mathrm{j}} \tag{2-142}$$

式中，$v_{\mathrm{b}0}$ 为减速初速度；$v_{\mathrm{b}j}$ 为减速终了速度。

（4）**驻车工况单位里程能量消耗率** 对于驻车工况，电机处于关断状态，电动汽车单位里程能量消耗率为零。

因此，电动汽车能量消耗主要发生在加速和等速工况，减速和驻车阶段能量消耗可忽略不计。

（5）**循环工况单位里程能量消耗率** 电动汽车 NEDC 循环工况的单位里程能量消耗率为

$$E = \frac{E_\mathrm{j}S_\mathrm{j} + E_\mathrm{d}S_\mathrm{d}}{S_\mathrm{j} + S_\mathrm{d} + S_\mathrm{b}} \tag{2-143}$$

3. 电动汽车续驶里程

电动汽车续驶里程分为等速行驶工况续驶里程和循环行驶工况续驶里程。

（1）**等速行驶工况续驶里程建模** 电动汽车在平坦道路上等速行驶时所需的功率见式（2-139）。

动力蓄电池携带的总能量为

$$E = Q_\mathrm{m} U_\mathrm{e} \tag{2-144}$$

式中，E 为蓄电池组携带的总能量；Q_m 为蓄电池组容量；U_e 为蓄电池组额定电压。

电动汽车等速工况续驶里程为

$$S_{\mathrm{d}}=\frac{Ev_0}{1000P_{\mathrm{d}}}\eta_{\mathrm{e}} \tag{2-145}$$

式中，S_{d} 为电动汽车等速工况续驶里程；η_{e} 为电池放电效率。

（2）循环行驶工况续驶里程建模 电动汽车行驶工况主要包括等速、加速、减速、驻车，分别建立这些工况下的电动汽车续驶里程数学模型。

1) 等速工况。电动汽车在平坦道路上等速行驶所需的功率见式（2-139）。

电动汽车等速工况行驶里程见式（2-140）。

等速工况动力蓄电池所消耗的能量为

$$E_{\mathrm{d}}=\frac{1000P_{\mathrm{d}}S_{\mathrm{d}}}{v_0\eta_{\mathrm{e}}} \tag{2-146}$$

2) 加速工况。电动汽车在平坦道路上加速行驶所需的功率见式（2-134）。

电动汽车加速工况行驶速度见式（2-135）。

电动汽车加速工况行驶里程见式（2-136）。

加速工况动力蓄电池所消耗的能量为

$$E_{\mathrm{j}}=\frac{1000P_{\mathrm{j}}S_{\mathrm{j}}}{v(t)\eta_{\mathrm{e}}} \tag{2-147}$$

3) 减速工况。电动汽车减速行驶包含两种情况，一种是滑行减速或无再生制动功能下的制动减速，此时电机处于关断状态，电能输出为零，动力蓄电池消耗的能量为零；另一种是有再生制动功能下的制动减速，此时车轮拖动电机，电机处于发电机工作状态，动力蓄电池消耗的能量为负，即动力蓄电池处于充电工作状态。

4) 驻车工况。驻车工况的电机处于关断状态，动力蓄电池消耗的能量为零。

因此，动力蓄电池能量消耗主要发生在加速和等速工况，减速和停车阶段能量消耗可忽略不计，并且不考虑制动能量回收。

动力蓄电池携带的总能量见式（2-144）。

一个 NEDC 循环工况的行驶里程为

$$S_1=\sum_{i=1}^{k}S_i \tag{2-148}$$

式中，S_1 为一个 NEDC 循环工况的行驶里程；S_i 为每个状态行驶的距离；k 为电动汽车能够完成的状态总数。

一个 NEDC 循环工况动力蓄电池所消耗的能量为

$$E_1=\sum_{i=1}^{k}E_i \tag{2-149}$$

式中，E_1 为一个 NEDC 循环工况动力蓄电池所消耗的能量；E_i 为每个状态动力蓄电池所消耗的能量。

电动汽车循环工况续驶里程为

$$S=\frac{S_1E}{E_1} \tag{2-150}$$

式中，S 为电动汽车循环工况续航里程。

2.11 纯电动汽车仿真实践

2.11.1 纯电动汽车传动系统参数匹配仿真

纯电动汽车传动系统匹配所需参数见表 2-12。

表 2-12 纯电动汽车传动系统匹配所需参数

整车质量/kg	滚动阻力系数	空气阻力系数	迎风面积/m²	车轮半径/m
1500	0.012	0.33	2.16	0.281
旋转质量换算系数	传动系统效率	主减速器传动比	汽车质心至后轴距离/m	汽车轴距/m
1.05(一档),1.27(二档)	0.92	4.55	1.6	2.8

纯电动汽车设计目标如下：
1) 最高车速不低于 120km/h。
2) 车速为 20km/h 的最大爬坡度不低于 20°。
3) 0—100km/h 加速时间为 14s。

1. 匹配驱动电机参数

利用驱动电机功率需求数学模型，建立驱动电机功率需求仿真模型，如图 2-186 所示。

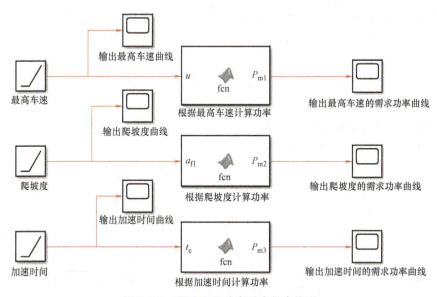

图 2-186 驱动电机功率需求仿真模型

运行驱动电机功率需求仿真模型，就会得到根据电动汽车最高车速、最大爬坡度和加速时间所需求的电机功率曲线。

图 2-187 所示为最高车速-电机功率曲线。可以看出，最高车速越高，需求的电机功率越大。满足最高车速 120km/h 所需的电机功率 $P_{m1} = 23.98$kW。

图 2-188 所示为爬坡度-电机功率曲线。可以看出，最大爬坡度越大，所需的电机功率越大。以 20km/h 速度爬 20°坡时所需的电机功率 $P_{m2} = 30.34$kW。

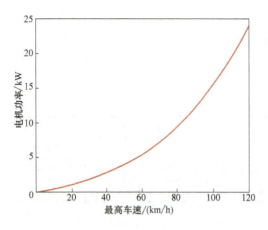

图 2-187 最高车速-电机功率曲线

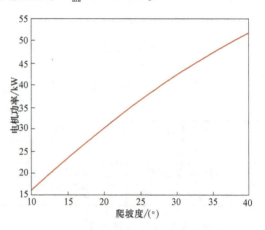

图 2-188 爬坡度-电机功率曲线

图 2-189 所示为加速时间-电机功率曲线。可以看出，加速时间越短，所需的电机功率越大；满足加速时间 14s 所需的电机功率 $P_{m3} = 54.8$kW。

本示例选择的电机类型为永磁同步电机，其峰值功率取 55kW，过载系数取 2.5，额定功率为 22kW。

利用驱动电机转速数学模型，建立驱动电机最高转速仿真模型，如图 2-190 所示。

运行驱动电机最高转速仿真模型，就会得到电机最高转速与最高车速、传动比的关系曲线。

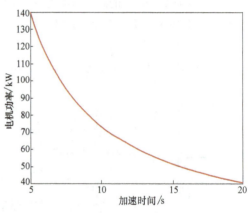

图 2-189 加速时间-电机功率曲线

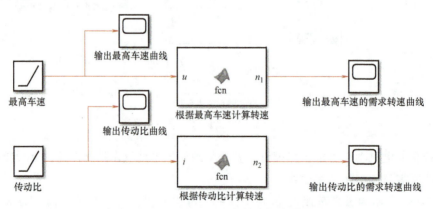

图 2-190 驱动电机最高转速仿真模型

图 2-191 所示为电机最高转速-最高车速曲线。可以看出，最高车速越高，电机最高转速越高。

图 2-192 所示为电机最高转速-传动比曲线。可以看出，传动比越大，电机最高转速越高。

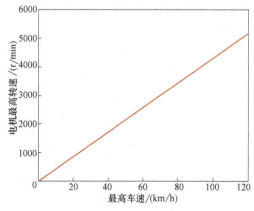

图 2-191　电机最高转速-最高车速曲线　　图 2-192　电机最高转速-传动比曲线

电机的最高转速取 8000r/min，额定转速取 3000r/min。

电机的额定转矩为 70N·m，峰值转矩取 175N·m。

电机电压选择 336V。

综上所述，驱动电机匹配参数见表 2-13。

表 2-13　驱动电机匹配参数

参数名称	参数值	参数名称	参数值
额定功率/kW	22	额定转速/(r/min)	3000
峰值功率/kW	55	最高转速/(r/min)	8000
额定转矩/N·m	70	额定电压/V	336
峰值转矩/N·m	175		

2. 匹配二档变速器传动比

利用变速装置传动比匹配数学模型，计算一档传动比范围为 $1.93 \leqslant i_{g1} \leqslant 2.26$；二档传动比范围为 $1.15 \leqslant i_{g2} \leqslant 1.55$，可以选择一档传动比为 1.98，二档传动比为 1.15。

2.11.2　纯电动汽车动力性仿真实践

纯电动汽车动力性仿真所需参数见表 2-14。

表 2-14　纯电动汽车动力性仿真所需参数

整车质量/kg	车轮滚动半径/m	迎风面积/m²	总传动比
1575	0.318	2.5	8.3
峰值功率/kW	峰值转矩/N·m	额定功率/kW	额定转矩/N·m
70	210	35	105
传动系统效率	空气阻力系数	滚动阻力系数	旋转质量换算系数
0.9	0.3	0.012	1.1

1. 建立电动汽车动力性仿真模型

根据表 2-14 中相关数据,可求得电机基速约为 3183r/min。

电动汽车动力性仿真模型如图 2-193 所示。

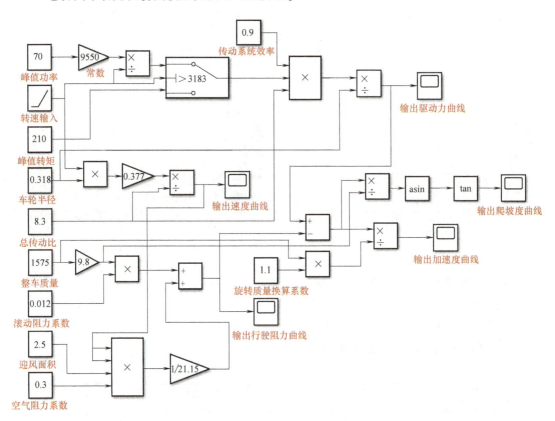

图 2-193　电动汽车动力性仿真模型

2. 绘制电动汽车动力性仿真曲线

运行电动汽车动力性仿真模型,可以得到电动汽车驱动力-行驶阻力平衡图,如图 2-194 所示。驱动力曲线和行驶阻力曲线的交点所对应的车速,即为最高车速,约为 176km/h。

电动汽车加速度曲线如图 2-195 所示。

电动汽车爬坡度曲线如图 2-196 所示。可以看出,最大爬坡度为 32.3%。

电动汽车驱动电机的外特性特征是低速区恒转矩输出,高速区恒功率输出,电机本身具有很宽的工作范围,基本不必通过变速机构即可提供汽车正常行驶所需的动力性能,因此绘制出来的电动汽车驱动力-行驶阻力平衡图、加速度曲线图以及爬坡度曲线图比燃油汽车的简单。

假设电动汽车改用二档变速器,其中一档传动比为 1.824,二档传动比为 1,主减速器传动比为 4.55,其他参数不变,则将电动汽车动力性仿真模型中的总传动比改为 [8.3, 4.55]。

运行修改后的电动汽车动力性仿真模型,可以得到二档变速器电动汽车驱动力-行驶阻力平衡图，如图 2-197 所示。

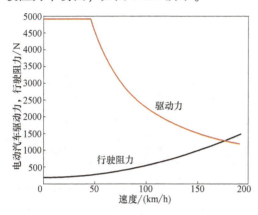

图 2-194　电动汽车驱动力-行驶阻力平衡图

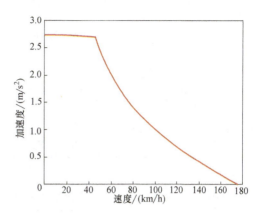

图 2-195　电动汽车加速度曲线

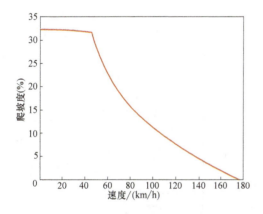

图 2-196　电动汽车爬坡度曲线

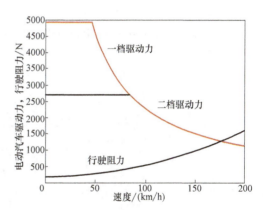

图 2-197　二档变速器电动汽车驱动力-行驶阻力平衡图

二档变速器电动汽车加速度曲线如图 2-198 所示。

二档变速器电动汽车爬坡度曲线如图 2-199 所示。

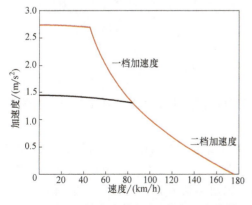

图 2-198　二档变速器电动汽车加速度曲线

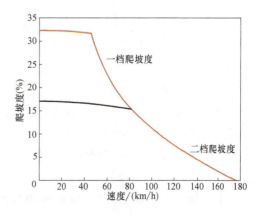

图 2-199　二档变速器电动汽车爬坡度曲线

2.11.3 纯电动汽车经济性仿真实践

纯电动汽车经济性仿真所需参数见表2-15。

表2-15 纯电动汽车经济性仿真所需参数

整车质量/kg	滚动阻力系数	空气阻力系数	迎风面积/m²
1200	0.012	0.28	2.0
车轮半径/m	电机效率	机械传动效率	电池放电效率
0.3	0.9	0.92	0.95
旋转质量换算系数	蓄电池组容量/A·h	蓄电池组额定电压/V	—
1.1	100	320	—

1. 电动汽车能量消耗仿真

(1) **等速工况百公里能量消耗量** 等速工况百公里能量消耗量仿真模型如图2-200所示。

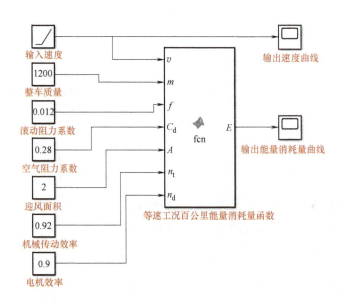

图2-200 等速工况百公里能量消耗量仿真模型

运行等速工况百公里能量消耗量仿真模型，可以得到电动汽车等速工况百公里能量消耗量曲线，如图2-201所示。

(2) **循环工况百公里能量消耗量** 循环工况百公里能量消耗量仿真模型如图2-202所示。

运行循环工况百公里能量消耗量仿真模型，输出结果为 $E_1 = 12.97$。

即该电动汽车NEDC循环工况百公里能量消耗量为12.97kW·h/100km。

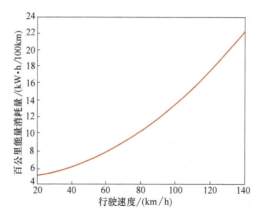

图 2-201 电动汽车等速工况百公里能量消耗量

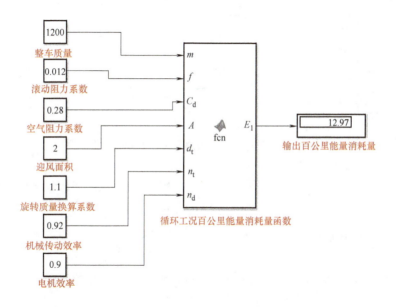

图 2-202 循环工况百公里能量消耗量仿真模型

2. 电动汽车续驶里程仿真

(1) 等速工况电动汽车续驶里程仿真及影响因素分析

1) 蓄电池组容量的影响。等速工况电动汽车续驶里程仿真模型如图 2-203 所示。

运行等速工况电动汽车续驶里程仿真模型,可以得到不同蓄电池组容量下的电动汽车等速工况续驶里程曲线,如图 2-204 所示。可以看出,电池容量越大,续驶里程越长;车速越高,续驶里程越短。

2) 汽车质量的影响。在等速工况电动汽车续驶里程仿真模型中,修改汽车质量和蓄电池组容量,再运行等速工况电动汽车续驶里程仿真模型,可以得到不同汽车质量下的电动汽车等速工况续驶里程曲线,如图 2-205 所示。可以看出,电动汽车整车质量越小,续驶里程越长。因此,应该采用轻量化技术,降低整车质量,延长续驶里程。

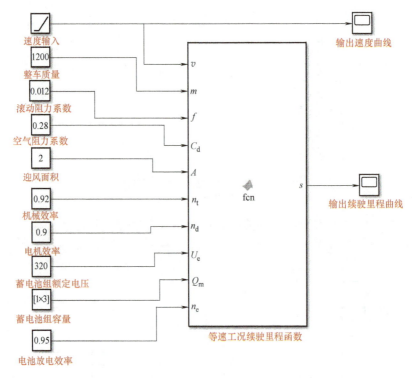

图 2-203 等速工况电动汽车续驶里程仿真模型

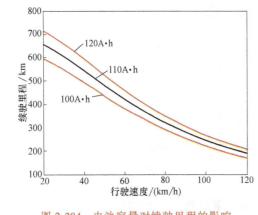

图 2-204 电池容量对续驶里程的影响

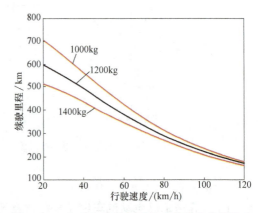

图 2-205 电动汽车整车质量对续驶里程的影响

3）滚动阻力系数的影响。在等速工况电动汽车续驶里程仿真模型中，修改滚动阻力系数和蓄电池组容量，再运行等速工况电动汽车续驶里程仿真模型，可以得到不同滚动阻力系数下的电动汽车等速工况续驶里程曲线，如图 2-206 所示。可以看出，滚动阻力系数越小，续驶里程越长。因此，应该采用滚动阻力小的轮胎，延长续驶里程。

4）空气阻力系数的影响。在等速工况电动汽车续驶里程仿真模型中，修改空气阻力系数和蓄电池组容量，再运行等速工况电动汽车续驶里程仿真模型，可以得到不同空气阻力系数下的电动汽车等速工况续驶里程曲线，如图 2-207 所示。可以看出，空气阻力系数越小，续驶里程越长。因此，应该优化电动汽车造型设计，降低空气阻力系数，延长续驶里程。

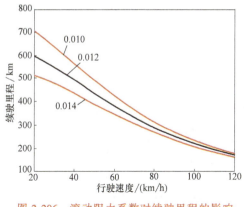

图 2-206　滚动阻力系数对续驶里程的影响　　图 2-207　空气阻力系数对续驶里程的影响

5）电机效率的影响。在等速工况电动汽车续驶里程仿真模型中，修改电机效率和蓄电池组容量，再运行等速工况电动汽车续驶里程仿真模型，可以得到不同电机效率下的电动汽车等速工况续驶里程曲线，如图 2-208 所示。可以看出，电机效率越高，续驶里程越长。因此，应该提高电机效率，延长续驶里程。

6）机械传动效率的影响。在等速工况电动汽车续驶里程仿真模型中，修改机械传动效率和蓄电池组容量，再运行等速工况电动汽车续驶里程仿真模型，可以得到不同机械传动效率下的电动汽车等速工况续驶里程曲线，如图 2-209 所示。可以看出，机械传动效率越高，续驶里程越长。因此，应该提高机械传动效率，延长续驶里程。

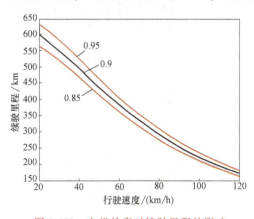

图 2-208　电机效率对续驶里程的影响　　图 2-209　机械传动效率对续驶里程的影响

7）电池放电效率的影响。在等速工况电动汽车续驶里程仿真模型中，修改电池放电效率和蓄电池组容量，再运行等速工况电动汽车续驶里程仿真模型，可以得到不同电池放电效率下的电动汽车等速工况续驶里程曲线，如图 2-210 所示。可以看出，电池放电效率越高，续驶里程越长。因此，应该提高电池放电效率，延长续驶里程。

（2）循环工况电动汽车续驶里程仿真及影响因素分析

1）汽车质量的影响。循环工况电动汽车续驶里程仿真模型如图 2-211 所示。运行循环工况电动汽车续驶里程仿真模型，可以得到续驶里程与汽车质量的关系曲

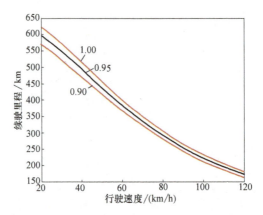

图 2-210 电池放电效率对续驶里程的影响

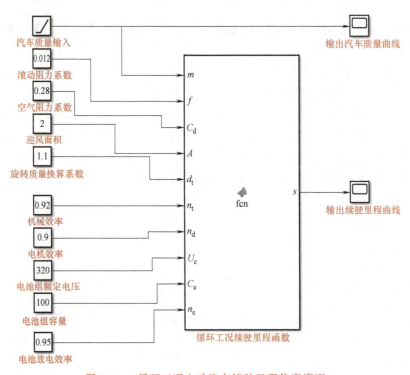

图 2-211 循环工况电动汽车续驶里程仿真模型

线,如图 2-212 所示。可以看出,整车质量越大,续驶里程越短,可采用轻量化技术降低整车质量,提高续驶里程。

2)滚动阻力系数的影响。在循环工况电动汽车续驶里程仿真模型中,修改汽车质量和滚动阻力系数,再运行循环工况电动汽车续驶里程仿真模型,可以得到续驶里程与滚动阻力系数的关系曲线,如图 2-213 所示。可以看出,滚动阻力系数越小,续驶里程越长。因此,应该采用滚动阻力小的轮胎,延长续驶里程。

3)空气阻力系数的影响。在循环工况电动汽车续驶里程仿真模型中,修改汽车质量和空气阻力系数,再运行循环工况电动汽车续驶里程仿真模型,可以得到续驶里程与空气阻力系数的关系曲线，如图2-214所示。可以看出，空气阻力系数越小，续驶里程越长。因此，应该优化电动汽车造型设计，降低空气阻力系数，延长续驶里程。

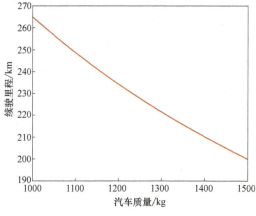

图 2-212　续驶里程与汽车质量的关系曲线　　　图 2-213　续驶里程与滚动阻力系数的关系曲线

4）机械传动效率的影响。在循环工况电动汽车续驶里程仿真模型中，修改汽车质量和机械传动效率，再运行循环工况电动汽车续驶里程仿真模型，可以得到续驶里程与机械传动效率的关系曲线，如图2-215所示。可以看出，机械传动效率越高，续驶里程越长。

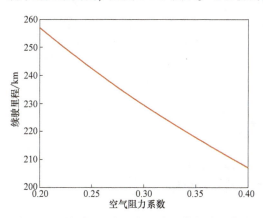
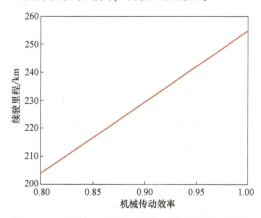

图 2-214　续驶里程与空气阻力系数的关系曲线　　　图 2-215　续驶里程与机械传动效率的关系曲线

5）电机效率的影响。在循环工况电动汽车续驶里程仿真模型中，修改汽车质量和电机效率，再运行循环工况电动汽车续驶里程仿真模型，可以得到续驶里程与电机效率的关系曲线，如图2-216所示。可以看出，电机效率越高，续驶里程越长。

6）电池放电效率的影响。在循环工况电动汽车续驶里程仿真模型中，修改汽车质量和电池放电效率，再运行循环工况电动汽车续驶里程仿真模型，可以得到续

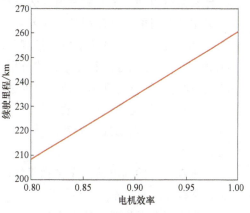

图 2-216　续驶里程与电机效率的关系曲线

驶里程与电池放电效率的关系曲线,如图 2-217 所示。可以看出,电池放电效率越高,续驶里程越长。

7)电池容量的影响。在循环工况电动汽车续驶里程仿真模型中,修改汽车质量和电池容量,再运行循环工况电动汽车续驶里程仿真模型,可以得到续驶里程与电池容量的关系曲线,如图 2-218 所示。可以看出,电池容量越高,续驶里程越长。

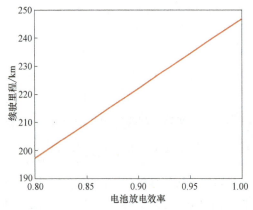

图 2-217　续驶里程与电池放电效率的关系曲线

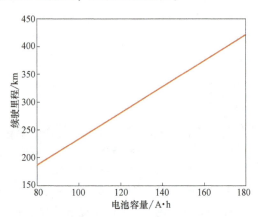

图 2-218　续驶里程与电池容量的关系曲线

练 习 题

一、简答题

1. 纯电动汽车与燃油汽车有什么区别?
2. 纯电动汽车驱动系统的布置形式有哪些?
3. 纯电动汽车的性能参数有哪些?
4. 纯电动汽车主要使用哪种电池?其主要性能指标怎样?
5. 纯电动汽车主要使用哪种电机?其主要性能指标怎样?
6. 电机控制器的主要作用是什么?
7. 纯电动汽车的变速器主要是什么样的?
8. 什么是电驱动系统?其发展趋势是什么?
9. 整车控制器的主要作用是什么?
10. 纯电动汽车高压系统主要包括哪些部件?
11. 电动汽车充电方法和充电方式分别有哪些?
12. 如何匹配纯电动汽车传动系统参数?
13. 如何计算纯电动汽车的动力性?
14. 如何计算纯电动汽车的经济性?

二、实践题

1. 基于动力性的纯电动汽车传动系统匹配及动力性仿真。

本实践具有以下任务:

(1)建立驱动电机匹配数学模型。

(2) 利用 MATLAB/Simulink 匹配驱动电机参数。
(3) 建立二档变速器传动比匹配数学模型。
(4) 利用 MATLAB/Simulink 匹配二档变速器传动比。
(5) 建立纯电动汽车动力性数学模型。
(6) 利用 MATLAB/Simulink 仿真纯电动汽车动力性。

基于动力性的纯电动汽车传动系统匹配仿真所需参数见表 2-16。

表 2-16 基于动力性的纯电动汽车传动系统匹配仿真所需参数

整车质量/kg	滚动阻力系数	空气阻力系数	迎风面积/m^2	车轮半径/m
1500	0.012	0.29	2.0	0.281
旋转质量换算系数	传动系统效率	主减速器传动比	汽车质心至后轴距离/m	汽车轴距/m
1.05(一档),1.27(二档)	0.92	4.55	1.6	2.8

纯电动汽车设计目标如下：
(1) 最高车速不低于 120km/h。
(2) 最大爬坡度不低于 20°。
(3) 百公里加速时间不超过 13s。

2. 基于工况法的纯电动汽车传动系统匹配及性能仿真。

本实践具有以下任务：
(1) 基于工况法匹配驱动电机参数。
(2) 基于工况法匹配动力蓄电池参数。
(3) 利用 MATLAB/Simulink 进行电动汽车动力性仿真。
(4) 利用 MATLAB/Simulink 进行电动汽车循环工况续驶里程仿真。

基于工况法的纯电动汽车传动系统匹配仿真所需参数见表 2-17。

表 2-17 基于工况法的纯电动汽车传动系统匹配仿真所需参数

整车质量/kg	滚动阻力系数	空气阻力系数	迎风面积/m^2	车轮半径/m
1450	0.012	0.28	1.95	0.281
旋转质量换算系数	传动系统效率	电池放电效率	传动系传动比	蓄电池组端电压/V
1.02	0.92	0.95	5.3	320

纯电动汽车设计目标如下：
(1) 最高车速不低于 120km/h。
(2) 工况法续驶里程不低于 300km。
(3) 0—100km/h 加速时间不大于 22s。
(4) 40km/h 行驶通过的最大爬坡度不低于 20%。

3. 电动汽车动力性仿真。

本实践主要有以下任务：
(1) 建立电动汽车动力性数学模型。
(2) 绘制电动汽车动力性仿真曲线。
(3) 分析影响电动汽车动力性的因素。

完成电动汽车动力性仿真所需的基本数据见表 2-18。

表 2-18 电动汽车动力性仿真所需的基本参数

整车质量/kg	车轮半径/m	迎风面积/m²	总传动比
1450	0.281	2.1	8.3
峰值功率/kW	峰值转矩/N·m	额定功率/kW	额定转矩/N·m
70	210	35	105
传动系统效率	空气阻力系数	滚动阻力系数	旋转质量换算系数
0.92	0.29	0.012	1.05

4. 电动汽车等速工况续驶里程仿真。

本实践主要有以下任务：

(1) 建立电动汽车等速工况续驶里程数学模型。

(2) 对电动汽车等速工况续驶里程进行仿真。

(3) 分析影响电动汽车等速工况续驶里程的因素。

电动汽车等速工况续驶里程仿真所需参数见表 2-19。

表 2-19 电动汽车等速工况续驶里程仿真所需参数

整车质量/kg	滚动阻力系数	空气阻力系数	迎风面积/m²	车轮半径/m
1250	0.012	0.29	2.1	0.281
电机效率	机械传动效率	电池放电效率	蓄电池组容量/A·h	蓄电池组额定电压/V
0.9	0.92	0.95	100	320

5. 电动汽车循环工况续驶里程仿真。

本实践主要有以下任务：

(1) 建立电动汽车循环工况续驶里程数学模型。

(2) 对电动汽车循环工况续驶里程进行仿真。

(3) 分析影响电动汽车循环工况续驶里程的因素。

电动汽车循环工况续驶里程仿真所需参数见表 2-20。

表 2-20 电动汽车循环工况续驶里程仿真所需参数

整车质量/kg	滚动阻力系数	空气阻力系数	迎风面积/m²
1350	0.012	0.28	2.0
车轮半径/m	电机效率	机械传动效率	电池放电效率
0.281	0.9	0.92	0.95
旋转质量换算系数	蓄电池组容量/A·h	蓄电池组额定电压/V	
1.1	100	320	—

6. 基于理论的电动汽车动力蓄电池 SOC 仿真。

本实践主要有以下任务：

(1) 建立电动汽车电池等效数学模型和仿真模型。

(2) 建立电池参数辨识的数学模型和仿真模型。

(3) 建立电池 SOC 估算的数学模型。

(4) 利用 MATLAB/Simulink 绘制电池电压拟合曲线。

(5) 利用 MATLAB/Simulink 绘制电池 SOC 估算曲线。

基于理论的电动汽车动力蓄电池 SOC 仿真所需参数见表 2-21。

表 2-21　基于理论的电动汽车动力蓄电池 SOC 仿真所需参数

容量/A·h	下截止电压/V	额定电压/V	上截止电压/V
8	2.5	3.7	4.2

第3章

混合动力电动汽车技术及仿真实践

【教学目标】

通过学习本章，学生能够对混合动力电动汽车技术有全面的了解或掌握；重点掌握串联式、并联式、混联式混合动力电动汽车和增程式电动汽车的组成、工作模式及特点；了解混合动力电动汽车的构型、动力耦合类型；掌握混合动力电动汽车传动系统参数匹配方法和仿真方法。

【教学要求】

知识要点	能力要求	参考学时
概述	掌握混合动力电动汽车的类型；了解混合动力电动汽车的构型	2
串联式混合动力电动汽车	掌握串联式混合动力电动汽车的组成、工作模式和特点	1
并联式混合动力电动汽车	掌握并联式混合动力电动汽车的组成、工作模式和特点	1
混联式混合动力电动汽车	掌握混联式混合动力电动汽车的组成、工作模式和特点	1
增程式电动汽车	掌握增程式电动汽车的组成、工作模式和特点；了解新型增程式电动汽车的技术方案	2
动力耦合类型	了解混合动力电动汽车动力耦合的类型	1
混合动力电动汽车传动系统参数匹配	掌握混合动力电动汽车发动机和驱动电机、机械变速结构传动比和蓄电池参数的匹配方法	2
混合动力电动汽车仿真实践	能够根据混合动力电动汽车设计目标，对混合动力电动汽车的发动机和驱动电机、机械变速结构传动比和蓄电池参数进行匹配仿真	2

3.1 概述

3.1.1 混合动力电动汽车分类

混合动力电动汽车可以按动力系统结构型式、油电混合度及外接充电能力进行分类。

1. 按动力系统结构型式分类

按动力系统结构型式划分,混合动力电动汽车分为串联式混合动力电动汽车、并联式混合动力电动汽车及混联式混合动力电动汽车。

(1) **串联式混合动力电动汽车**(series hybrid electric vehicle,SHEV) 串联式混合动力电动汽车是指发动机动力必须通过电机才能传递到车轮的电动汽车,其动力系统结构如图3-1所示。代表车型有通用的沃蓝达。

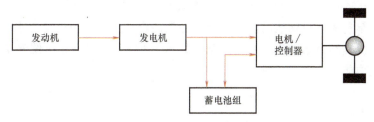

图3-1 串联式混合动力电动汽车的动力系统

串联式混合动力电动汽车完全靠电机驱动,发动机只负责发电。

(2) **并联式混合动力电动汽车**(parallel hybrid electric vehicle,PHEV) 并联式混合动力电动汽车是指发动机和电机转矩均可直接传递到车轮的电动汽车,其动力系统结构如图3-2所示。代表车型有本田CR-Z、别克君越eAssist。

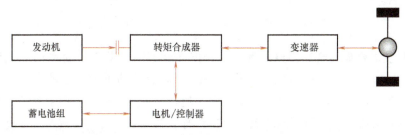

图3-2 并联式混合动力电动汽车的动力系统

并联式混合动力电动汽车靠发动机和电机共同驱动。

(3) **混联式混合动力电动汽车**(parallel series hybrid electric vehicle,PSHEV) 混联式混合动力电动汽车是指既可实现发动机与电机分别控制,车辆靠电机驱动,也可实现发动机与电机共同驱动的电动汽车,其动力系统结构如图3-3所示。代表车型有丰田普锐斯、丰田凯美瑞尊瑞、雷克萨斯CT200h、比亚迪F3DM等。

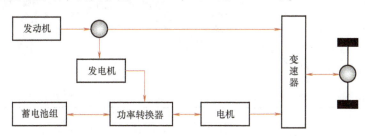

图3-3 混联式混合动力电动汽车的动力系统

2. 按油电混合度划分

混合度是指混合动力电动汽车中的电机峰值功率占动力源总功率（电机峰值功率+发动机峰值功率）的百分比。

按照混合度数值的大小，可以将混合动力电动汽车分为微混合型混合动力电动汽车、轻度混合型混合动力电动汽车和重度混合型混合动力电动汽车。

（1）微混合型混合动力电动汽车　微混合型混合动力电动汽车是以发动机为主要动力源，电机作为辅助动力，具备制动能量回收功能的混合动力电动汽车。微混合型混合动力电动汽车的混合度小于10%，节油率为5%~8%。

仅具有停车怠速停机功能的汽车也可称为微混合型混合动力电动汽车。

微混合型混合动力电动汽车功能示意图如图3-4所示。它是在传统汽车的基础上增加了怠速停机功能。

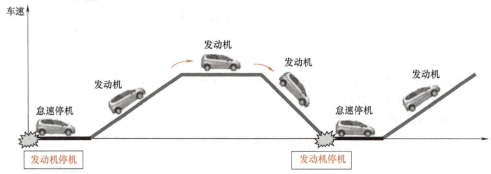

图3-4　微混合型混合动力电动汽车功能示意图

（2）轻度混合型混合动力电动汽车　轻度混合型混合动力电动汽车主要采用集成起动电机（integrated starter and generator, ISG），是以发动机为主要动力源，电机作为辅助动力，在车辆加速和爬坡时，电机可向车辆行驶系统提供辅助驱动力矩，补充发动机本身动力输出的不足，但不能单独驱动车辆行驶的混合动力电动汽车。轻度混合型混合动力电动汽车的混合度大于10%，可以达到30%左右，目前技术比较成熟，应用广泛。本田汽车公司旗下的Insight、雅阁和思域混合动力电动汽车采用并联式结构的轻度混合动力系统。

轻度混合型混合动力电动汽车功能示意图如图3-5所示。它是在传统汽车的基础上

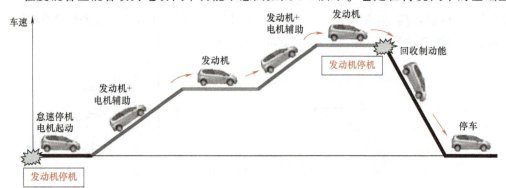

图3-5　轻度混合型混合动力电动汽车功能示意图

增加了怠速起停、加速助力、制动能量回收和行驶（巡航）充电功能；在城市循环工况下节油率可达到20%~30%，目前技术比较成熟，应用广泛。

（3）重度混合型混合动力电动汽车 重度混合型混合动力电动汽车是以发动机和/或电机为动力源，且电机可以独立驱动车辆行驶的混合动力电动汽车。重度混合动力系统一般采用200V以上的高压电机，混合度大于30%，最高可达50%以上，在城市循环工况下节油率可达30%~50%。

重度混合型混合动力电动汽车的特点是动力系统以发动机为基础动力，动力蓄电池为辅助动力，采用的电机功率更为强大，完全可以满足车辆在起步和低速时的动力要求。因此，重度混合车型无论是在起步还是低速行驶状态下都不需要起动发动机，依靠电机就可以完全胜任，在低速时就像一款纯电动汽车。在急加速和爬坡运行工况下车辆需要较大的驱动力时，电机和发动机同时为车辆提供动力。随着电机、电池技术的进步，重度混合动力系统逐渐成为混合动力技术的主要发展方向。丰田普锐斯混合动力电动汽车采用的就是混联式结构的重度混合动力系统。第三代普锐斯Hybrid采用的电机峰值功率达到60kW，峰值转矩达到207N·m，足以推动汽车进行中低速行驶。

重度混合型混合动力电动汽车功能示意图如图3-6所示。它是在传统汽车的基础上增加了怠速起停、加速助力、制动能量回收、行驶（巡航）充电和低速纯电动行驶功能。

图3-6 重度混合型混合动力电动汽车功能示意图

3. 按照外接充电能力划分

按照是否能够外接充电，混合动力电动汽车可分为外接充电型混合动力电动汽车和非外接充电型混合动力电动汽车。

（1）外接充电型混合动力电动汽车 外接充电型混合动力电动汽车是一种被设计成在正常使用情况下从非车载装置中获取电能的混合动力电动汽车。插电式混合动力电动汽车属于此类型。

插电式混合动力电动汽车是可以利用电网对动力蓄电池充电的混合动力电动汽车，如图3-7所示。它可以使用纯电模式驱动车辆行驶，且纯电动行驶里程较长；电能不足时，车辆仍然可以用重度混合模式行驶。插电式混合动力系统的电机功率比纯电动汽车的稍小，动力蓄电池的容量介于重度混合动力系统和纯电动车辆之间。

（2）非外接充电型混合动力电动汽车 非外接充电型混合动力电动汽车是一种被设计成在正常使用情况下从车载燃料中获取全部能量的混合动力电动汽车。油电混合动力电动汽车属于此类型。

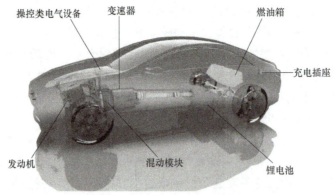

图 3-7　插电式混合动力电动汽车

油电混合动力电动汽车是非插电式混合动力电动汽车，动力主要来自发动机，电机只是一个辅助动力源，纯电续驶能力小。图 3-8 所示为凯美瑞油电混合动力电动汽车。

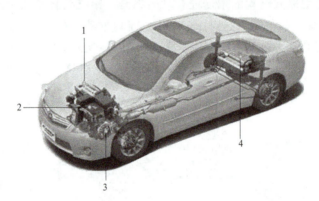

图 3-8　凯美瑞油电混合动力电动汽车

1—发动机　2—DC/AC 变换器　3—永磁同步电机　4—镍氢蓄电池

油电混合动力电动汽车的电池容量很小，仅在起/停、加/减速时供应/回收能量，不能外部充电，不能用纯电模式行驶，属于节能汽车；插电式混合动力电动汽车的电池容量较大，可以外部充电，可以用纯电模式行驶，电池电量耗尽后再以混合动力模式行驶，属于新能源汽车。

常规混合动力电动汽车技术成熟，插电式混合动力电动汽车是发展重点。

3.1.2　混合动力电动汽车的混动构型

混合动力电动汽车的混动构型按照电机的布置位置进行分类，其中 P 的定义就是电机的位置（Position）。对于单电机的混合动力系统，根据电机相对于传统动力系统的位置，可以把单电机混合动力方案分为五大类，分别以 P0、P1、P2、P3、P4 命名，如图 3-9 所示。

P0~P4 构型示意图如图 3-10 所示。

1. P0 构型

P0 构型的电机安装在发动机前端，其通过传动带与发动机曲轴相连，搭载 P0 电机

第3章 混合动力电动汽车技术及仿真实践

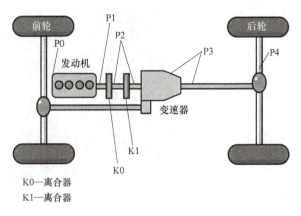

图3-9 混合动力电动汽车的混动构型

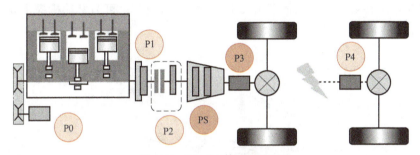

图3-10 P0~P4构型示意图

的车型可以做到在等交通信号灯发动机停机的时候带动空调的机械压缩机运转,实现发动机起停、制动能量回收发电以及辅助动力输出。

P0构型混合动力电动汽车传动系统的布置如图3-11所示。

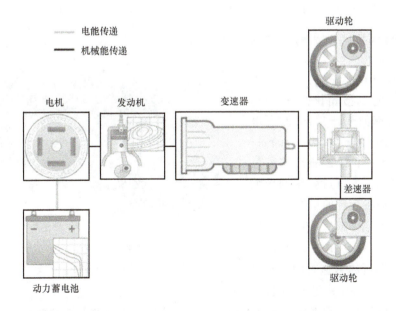

图3-11 P0构型混合动力电动汽车传动系统的布置

图 3-12 所示为吉利的 P0 构型。48V 起发电一体机主要实现快速起停、制动能量回收和辅助转矩三个功能，理论上它可以实现在部分巡航时速下停止发动机工作，并保证需要动力的时候又能快速起动发动机的作用。

图 3-13 所示为博世 48V MHEV（mild hybrid electric vehicle）系统，属于 P0 构型。

图 3-14 所示为奥迪 A8 的 48V MHEV 系统，奥迪 A8 采用该系统，可更好地满足舒适性要求；实现最多可达 12kW 的能量回收；可为发动机提供 60N·m 的转矩助力；综合油耗可降低 0.7L/100km。

图 3-12 吉利的 P0 构型

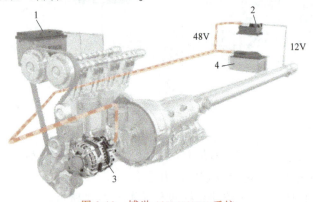

图 3-13 博世 48V MHEV 系统

1—低压蓄电池（12V） 2—DC/DC 变换器 3—电机（电动机和发电机） 4—高压蓄电池（48V）

P0 构型的技术和结构比较简单，应用也相对广泛，自动起停系统就是典型的 P0 构型。与配备自动起停功能的车型相比，P0 构型采用较大功率的带传动起动/发电一体化电机（belt-driven starter/generator，BSG），并配备一块容量更大的蓄电池，能够胜任带动压缩机与辅助发动机运转的工作。

在发动机停机时，P0 构型的电机能够单独带动空调压缩机工作，减少发动机的怠速时间；车辆起步或加速时，P0 构型的电机能够辅助发动机运转，帮助发动机快速摆脱低效工作区间，节油的同时能有效提升驾乘质

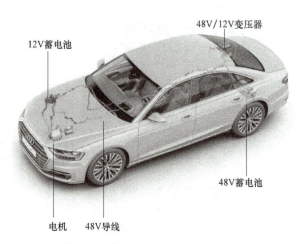

图 3-14 奥迪 A8 的 48V MHEV 系统

感。因为 P0 构型的电机通过串联的方式将动力传递给车轮,所以电机无法直接驱动车轮,也就没有纯电行驶模式。

2. P1 构型

P1 构型的电机位于发动机曲轴上,在发动机后、离合器前,原来飞轮的位置。电机和曲轴转速相等,因此电机需要有较大转矩。P1 构型支持发动机起停、制动能量回收发电和辅助动力输出。目前 P1 构型的使用多以轻度混合型混合动力电动汽车为主。

P1 构型混合动力电动汽车传动系统的布置如图 3-15 所示。

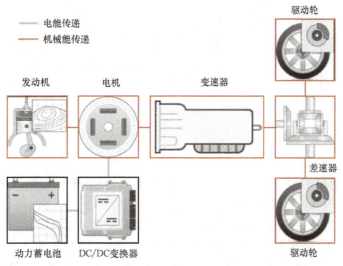

图 3-15　P1 构型混合动力电动汽车传动系统的布置

图 3-16 所示为 P1 构型实物。

本田集成电机辅助(integrated motor assist,IMA)混合系统采用 P1 构型,如图 3-17 所示。P1 构型不能使用纯电动模式。

图 3-16　P1 构型实物

图 3-17　本田 IMA 混合系统

与 P0 构型相比，P1 构型更加紧凑，其电机被整合在发动机外壳内，在设计时需要考虑到发动机的体积、机舱内的布局，因变速器不同需要有相应的设计方案，所以 P1 构型电机的研发和制造成本相对较高。发动机曲轴充当了 P1 构型电机的转子，动力传递效率更高，节油效果好，驾驶性能的提升也更加明显。另外，在下坡路段 P1 构型的电机可通过电磁场调节施加辅助制动力矩，以提升安全性。

P0 构型和 P1 构型的比较如图 3-18 所示。

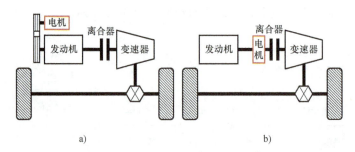

图 3-18　P0 构型和 P1 构型的比较
a）P0 构型　b）P1 构型

虽然 P0 构型和 P1 构型的电机所处位置不同，但只要电机旋转，发动机曲轴就必须旋转，这样电机无法单独驱动车轮，也就没有纯电行驶模式。在动能回收和滑行模式下，也因为必须带动曲轴空转而浪费动能，因发动机随动还增加了噪声和振动。

奔驰推出的 E350 车型采用了代号为 M254 的 2.0T 4 缸发动机，并在电气化改造过程中加入了 48V 轻混技术，其搭载的 ISG 电机最大功率为 12kW，峰值转矩为 180N·m，在汽车起步、加速时缓解了涡轮迟滞的现象，该套系统是典型的 P1 架构。

3. P2 构型

P2 构型的电机位于发动机与变速器之间，因为不必像 P1 构型的电机一样整合在发动机外壳中，所以布置的形式可以更灵活。该构型可在发动机与变速器之间配备 1~2 个离合器，具体可分为以下三种布局方式，如图 3-19 所示。

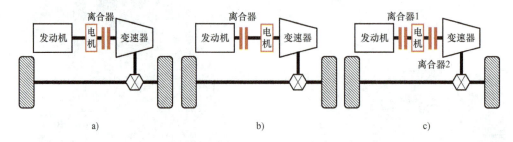

图 3-19　P2 构型 3 种电机的布置形式
a）电机在离合器前　b）电机在离合器后　c）电机在双离合器间

1）电机布置在离合器前的单离合结构，电机起到助力、驻车发电和起动发动机的作用，与 P1 构型相似。

2）电机布置在离合器后的单离合结构，电机可实现单独驱动车辆，制动能量回收发电以及助力。

3)电机布置在双离合结构中间,电机既可单独驱动车辆,还可起动发动机或进行驻车发电。

P2 构型混合动力电动汽车传动系统的布置如图 3-20 所示。

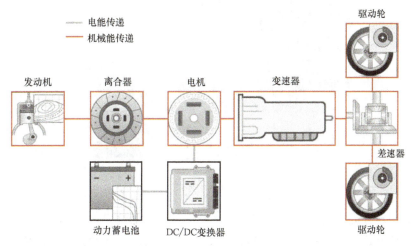

图 3-20 P2 构型混合动力电动汽车传动系统的布置

图 3-21 所示为 P2 构型实物。

P2 构型的兼容性较强,能与所有变速器匹配(包括手动变速器),是目前混合动力车型中应用较为广泛的构型,许多零部件供应商都有成熟的解决方案。博格华纳的 P2 构型电机解决方案如图 3-22 所示,它集成双质量飞轮和发动机分离离合器,可断开离合器,电机直驱车辆,它可在不改变发动机和变速器的情况下将内燃机动力车辆转换成混合动力车型,这意味着车企

图 3-21 P2 构型实物

能够以更少的投资、更短的时间以及更大的灵活性来扩展车辆的动力组合,丰富混合动力车型的产品线。

奥迪 A3 e-tron 的动力系统采用 1.4T FSI 发动机与电机通过离合器串联,同时变速器与电机通过离合器串联,两组动力系统和传动系统为一个整体,共同为车辆提供动力,如图 3-23 所示,它是典型的 P2 构型。它搭载 1.4T 发动机,同时搭载一台最大功率为 75kW 的永磁同步电机;该车动力蓄电池的容量为 8.8kW·h。

P2 构型的发动机、电机与变速器采取串联方式连接,但是可以独立运转,其工作模式如下:

(1) **只靠发动机驱动**   该工作模式适合高速行

图 3-22 博格华纳的 P2 构型电机解决方案

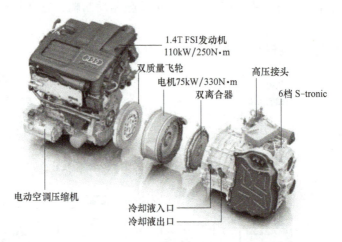

图 3-23　奥迪 A3 e-tron 的动力系统

驶，发动机运转并处于省油工况，双质量飞轮通过离合器绕开电机与双离合器连接，可直接将动力传递给变速器，此时，电机内的转子并不运转，从而减少发动机的负荷。该种工作模式的最大功率为 110kW，最大转矩为 250N·m。

(2) 只靠电机驱动　在纯电动模式下，充满电时，可供车辆行驶 50km。电机运转，电机与发动机间的离合器分离，此时，发动机可以完全处于关闭状态，电机的动力只会传递至变速器。该种工作模式的最大功率为 75kW，最大转矩为 330N·m，满电情况下可提供 50km 的续驶里程，最高时速为 130km/h。

(3) 发动机为蓄电池充电　在该种工作模式下，发动机动力会有所损失，不过驾驶人完全感受不到发动机运转，通过离合器接合，带动电机运转，并将动力传递至变速器，此时，电机变为发电机，产生的电能会为蓄电池充电。据测算，行驶 1h，可以为蓄电池充入可行驶 20km 的电量。

(4) 发动机与电机共同工作　在充满电且装满油的情况下，车辆可以行驶的里程长达 940km。发动机与电机通过离合器接合，可同时将动力传递至变速器，可产生最大功率为 150kW，最大转矩为 350N·m 的动力，百公里加速时间只需 7.6s，综合油耗为 1.5L/100km。

4. P3 构型

P3 构型的电机位于变速器输出端，如图 3-24 所示。P3 构型最主要的优势是可以纯电驱动和动能回收的效率高，急加速的效果非常直接。因为电机无法与变速器或发动机进行整合，需要占用额外的体积，所以 P3 构型比较适合后驱车，有充足的空间予以布置。

与 P0、P1 和 P2 三种构型相比，P3 构型的动力传递路径不经过变速器，纯电驱动和制动能量回收的效率更高，同时还缩短了

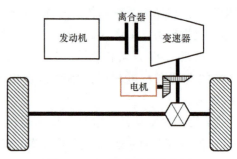

图 3-24　P3 构型的电机布置

变速器的工作时长,有助于延长其使用寿命。但 P3 构型的电机无法实现驻车充电。

P3 构型混合动力电动汽车传动系统的布置如图 3-25 所示。

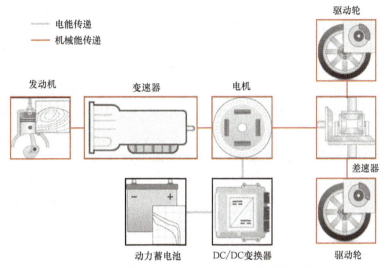

图 3-25　P3 构型混合动力电动汽车传动系统的布置

图 3-26 所示为 P3 构型实物。

P3 构型的代表车型为比亚迪秦 PHEV 车型,该车是以 P3 构型的电机为核心的并联混动,再配合原先的大容量蓄电池,既满足我国对于 PHEV 车型 50km 的纯电续驶能力要求,又能够将发动机和电机性能叠加起来,实现更强的动力输出。

PS 构型(也称 P2.5 构型)是介于 P2 构型和 P3 构型之间的一种混合动力

图 3-26　P3 构型实物

形式,就是将电机整合进入变速器内。相比电机置于发动机输出端的 P1 构型及变速器输入端的 P2 构型,PS 构型在油电衔接瞬时冲击方面更具优势。相比电机置于变速器输出端的 P3 构型,PS 构型可将电机的力矩通过变速器多档位放大,不仅能让电机经济运行区域更广,而且选型时也可以考虑采用功率更小的电机。

图 3-27 所示为 PS 构型实物。电机集成在变速器壳体内部位置,其输出端与变速器输出端形成并联结构。在纯电模式下,电机直接驱动车轮;在混合动力模式下,电机与发动机一同协调工作。

实际应用中被人们称为 P3 构型的混合动力构型,其实往往是 PS 构型,如大

图 3-27　PS 构型实物

众速腾混动、奥迪 A3 e-tron、沃尔沃 T5 前驱混动、比亚迪秦等。使用 PS 构型的方案包含中混、强混、混合策略插电混动以及增程式插电混动等。

5. P4 构型

P4 构型的电机放在后桥上，另外轮边驱动也称为 P4 构型。P4 构型最大的特点是电机与发动机不驱动同一轴，这意味着车辆可以实现四驱。如果混动车型有两个电机，就是 Pxy 构型。例如 WEY P8，在发动机前端与后轴都有电机，属于 P4 构型。

P4 构型大多应用于各种插电混动，或者微混模式，因为不方便纯电驱与纯发动机驱动间的切换，P4 构型强混反而是比较少的。因此，大部分 P4 构型混动采用插电混动，以电机后驱为主，只有在需要更大功率时才起动发动机驱动前轴。

P4 构型混合动力电动汽车传动系统的布置如图 3-28 所示。

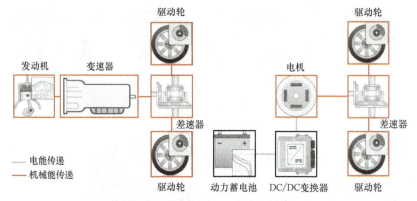

图 3-28 P4 构型混合动力电动汽车传动系统的布置

图 3-29 所示为 P4 构型实物。

P0~P4 构型的比较见表 3-1。

单一构型的电机或多或少都存在缺点，因而一般将两种或两种以上构型的电机组合成为最优的解决方案。在 P3 构型或 P4 构型的车型上，为了执行发动机起停、发电功能，有必要为发动机安装另一台电机，因此许多混合动力车型都有两台电机，形成了 Px+Py 的组合构型。

图 3-29 P4 构型实物

表 3-1 P0~P4 构型的比较

电机布置方式	作 用	特 点
P0 构型（BSG 电机）	自动起停，转矩辅助，制动能量回收	成本低
P1 构型（ISG 电机）	自动起停，转矩辅助，制动能量回收	成本较低
P2 构型	转矩辅助，制动能量回收	短距离纯电驱动，成本低
PS 构型	转矩辅助，制动能量回收，纯电驱动	体积小，效率高
P3 构型	转矩辅助，制动能量回收，纯电驱动	功率转矩大，效率高
P4 构型	转矩辅助，制动能量回收，纯电驱动	功率转矩大，适合四驱

沃尔沃第一代插电式混合动力（PHEV）技术便应用于 S60 PHEV 车型上，采用 P0+P4 构型，由 1 台位于发动机前端功率为 15kW 的 BSG 电机和 1 台布置于后驱动桥的 50kW 永磁同步电机组成；沃尔沃第二代 PHEV 技术应用于 XC90 PHEV 车型上，采用 P1+P4 构型，由 1 台功率为 35kW 的 ISG 电机加上布置于后驱动桥的 60kW 永磁同步电机组成；沃尔沃第三代 PHEV 技术采用发动机匹配 P2 构型的电机所组成的混合动力总成。

沃尔沃 S60 T8 混合动力总成如图 3-30 所示，前轴配置了 233kW、400N·m 的发动机及变速器集成电机，具备起停控制、发电、助力 3 种功能，同时后轴装配了最大功率为 65kW 的电机。T8 混合动力总成系统最高输出可达 298kW、640N·m，属于 P1+P4 构型的混合动力总成。

搭载的第三代 DM3 系统的比亚迪唐如图 3-31 所示，它不限于

图 3-30　沃尔沃 S60 T8 混合动力总成

a)

b)

图 3-31　搭载第三代 DM3 系统的比亚迪唐
a）整车　b）混合动力系统

一种构型，共呈现三种不同的动力构型，分别为P0+P3（前驱）、P0+P4（双擎四驱）、P0+P3+P4（三擎四驱），可外插电。搭载前电机、后电机和BSG电机，其中BSG电机不直接参与驱动，但其兼顾了起动发动机和发电的功能。该电机的强大之处在于它能够为发动机进行调速，可以让发动机起动后迅速达到最佳工况转速，使其长期处于高效运转区间，减少能量损耗。

DM3系统有以下5种工作模式：

（1）**纯电驱动模式** DM3系统的纯电驱动模式如图3-32所示，没有速度限制，也就是说全工况下都可以使用。此时2.0T发动机停止工作，两台电机分别驱动前、后轮，纯电最大功率为290kW，最大转矩为630N·m。

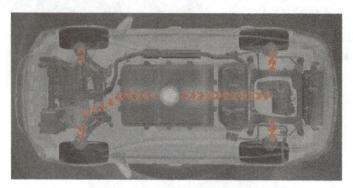

图3-32 DM3系统的纯电驱动模式

（2）**并联驱动模式** 并联驱动模式如图3-33所示，前、后电机和2.0T发动机在该模式下将实现"三擎合力"，输出最大为441kW的总功率和950N·m的转矩，百公里加速时间可达4.3s。

（3）**串联驱动模式** 串联驱动模式也就是常说的"增程式混合动力"，如图3-34所示，在SOC值较低时，处于市区起停频繁的路况，可以有效实现车辆增程：发动机带动BSG电机高效发电，驱动电机驱动车辆。

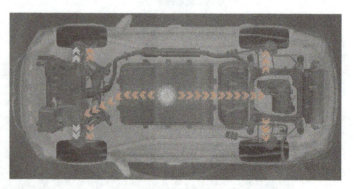

图3-33 并联驱动模式

（4）**发动机驱动模式** 发动机驱动模式如图3-35所示，它解决了传统混动技术在高速巡航时油耗较高的问题。同样以搭载DM3系统的全新一代比亚迪唐为例，BSG电机本身的高功率密度和高电压让发电效率大幅提升，且由于电能转化不再经过变速器传动，不存在浪费。在不外接充电的情况下，自充电速度也很快，为接下来的城市行驶储备足够的电能，减少燃油消耗。

（5）**能量回收模式** 能量回收模式如图3-36所示，车辆低负载时，系统会提高发

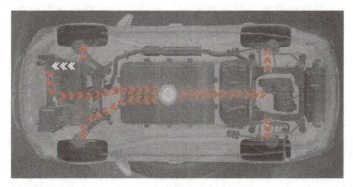

图 3-34　串联驱动模式

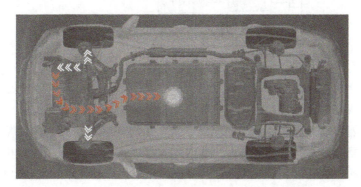

图 3-35　发动机驱动模式

动机转速到经济油耗区,多余能量会通过发电机回收转换成电能;在制动、减速等工况下,利用发动机富余功率和减速、制动时的轮端转矩进行回馈发电。

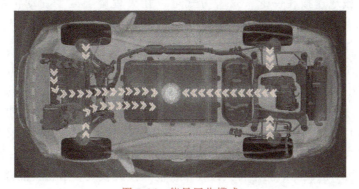

图 3-36　能量回收模式

3.2　串联式混合动力电动汽车

3.2.1　串联式混合动力电动汽车的组成

串联式混合动力电动汽车是指车辆行驶系统的驱动力只来源于电机的混合动力电动

汽车。其结构特点是发动机带动发电机发电,电能通过电机控制器输送给驱动电机,由电机驱动车辆行驶。另外,动力蓄电池也可以单独向驱动电机提供电能驱动车辆行驶,如图3-37所示。

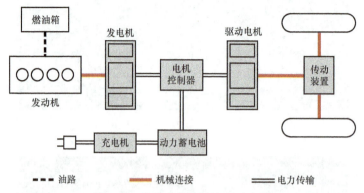

图3-37 串联式混合动力电动汽车

串联式混合动力电动汽车主要由发动机、发电机、驱动电机及电机控制器、动力蓄电池系统及车载充电机等部件组成。在串联式混合动力电动汽车上,由发动机带动发电机所产生的电能和动力蓄电池输出的电能,共同输出到驱动电机以驱动汽车行驶,电力驱动是唯一的驱动模式。发动机与发电机直接连接产生电能,用来驱动电机或给动力蓄电池充电。驱动电机直接与驱动桥相连,汽车行驶时的驱动力由驱动电机输出。当动力蓄电池的SOC值降到一个预定值时,发动机即开始对动力蓄电池进行充电,以延长混合动力电动汽车的续驶里程。另外,动力蓄电池系统还可以单独向驱动电机提供电能来驱动电动汽车,使混合动力电动汽车在零污染状态下行驶。发动机与驱动系统并没有机械地连接在一起,这种方式可以在大程度上减少发动机所受到的车辆瞬态响应。瞬态响应的减少可以使发动机进行最优的喷油和点火控制,使其在最佳工况点附近工作。

串联式混合动力电动汽车的发动机能够经常保持在稳定、高效、低污染的运转状态,使有害气体排放控制在最低范围。串联式混合动力电动汽车从总体结构上看比较简单、易于控制,其特点更加趋近于纯电动汽车。发动机、发电机、驱动电机三大部件总成在电动汽车上的布置具有较大的自由度,但各自的功率较大,外形较大,质量也较大,在中小型电动汽车上布置有一定的困难。另外,在发动机→发电机→驱动电机系统中的热能→电能→机械能的能量转换过程中,能量损失较大。串联式混合动力电动汽车适用于大型汽车,但小型汽车也可应用。

3.2.2 串联式混合动力电动汽车的工作模式

1. 串联式混合动力电动汽车工作模式种类

串联式混合动力电动汽车的工作模式主要有纯电驱动模式、纯发动机驱动模式、混合驱动模式、行车充电模式、混合充电模式、再生制动模式和停车充电模式,如图3-38所示。

第3章 混合动力电动汽车技术及仿真实践

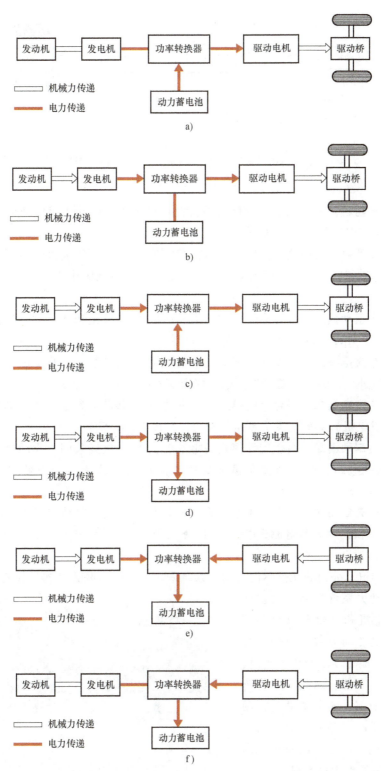

图 3-38 串联式混合动力电动汽车的工作模式
a) 纯电驱动模式 b) 纯发动机驱动模式 c) 混合驱动模式
d) 行车充电模式 e) 混合充电模式 f) 再生制动模式

185

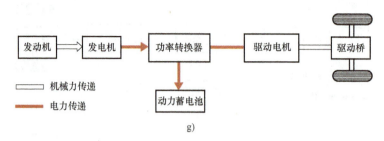

图 3-38 串联式混合动力电动汽车的工作模式(续)

g)停车充电模式

(1) **纯电驱动模式** 纯电驱动模式是指发动机关闭,由动力蓄电池向驱动电机提供电能,驱动车辆行驶,如图 3-38a 所示。

(2) **纯发动机驱动模式** 纯发动机驱动模式是由发动机-发电机组向驱动电机提供电能,驱动车辆行驶;动力蓄电池既不供电,也不从传动系统中获取能量,如图 3-38b 所示。

(3) **混合驱动模式** 混合驱动模式是指发动机-发电机组和动力蓄电池共同向驱动电机提供电能,驱动车辆行驶,如图 3-38c 所示。

(4) **行车充电模式** 行车充电模式是指发动机-发电机组除向驱动电机提供电能驱动车辆行驶以外,还为动力蓄电池充电,如图 3-38d 所示。

(5) **混合充电模式** 混合充电模式是指发动机-发电机组和运行在发电机状态下的驱动电机(发电机)共同为动力蓄电池充电,如图 3-38e 所示。

(6) **再生制动模式** 再生制动模式是指发动机-发电机组关闭,驱动电机运行在发电机状态(发电机),通过消耗车辆本身的动能产生电功率为动力蓄电池充电,如图 3-38f 所示。

(7) **停车充电模式** 停车充电模式是指车辆停止行驶,驱动电机不接收功率,发动机-发电机组仅向动力蓄电池充电,如图 3-38g 所示。

2. 串联式混合动力电动汽车实例分析

美国通用汽车公司的沃蓝达混合动力系统采用的就是串联式结构,如图 3-39 所示。沃蓝达混合动力系统采用 1 台发动机、1 台发电机和 1 台电机对车辆进行综合驱动。动力蓄电池采用容量为 16kW·h 的 360V 锂电池组,电池组呈 T 形布置,隐藏于后排座椅下及车身中部,纯电动最高行驶里程可达 80km。沃蓝达混合动力系统包括汽油机、动力分配系统、高容量锂电池以及电力控制单元。

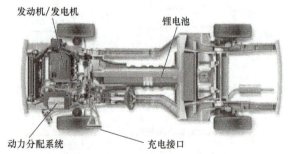

图 3-39 沃蓝达串联式混合动力系统

沃蓝达混合动力系统由 1 台峰值功率为 111kW 的电机、1 台 55kW 的发电机和 1 台 1.4L 自然进气、峰值功率为 63kW

的发动机组成,发动机仅用于发电。其中功率较大的电机主要用于驱动车辆,而功率较小的发电机主要用于发电,如图3-40所示。

发动机、发电机和电机通过1个行星齿轮机构及3个离合器组成动力产生/回收/分配系统,如图3-41所示。行星齿轮机构的太阳轮连接电机,行星架连接减速机构直接输出动力到车轮,而齿圈则根据实际情况连接动力分配系统的壳体(固定)或者发电机和发动机。

图 3-40 沃蓝达混合动力电动汽车的动力系统

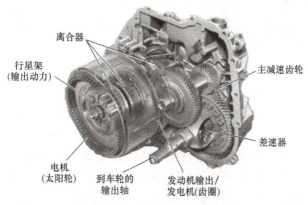

图 3-41 沃蓝达动力分配系统结构图

沃蓝达混合动力系统通过3个离合器控制动力的分配,这三个离合器分别命名为 C_1、C_2、C_3。C_1 用于连接行星齿轮齿圈与动力分配系统的壳体(固定);C_2 用于连接发电机与行星齿轮齿圈;C_3 用于连接发动机与发电机。

沃蓝达混合动力系统一共有5种工作模式,分别为电动(EV)低速模式、EV高速模式、增程式电动(EREV)混合低速模式、EREV混合高速模式以及能量回收模式。

(1) EV 低速模式 处于EV低速模式时,C_1 接合,C_2、C_3 断开,发动机停转,仅由驱动电机驱动车辆,如图3-42所示。齿圈被固定,锂电池为驱动电机供电,推动太阳轮转动,行星架因太阳轮的转动而转动,把动力传输到减速齿轮并传递到车轮。

(2) EV 高速模式 处于EV高速模式时,C_2 接合,C_1、C_3 断开,发动机停转,发电机和驱动电机共同驱动车辆,如图3-43所示。锂电池为驱动电机和发电机供电,发电机充当电动机工作,推动齿圈转动。同时,功率较大的另一个驱动电机推动太阳轮转动。齿圈和太阳轮同时转动,带动行星架转动,从而把动力传到车轮。发电机充当电动机推动齿圈转动,降低了与太阳轮连接的另一驱动电机的转速,

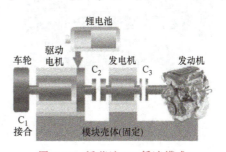

图 3-42 沃蓝达 EV 低速模式

提高了其能源使用率。

（3）EREV 混合低速模式　处于 EREV 混合低速模式时，C_1、C_3 接合，C_2 断开，发动机运转，发动机为锂电池充电，驱动电机驱动车辆，如图 3-44 所示。此时，发动机推动发电机发电，并为锂电池充电；同时锂电池为驱动电机供电推动太阳轮转动，由于齿圈固定，行星架随太阳轮转动，从而把动力传到车轮。

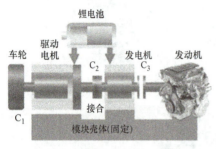
图 3-43　沃蓝达 EV 高速模式

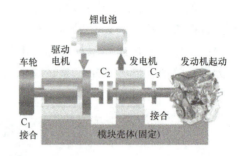
图 3-44　沃蓝达 EREV 混合低速模式

（4）EREV 混合高速模式　处于 EREV 混合高速模式时，C_2、C_3 接合，C_1 断开，发动机运转，发动机为锂电池充电的同时与驱动电机共同驱动汽车，如图 3-45 所示。此时，发动机与发电机转子连接后推动齿圈转动同时发电，驱动电机推动太阳轮转动。齿圈和太阳轮同时转动，带动行星架转动，从而把动力传到车轮。发动机推动齿圈转动，降低了与太阳轮连接的另一驱动电机的转速，提高了其能源使用率。

（5）能量回收模式　处于能量回收模式时，C_1 接合，C_2、C_3 断开，发动机停转，驱动电机充当发电机回收来自车辆的动能，如图 3-46 所示。车轮带动行星架转动，由于齿圈固定，太阳轮随着行星架转动。此时，功率较大的驱动电机作为发电机对锂电池充电。

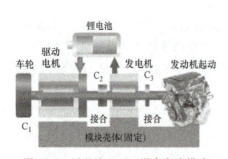
图 3-45　沃蓝达 EREV 混合高速模式

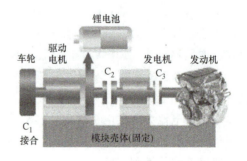
图 3-46　沃蓝达能量回收模式

3.2.3　串联式混合动力电动汽车的特点

串联式混合动力电动汽车具有以下优点：

1）发动机独立于行驶工况，使发动机始终运转于高效率区域，避免在低速和怠速区域所造成的能源浪费、排放变差等情况，因此，提高了发动机的经济性和排放性能。

2）串联式结构使混合动力系统只有单一的驱动路线，动力系统的控制策略较为简单。

3）动力蓄电池具有储能作用,能够根据驱动功率的需求对电机进行功率的补充,发动机用作储能作用,因此可以选择功率较小的发动机。

4）发电机和电机之间采用电气连接,发动机只与发电机采用机械连接,使传动系统及底盘的布置具有较大的空间和灵活性,有利于整车传动系统的布置。

5）由于发动机与车轮在机械上的解耦,发动机运转速度与整车运行速度没有关联,发动机选型范围较大。

6）当发动机关闭时,可实现纯电动模式的行驶,发动机可以延长汽车的续驶里程。

串联式混合动力电动汽车具有以下缺点:

1）串联系统只能由电机驱动车轮,在化学能转化机械能、机械能转化电能、电能再转化为机械能的过程中,能量损失较大,降低能量利用率。

2）动力蓄电池就像一个调节水库,除了要满足发电机的输出功率,还要使充放电水平处于合理的区间,避免充电过度和放电过度,这就需要容量较大的动力蓄电池,导致成本和质量的增加。

3）由于只有电机直接驱动,就需要较大功率的电机,增加了整车的质量,同时也增加了成本。

3.3　并联式混合动力电动汽车

3.3.1　并联式混合动力电动汽车的组成

并联式混合动力电动汽车是指车辆行驶系统的驱动力由驱动电机及发动机同时或单独供给的电动汽车。其结构特点是并联式驱动系统可以单独使用发动机或驱动电机作为动力源,也可以同时使用驱动电机和发动机作为动力源驱动车辆行驶,如图3-47所示。

并联式混合动力电动汽车有发动机和电机两套驱动系统,它们可以分开工作,也可以一起协调工作,共同驱动。因此,并联式混合动力电动汽车可以在比较复杂的工况下使用,应用范围较广。并联式混合

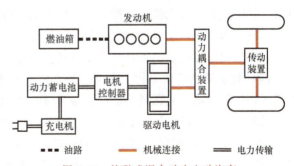

图3-47　并联式混合动力电动汽车

动力电动汽车由于电机的数量和种类、传动系统的类型、部件的数量和位置关系存在差别,具有明显的多样性。

并联式混合动力电动汽车主要由发动机、驱动电机及电机控制器、动力蓄电池系统、车载充电机以及动力耦合器等部件组成,有多种组合形式,可以根据使用要求进行设计。并联式混合动力系统采用发动机和驱动电机两套独立的驱动系统驱动车轮。发动

机和驱动电机通过动力耦合器、减速机构来驱动车轮,可以采用发动机单独驱动、驱动电机单独驱动或者发动机和驱动电机混合驱动三种工作模式。当发动机提供的功率大于车辆所需驱动功率或者当车辆制动时,电机工作于发电机状态,给动力蓄电池充电。发动机和电机的功率可以互相叠加,发动机功率和电机功率为电动汽车所需最大驱动功率的 0.5~1 倍,因此,可以采用小功率的发动机与电机,使得整个动力系统的装配尺寸、质量都较小,造价也更低,行程也可以比串联式混合动力电动汽车长,其特点更加趋近于内燃机汽车。并联式混合动力驱动系统通常应用在小型混合动力电动汽车上。

发动机和驱动电机通过动力耦合器、减速机构同时与驱动桥直接相连。驱动电机可以用来平衡发动机所受的载荷,使其能在高效率区域工作,因为通常发动机工作在满负荷(中等转速)下的燃料经济性最好。当车辆在较小的路面载荷下工作时,内燃机车辆的发动机燃料经济性较差,而并联式混合动力电动汽车的发动机此时可以关闭而只用驱动电机来驱动汽车,或者增加发动机的负荷使电机作为发电机,给动力蓄电池充电以备后用(即边驱动汽车边充电)。由于并联式混合动力电动汽车在稳定的高速下,发动机具有比较高的效率和相对较小的质量,因而它在高速公路上行驶具有比较好的燃料经济性。

并联式混合驱动系统有两条能量传输路线,可以同时使用电机和发动机作为动力源来驱动汽车,这种设计方式可以使其以纯电动汽车,或低排放汽车的状态运行,但是此时不能提供全部的动力能源。

3.3.2 并联式混合动力电动汽车的工作模式

1. 并联式混合动力电动汽车工作模式种类

并联式混合动力电动汽车的工作模式主要有纯电驱动模式、纯发动机驱动模式、混合驱动模式、行车充电模式、再生制动模式和停车充电模式,如图 3-48 所示。

(1)**纯电驱动模式** 当混合动力电动汽车处于起步、低速等轻载工况且蓄电池的电量充足时,若以发动机作为动力源,则发动机燃料经济性较低,且排放性能较差。此时关闭发动机,由蓄电池提供能量并以电机驱动车辆行驶。但当蓄电池的电量较低时,为保护蓄电池,应该切换到行车充电模式。纯电驱动模式如图 3-48a 所示。

(2)**纯发动机驱动模式** 当混合动力电动汽车以高速平稳行驶时,或者行驶在城市郊区等排放要求不高的地方,可由发动机单独工作驱动车辆行驶。在这种工作模式下,发动机工作于高效区,燃料经济性较高,传动效率也较高,如图 3-48b 所示。

(3)**混合驱动模式** 当混合动力电动汽车处于急加速或者爬坡时,发动机和电机均处于工作状态,电机作为辅助动力源协助发动机,提供车辆急加速或者爬坡时所需的功率。在这种情况下,汽车的动力性处于最佳状态,如图 3-48c 所示。

(4)**行车充电模式** 当混合动力电动汽车处于正常行驶时,若蓄电池的荷电状态未达到最高限值,发动机除了要提供驱动车辆所需的动力,其多余能量还要用于带动发电机给蓄电池充电,如图 3-48d 所示。

(5)**再生制动模式** 当混合动力电动汽车减速或者制动时,发动机不工作,利用电机反拖作用不仅可以有效地辅助制动,还可以使电机以发电机模式工作发电,然后给蓄电池充电，将回收的制动能量存储在蓄电池中，在必要时释放以驱动车辆行驶，使能量利用率提高，提高整车燃料经济性，降低排放，如图 3-48e 所示。

(6) 停车充电模式 在停车充电模式中，通常关闭发动机和电机；但当蓄电池的剩余电量不足时，可以起动发动机和电机，控制发动机工作于高效区并拖动电机为蓄电池充电，如图 3-48f 所示。

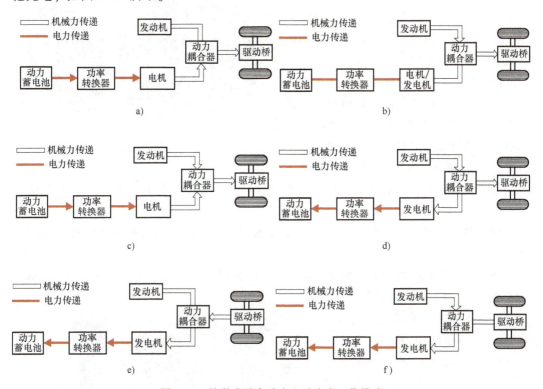

图 3-48　并联式混合动力电动汽车工作模式

a) 纯电驱动模式　b) 纯发动机驱动模式　c) 混合驱动模式
d) 行车充电模式　e) 再生制动模式　f) 停车充电模式

2. 并联式混合动力电动汽车实例分析

本田 IMA 混合系统是非常典型的并联式混合动力系统，它由 4 个主要部件构成，即发动机、电机、无级变速器（continuously variable transmission，CVT）以及智能动力单元（intelligent power unit，IPU）组成，如图 3-49 所示。电机取代了传统的飞轮用于保持曲轴的运转惯性。整套系统的结构非常紧凑，和传统汽车相比仅是 IPU 模块占用了额外的空间。

IMA 混合系统动力总成如图 3-50 所示，发动机通过搭载本田的气门正

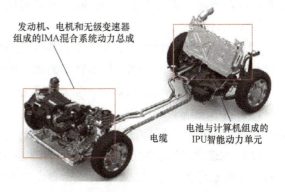

图 3-49　本田 IMA 并联式混合动力系统

时可变技术（intelligent variable timing and lift electronic control，i-VTEC）、双火花塞顺序点火技术（intelligent dual sequential ignition，i-DSI）以及可变气缸技术（variable cylinder management，VCM）来实现降低油耗的目的。发动机的峰值功率为 83kW，峰值转矩为 145N·m，实测油耗约为 5.4L/100km。IMA 混合系统中的发动机和传统车型中的发动机并没有太大区别，只是在调校上更偏向于节省燃料。

图 3-50　本田 IMA 混合系统动力总成

IMA 混合系统的电机安装在发动机与变速器之间，由于电机较薄且结构紧凑，俗称"薄片电机"。薄片电机的峰值功率为 10kW，峰值转矩为 78N·m，显然，这样的电机只能起到辅助作用。由于 IMA 混合系统能够在特定情况下（如低速巡航）单独驱动汽车，而被划分到轻型混合动力电动汽车行列。

IMA 混合系统的变速器采用 7 速 CVT 变速器，以获得平顺的换档体验及较高的换档效率。

IMA 混合系统的智能动力单元（IPU）如图 3-51 所示，它由动力电控单元（power control unit，PCU）和镍氢蓄电池组组成。其中 PCU 又包括电池监控模块（battery condition module，BCM）、电机控制模块（motor control module，MCM）以及电机驱动模块（motor drive module，MDM）。

图 3-51　本田 IMA 混合系统的智能动力单元

IMA 混合系统的工作模式包括起步加速、急加速、低速巡航、轻加速和高速巡航、减速或制动。

（1）起步加速　起步加速时，发动机以低速配气正时状态运转，同时电机提供辅助动力，以实现快速加速性能，同时达到节油的目的。

（2）急加速　急加速时，发动机以高速配气正时状态运转，此时电池给电机供电，电机与发动机共同驱动车辆，提高整车的加速性能。

（3）低速巡航　低速巡航时，发动机停止工作，车辆以纯电动方式驱动车辆。

（4）轻加速和高速巡航　轻加速和高速巡航时，发动机以低速配气正时状态运转，此时发动机工作效率较高，单独驱动车辆，电机不工作。

（5）减速或制动　减速或制动时，发动机关闭，电机以发电机方式工作，将机械能最大限度地转化为电能，储存到动力蓄电池中。车辆制动时，制动踏板传感器给 IPU 一个信号，计算机控制制动系统，使机械制动和电机能量回馈之间制动力协调，以得到最大限度的能量回馈。

3.3.3 并联式混合动力电动汽车的特点

并联式混合动力电动汽车具有以下优点：

1) 良好的燃料经济性。并联结构布置两套动力传递路线，可根据实际工况选择不同的动力输出路线和动力组合，具有更强的选择性和适应性，避免所有能量在多次转换中浪费和损失，提高燃料经济性。

2) 良好的动力性。高负荷运行时，发动机和电机动力耦合，同时对汽车进行驱动，具有良好的动力性。

3) 系统稳定性较高。并联式结构布置两套独立动力传递路线，当一条传递路线的动力系统出现故障时，可以启用另外一条传递路线，从而保证汽车正常运行。

4) 发动机与电机是两套相互独立的动力系统，都可以单独作为动力源驱动汽车，因此系统整体可靠性较高。

5) 电机功率较小。由于发动机可以单独驱动，或和电机共同驱动汽车，因此可以选择功率较小的电机。

6) 电池容量较小。电机作为辅助动力，所需动力蓄电池的容量较小。

并联式混合动力电动汽车具有以下缺点：

1) 控制策略较复杂。并联插电式混合动力电动汽车具有两条驱动路线，可以单独或耦合参与驱动，使该结构具有多种驱动模式，多种驱动模式之间的切换以及两种动力的耦合控制比较复杂。

2) 整车布置复杂。由于存在两套动力系统，并且发动机和驱动轴之间存在机械连接，以及两种动力的耦合，使底盘的布置比较复杂。

3) 排放性能相对较差。由于不同驱动模式之间的切换，发动机频繁出现点火起动、熄火，发动机不能稳定在高效率区域工作，致使排放性能较差。

4) 纯电动续驶里程较短。

3.4 混联式混合动力电动汽车

3.4.1 混联式混合动力电动汽车的组成

混联式混合动力电动汽车是指具备串联式和并联式两种混合动力系统结构，主要由发动机、电机1、电机2、行星齿轮动力分配机构、电机控制器、传动装置、动力蓄电池和外部充电接口等组成的电动汽车。该混合动力系统的特点是利用一个单排行星齿轮机构将发动机和两个电机的动力耦合在一起。单排行星齿轮机构可以实现无级变速器的功能，使整个动力系统效率较高，尤其是在城市驾驶循环工况，如图3-52所示。

混联式驱动系统是串联式驱动系统与并联式驱动系统的综合，它主要由发动机、发电机、驱动电机及电机控制器、动力耦合器、动力蓄电池系统等部件组成。发动机发出

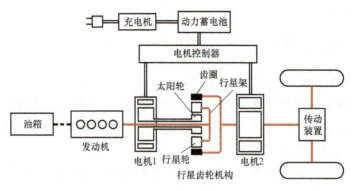

图 3-52 混联式混合动力电动汽车的组成

的功率一部分通过机械传动系统输送给驱动桥，另一部分则驱动发电机发电。发电机发出的电能输送给电机或动力蓄电池，驱动电机产生的驱动力矩通过动力耦合器传送给驱动桥。混联式驱动系统的控制策略是：行驶时优先使用纯电动模式；在动力蓄电池的荷电状态（SOC）降到一定限值时，切换到混合动力模式下行驶。在混合动力模式下，起动、低速时使用串联式系统的发电机发电，电机驱动汽车车轮行驶；加速、爬坡、高速时使用并联式系统，主要由发动机驱动汽车车轮行驶。发动机的多余能量可带动发电机发电给动力蓄电池充电。

混联式驱动系统充分发挥串联式驱动系统和并联式驱动系统的优点，能够使发动机、发电机、驱动电机等部件进行更多的优化匹配，从而在结构上保证在更复杂的工况下使系统处于最优状态工作，因而更容易实现排放和油耗的控制目标，是最具影响力的混合动力电动汽车驱动系统。

3.4.2 混联式混合动力电动汽车的工作模式

混联式混合动力电动汽车的工作模式主要有纯电驱动模式、纯发动机驱动模式、混合驱动模式、行车充电模式、再生制动模式和停车充电模式，如图 3-53 所示。

1. 纯电驱动模式

纯电驱动模式是指车辆由蓄电池通过功率转换器向驱动电机供电，驱动电机通过动力耦合器提供驱动功率。此时，发动机、发电机处于关闭状态，如图 3-53a 所示。

2. 纯发动机驱动模式

纯发动机驱动模式是指仅由发动机向车辆提供驱动功率，蓄电池既不从传动系统中获取能量也不提供电能。此时，驱动电机、发电机处于关闭状态，如图 3-53b 所示。

3. 混合驱动模式

混合驱动模式是指车辆的驱动功率由蓄电池和发动机共同提供，并通过动力耦合器合成后，向机械传动装置提供动力，如图 3-53c 所示。

4. 行车充电模式

行车充电模式是指发动机除提供车辆行驶所需要的驱动功率外，还向蓄电池提供充电功率。此时，发动机的功率由动力耦合器分成二路，一路驱动车辆行驶，一路带动发电机发电给蓄电池充电，如图 3-53d 所示。

5. 再生制动模式

再生制动模式是指发动机处于关闭状态，驱动电机运行在发电机状态，通过消耗车辆本身的动能产生电功率向蓄电池充电，如图 3-53e 所示。

6. 停车充电模式

停车充电模式是指车辆停止行驶，发动机通过动力耦合器带动发电机发电，向蓄电池提供电能进行充电，如图 3-53f 所示。

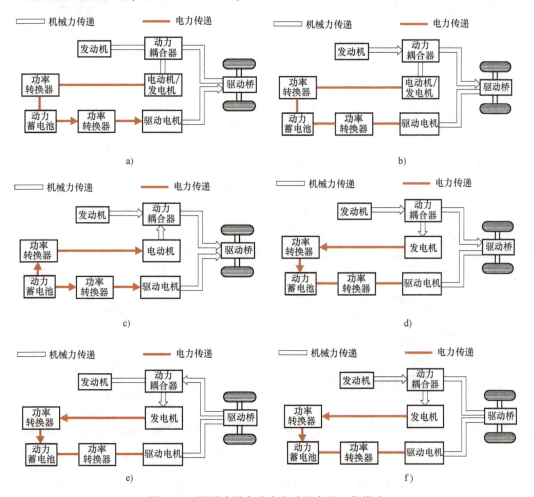

图 3-53 混联式混合动力电动汽车的工作模式
a) 纯电驱动模式 b) 纯发动机驱动模式 c) 混合驱动模式
d) 行车充电模式 e) 再生制动模式 f) 停车充电模式

丰田混合动力系统（toyota hybrid system，THS）是典型的混联式混合动力系统，如图 3-54 所示。THS 的主要部件有汽油机、电机、发电机、电池和功率控制单元。

THS 的动力总成如图 3-55 所示，由发动机、发电机、驱动电机及行星齿轮机构组成。发动机采用效能较高的阿特金森循环发动机。

THS 的关键也是最为复杂的部件就是由两台永磁同步电机及行星齿轮组成的动力

图 3-54　丰田混合动力系统（THS）　　　图 3-55　THS 的动力总成

分配系统。THS 中带有两台电机——MG1 和 MG2，MG1 主要用于发电，必要时可驱动汽车；MG2 主要用于驱动汽车。MG1、MG2 以及发动机输出轴被连接到一套行星齿轮机构的太阳轮、齿圈和行星架上。动力分配就是通过功率控制单元控制 MG1 发电机和 MG2 驱动电机，通过行星齿轮机构进行的。由于使用这种创新的动力分配方式，THS 甚至连变速器也不需要，发动机输出经过固定减速机构减速后直接驱动车轮。

发动机起动时，电流流进 MG2 通过电磁力固定行星齿轮机构的齿圈，MG1 作为起动机转动太阳轮，太阳轮带动行星架转动，与行星架连接的发动机曲轴转动，发动机起动，如图 3-56 所示。

发动机怠速时，电流流进 MG2 固定行星齿轮机构的齿圈，发动机带动行星架转动，行星架带动太阳轮转动，与太阳轮连接的 MG1 发电，给蓄电池充电，如图 3-57 所示。

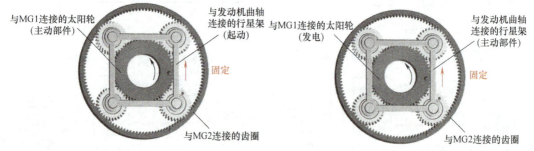

图 3-56　发动机起动时的动力分配　　　图 3-57　发动机怠速时的动力分配

车辆起步时，发动机停转，行星架被固定；MG2 驱动行星齿轮机构的齿圈，推动车辆前进；此时 MG1 处于空转状态，如图 3-58 所示。

车辆起步时，如需更多动力（驾驶人深踩加速踏板或检测到负载过大），MG1 转动，起动发动机，如图 3-59 所示。

车辆起步时，发动机驱动 MG1 发电，并供给推动 MG2 运转的电能，如图 3-60 所示。

在加速时，发动机驱动 MG1 发电，并供给推动 MG2 运转的电能，MG2 提供附加的驱动力，用以补充发动机动力，蓄电池会根据加速程度给 MG2 提供电流，如图 3-61 所示。

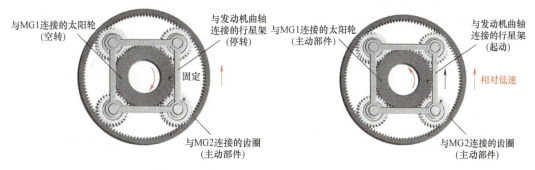

图 3-58 车辆起步时的动力分配　　图 3-59 车辆起步需要更大动力时的动力分配

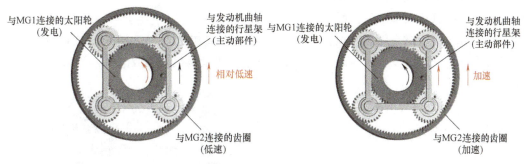

图 3-60 车辆起步 MG1 发电给 MG2 时的动力分配　　图 3-61 车辆加速时的动力分配

车辆降档（D 位）时，发动机停转，MG1 空转，MG2 被车轮驱动发电，给蓄电池充电，如图 3-62 所示。

车辆减速时，MG2 产生的电能供给 MG1，MG1 驱动发动机，此时发动机断油空转，MG1 输出的动力成为发动机制动力，如图 3-63 所示。

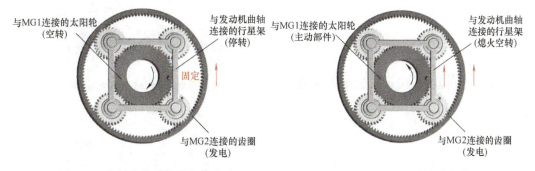

图 3-62 车辆降档时的动力分配　　图 3-63 车辆减速时的动力分配

车辆倒车时，只使用 MG2 作为倒车动力，如图 3-64 所示。

THS 的复杂度要比本田 IMA 系统高出许多。虽然控制系统复杂，但其结构尚算紧凑，省去了庞大的变速器，降低了车身质量，提高了车辆的燃料经济性。

THS 在丰田普锐斯、卡罗拉、凯美瑞、雷凌等混动车型上得到广泛应用。

丰田普锐斯混合动力电动汽车的行驶工况有起动、低中速行驶、一般行驶、一般行驶/剩余能量充电、全速行驶、减速/能量再生和停车，如图 3-65 所示。

1）起动。当汽车起动时，仅使用由蓄电池提供能量的电机的动力起动，充分利用电机起动时的低速大转矩，这时发动机并不运转，如图3-65a所示。

2）低中速行驶。汽车在低速-中速行驶时，由混合动力系统使用蓄电池的能量，电机驱动汽车行驶，如图3-65b所示。

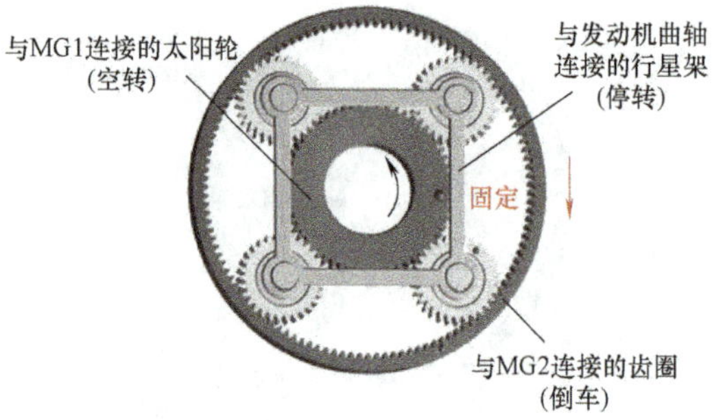

3）一般行驶。一般行驶时，混合动力系统采用发动机/发电机给电机提供能量，电机驱动汽车行驶，如图3-65c所示。

4）一般行驶/剩余能量充电。混合动力系统在高速运转时采用发动机提供能量，而发动机有时会产生多余的能量，这时多余的能量由发电机转换成电力，并储存在蓄电

图 3-64 车辆倒车时的动力分配

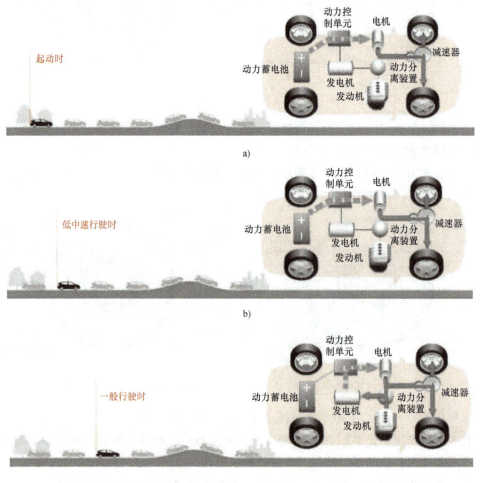

图 3-65 丰田普锐斯混合动力电动汽车的工作模式
a）起动 b）低中速行驶 c）一般行驶

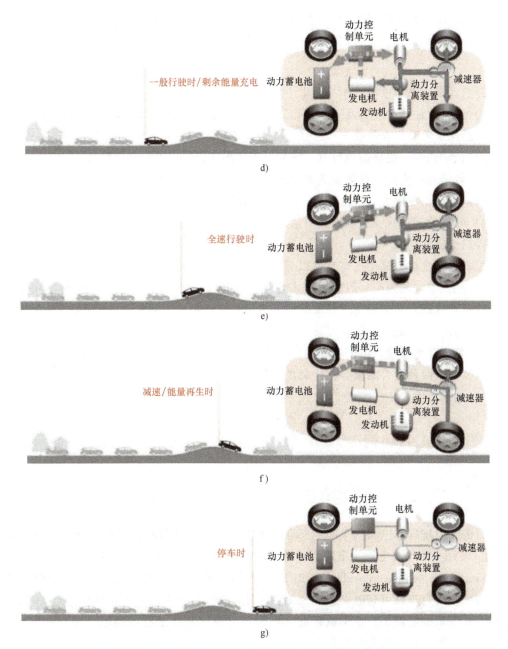

图 3-65 丰田普锐斯混合动力电动汽车的工作模式（续）

d) 一般行驶/剩余能量充电　e) 全速行驶　f) 减速/能量再生　g) 停车

池中，如图 3-65d 所示。

5) 全速行驶。汽车在需要强劲加速力（如爬陡坡或超车）时，发动机和蓄电池同时向电机提供能量，增大电机的驱动能力，提高电动汽车的动力性，如图 3-65e 所示。

6) 减速/能量再生。当汽车制动减速时，混合动力系统使车轮的旋转力带动电机运转，将其作为发电机使用，将制动能量回收到蓄电池中进行再利用，如图 3-65f 所示。

7) 停车。停车时，发动机和蓄电池都不提供能量，如图 3-65g 所示。

3.4.3　混联式混合动力电动汽车的特点

混联式混合动力电动汽车具有以下优点：

1) 低排放性。在应对复杂的运行工况时，混联式混合动力电动汽车具有多种驱动模式，能保证发动机在最佳工作区域工作，最大限度降低有害气体排放。

2) 低油耗性。在低速运行时，主要以串联模式运行，燃料经济性好。

3) 较强的动力性。在加速或高速运行时，动力系统主要以并联模式运行，发动机和电机同时提供驱动力，为汽车运行提供较强动力。

4) 较好的舒适性。起动以及中速以下行驶时，电机独立驱动车辆行驶，减小了噪声，提高舒适性。

混联式混合动力电动汽车具有以下缺点：

1) 控制策略较复杂。混联插电式混合动力电动汽车有两套动力系统，它们可以分别单独驱动或耦合参与驱动，使该结构具有多种驱动模式，多种驱动模式之间的切换以及两种动力的耦合的控制比较复杂。

2) 整车布置复杂。由于存在两套动力系统，并且发动机和驱动轴之间存在机械连接，以及考虑两种动力的耦合，使底盘的布置比较复杂。

3) 技术难度大，成本高。

3.5　增程式电动汽车

3.5.1　增程式电动汽车的组成

目前，对增程式电动汽车的定义有些模糊，在世界范围内尚没有一个严格的定义。GB/T 19596—2017《电动汽车术语》中对增程式电动汽车进行了定义，增程式电动汽车（range extended electric vehicle，REEV）是指一种在纯电动模式下可以达到其所有的动力性能，而当车载可充电储能系统无法满足续驶里程要求时，打开车载辅助供电装置为动力系统提供电能，且该车载辅助供电装置与驱动系统没有传动轴（带）等传动连接，以延长续驶里程的电动汽车。

这一定义的核心约束在于串联，即车载辅助供电装置（往往就是发动机）不能直接驱动车辆，纯电模式要达到所有动力性能。根据这一定义，通用沃蓝达虽然自称增程式，并且是全球销量最高的增程式电动汽车之一，由于发动机可以直驱，并非我国定义的增程式电动汽车。

增程式电动汽车介于混合动力电动汽车和纯电动汽车之间，兼有纯电动汽车和混合动力电动汽车的特点，是一种特殊的混合动力电动汽车。

受新能源汽车政策影响，增程式电动汽车在国内的规模很小，但最近已经有很多企业开始布局增程式电动汽车，而且技术路线也在发生变化。

第3章 混合动力电动汽车技术及仿真实践

理想智造 ONE 增程式电动汽车如图 3-66 所示。当动力蓄电池的电量充足时，由动力蓄电池的电能驱动车辆行驶；当动力蓄电池的电量下降到一定程度（如 50%，根据不同车型的需求可以设定不同的 SOC 数值）时，发动机起动带动发电机，产生的电能带动驱动电机驱动车辆，也可以为动力蓄电池补电。理想智造 ONE 增程式电动汽车采用 1.2T 三缸涡轮增压发动机与发电机匹配作为增程器；搭载 40.5kW·h 三元锂电池，可提供 180km 的续驶里程；在长途行驶中，高功率增程发电系统可将燃油转换成电能，实现超过 520km 的增程续驶里程。

图 3-66 理想智造 ONE 增程式电动汽车
a）外形 b）底盘

增程式电动汽车中存在三种能量源：一是动力蓄电池，为增程式电动汽车的主要能量源，负责纯电动行驶中的能量供给；二是增程器，为增程式电动汽车的备用能量源，负责动力蓄电池以及驱动电机的能量补给；三是驱动电机，为增程式电动汽车的回收能量源，是指在制动能量回馈过程中驱动电机回馈的能量。

增程式电动汽车动力传动系统的组成如图 3-67 所示，主要由驱动电机系统、电源

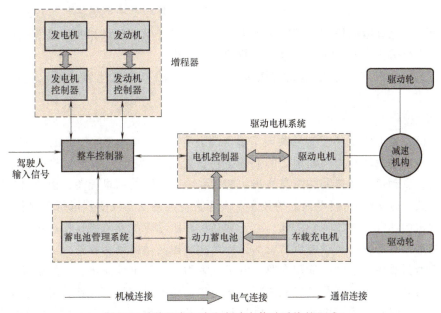

图 3-67 增程式电动汽车动力传动系统的组成

系统、增程器和整车控制器等组成。与纯电动汽车相比，增加了增程器。增程器由发动机、发电机及其控制器共同组成，当动力蓄电池的电量不足时，通过增程器发电为驱动电机提供电能，增加续驶里程。

1. 驱动电机系统

驱动电机系统与纯电动汽车的类似，也是由驱动电机及电机控制器组成，区别在于驱动电机的能量来源除动力蓄电池外，还有增程器。发动机到驱动电机之间没有机械连接，通过发电机发电将发动机发出的机械能转化为电能，然后由电机控制器根据车辆工况的需求将电能分配给驱动电机，如果有多余的电能将被储存到动力蓄电池中。

增程式电动汽车的驱动电机应该具备较高的功率密度，而且在较宽的转速和转矩范围内具备较好的效率特性，同时驱动电机的控制器能实现双向控制，以实现制动能量回收。

增程式电动汽车驱动电机参数匹配方法与纯电动汽车一样，即根据整车动力性匹配驱动电机的峰值功率。在满足动力性的前提下，为提高驱动电机的工作效率并减轻重量，尽量选择较小峰值功率以及高转速的电机。

2. 电源系统

电源系统与纯电动汽车的类似，也是由动力蓄电池、蓄电池管理系统和车载充电机等组成，区别在于动力蓄电池的要求需兼顾纯电动和混合动力两种模式，具体要求如下：在深度放电的情况下，依然有较长的循环寿命；在较低的SOC值状态下，可输出大功率的电能，使增程式电动汽车在低SOC下加速性能仍然良好；在高的SOC值状态下，可以接受大电流充电，以保证制动能量回收的效率不受SOC状态的影响；在保持高SOC状态下，可延长其使用寿命；能量密度高，以减小蓄电池组的体积和质量；安全性好。

动力蓄电池是整车驱动的主要能量源，是能量储存装置，应具有良好的充放电性能，用以保证车辆的动力性和再生制动回收的能力；其容量应能够满足增程式电动汽车性能要求的纯电动续驶里程；其电压等级应与电力系统电压等级和变化范围一致；其充放电功率应能够满足整车驱动和电器负载的功率要求。

增程式电动汽车纯电动模式的续驶里程较短，动力蓄电池容量要求比纯电动汽车低。

3. 增程器

发动机、发电机及其控制器共同组成了增程器（auxiliary power unit，APU）。增程器是增程式电动汽车动力传动系统的关键组件，发动机/发电机系统与驱动轮在机械上是分离的，发动机的转速和转矩与汽车的速度和牵引转矩的需求无关，因此可控制发动机运行在其转速-转矩曲线平面上的任意点。通常应控制发动机使其运行在最佳工况区，此时发动机的油耗和排放降到最低，由于发动机和驱动轮没有机械连接，可以实现最佳的发动机运行状态，与驱动电机系统的运行模式和控制策略密切相关。

增程器只提供电能，电能用来驱动电机或者为动力蓄电池充电，增加电动汽车的续驶里程。另外，发动机到驱动电机之间的动力传动路线没有机械连接，可以将电能用于驱动车辆，不经过动力蓄电池的充放电过程，降低了从增程器到动力蓄电池的能量传递损失。

增程器根据电能来源的不同可分为发动机/发电机组、燃料电池和超级电容器等增程器,其中发动机/发电机组的增程器是目前应用最多和技术最成熟的增程器。增程器用发动机的选型目前主要有往复式和转子式两种。往复式发动机属于传统发动机,是最常见的一种发动机。转子式发动机一般燃烧效率较低,但其特殊的结构使其具有旋转顺畅、利于小型化的优点,符合增程器的设计要求,且在增程器中转子式发动机是在一定条件下起动的,因此并不比往复式发动机逊色。

增程器中的发动机与发电机连接方式主要有两种:弹性联轴器结构连接和直接刚性连接件连接。前者轴线尺寸会较大,对定位安装工艺要求高;后者发电机惯量及动态加载会给轴系带来冲击,存在动力过载损坏轴系的危险。

增程器要稳定可靠,可以立刻起动并进入正常工作状态。为了实现高效率和低排放的要求,要求系统处在最优工作点工作,因此控制器非常关键,通过控制策略和优化措施,在保证整车动力性的前提下提高经济性和效率。

图3-68所示为吉利的增程系统。它是通过汽油机直接实现动力蓄电池的充电,而后用电力去驱动电机,实现车辆的驱动行驶。

4. 整车控制器

整车控制器通过CAN网络与发动机控制器、发电机控制器、电机控制器以及蓄电池管理系统进行信息交互,实现增程的控制。增程器、驱动

图3-68 吉利的增程系统

电机、动力蓄电池三者之间通过整车控制器进行电能交互,实现能量的最优分配。同时动力蓄电池通过车载充电机充电,保证纯电动模式下的行驶。

广汽传祺GA5增程式电动汽车如图3-69所示,它搭载了永磁同步电机,可输出峰值功率94kW,峰值转矩225N·m,纯电动模式下的续驶里程为80km。当蓄电池容量不足时,配备的1.0L发动机将会通过发电机给蓄电池供电,发动机是不参与动力驱动的。新车最大续驶里程超过600km。

图3-69 广汽传祺GA5增程式电动汽车

纯电动汽车、增程式电动汽车和插电式电动汽车的架构比较如图3-70所示。

与纯电动汽车相比,可以明显看到,除了增程式电动汽车多了个增程器,它们的主驱动部分完全相同,即车轮仅由驱动电机驱动,两者的驱动电机功率相同。与纯电动汽车和增程式电动汽车相比,插电式电动汽车有两个机械动力源——电机和发动机,也就是说发动机和电机可以同时驱动车轮,也就是所谓的混动。

从概念上理解,混动一定要有两个或两个以上的动力源,如果只有一个动力源,一

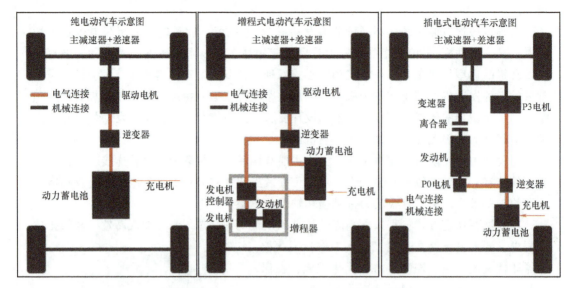

图 3-70 三种电动汽车的架构比较

定不是混动。正因为插电式电动汽车可以由发动机和电机同时驱动,电机功率可以小一些,另外,蓄电池的容量要求也要小得多。因此,插电式电动汽车的成本相对来说会低一些,但是插电式电动汽车需要一个高性能变速器。仅从结构上看,增程式电动汽车相对简单一点,但其驱动电机的功率要比插电式电动汽车大得多,会增加整车的设计成本。从系统效率看,插电式电动汽车在高速巡航情况下会较增程式电动汽车好一些。

三种电动汽车的比较见表 3-2。

表 3-2 三种电动汽车的比较

项目	纯电动汽车	增程式电动汽车	插电式电动汽车
结构(复杂度)	简单	中等	复杂
动力蓄电池(容量)	大	中等	小
驱动电机(功率)	大	大	中等
发动机(功率)	无	中等	中等
传动系统(复杂度)	简单	中等	复杂
驱动形式	纯电动	纯电动、增程器发电驱动、混合驱动	纯电动、发动机驱动、混合驱动
充电形式	大功率充电桩	小充电桩,加油站加油	小充电桩,加油站加油
电池放电程度	深度放电	浅充浅放	浅充浅放
发动机工作状态	无	最佳工作状态	随车速变化
排放	零排放	中等	中等
系统效率	高	中等	中等

3.5.2 增程式电动汽车的工作模式

增程式电动汽车的动力传动系统在组成上与串联插电式混合动力电动汽车的动力系

统相似,特殊之处在于增程式电动汽车的能量传递路线体现出两种动力系统,但是只有一种驱动方式,即电机驱动,不需要非常复杂的电能与化学能的耦合。在结构上,增程式电动汽车是在纯电动汽车的基础上开发的电动汽车,增程器的布置对原有车辆的动力系统结构影响较小。之所以称为增程式电动汽车是因为车辆增加了增程器,而为车辆增加增程器的目的是进一步提升纯电动汽车的续驶里程,使其能够尽量避免频繁地停车充电。

增程式电动汽车有5种工作模式,即纯电动模式、增程器单独驱动模式、混合驱动模式、制动模式和停车充电模式。

1. 纯电动模式

当动力蓄电池的电量充足时,使用纯电动模式。纯电动模式能量传递路线如图3-71所示,增程器处于关闭状态,动力蓄电池是唯一的动力源,相当于一辆纯电动汽车。不同之处是,增程式电动汽车的纯电动行驶里程可以设置得相对较小,不必装备大容量的动力蓄电池,既降低了成本又降低了整车质量。动力蓄电池的能量应能够满足车辆起步、加速、爬坡、急速,以及驱动汽车空调等附件的功率需求。

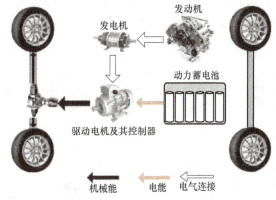

图 3-71 纯电动模式能量传递路线

2. 增程器单独驱动模式

当动力蓄电池的电量不足时,使用增程模式。增程器单独驱动模式能量传递路线如图3-72所示。在动力蓄电池的SOC值降至设定的阈值SOC_{min}时,增程器起动,发动机根据制定的控制策略运行在最佳状况,使发电机发电,一部分用于驱动车辆行驶,多余的电能为动力蓄电池充电。

当动力蓄电池的电量恢复至充足时,发动机又停止工作,继续由动力蓄电池驱动电机,提供整车功率需求。

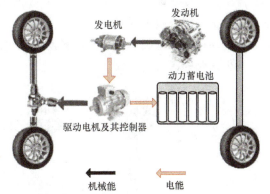

图 3-72 增程器单独驱动模式能量传递路线

3. 混合驱动模式

当路面需求功率较大,动力蓄电池供能不足时,增程器开启,发动机-发电机组联合动力蓄电池一起工作,提供整车行驶所需的动力,其能量传递路线如图3-73所示。

增程器单独驱动模式和混合驱动模式都属于增程模式。增程模式下的发动机可以有多种工作方式,根据控制策略的不同,可以选择发动机恒功率模式、功率跟随模式、恒功率与功率跟随结合模式,此外还有智能控制策略和优化算法控制策略等复杂控制策略模式。当车辆停止时，可以利用市电为动力蓄电池充电。

4. 制动模式

在车辆运行过程中，发生减速、制动请求时，驾驶人需要踩下制动踏板，当满足一定条件时，整车即进入制动能量回收模式。当制动强度较低、制动较为缓和、制动请求功率较小时，采用电机单独制动；当发生急减速或紧急制动时，一旦车辆的制动负载功率超出电机再生制动功率的上限，为了保护蓄电池组，限制其输入功率，此时摩擦制动器参与工作，与电机再生制动协同提供车辆的制动功率需求。制动模式能量传递路线如图 3-74 所示。再生制动可以将车辆的动能转化为电能储存在动力蓄电池中，以供车辆驱动使用，提高了整车能量利用率。在再生制动情况下，电机以发电状态工作，回收的制动能量储存在动力蓄电池中。

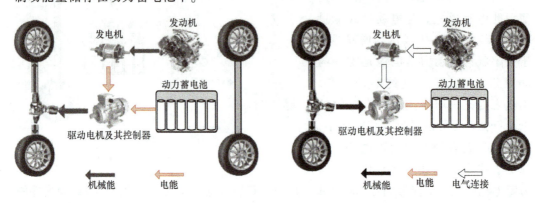

图 3-73　混合驱动模式能量传递路线　　　图 3-74　制动模式能量传递路线

5. 停车充电模式

停车充电模式能量传递路线如图 3-75 所示。停车时动力系统全部停止，此时通过车载充电机连接外接电网对动力蓄电池充电，以备下次行车使用。此模式是保证车辆大部分纯电动行驶的基础，可减少燃料发动机的使用频次，能够显著降低车辆的行驶成本以及减少车辆的污染物排放。

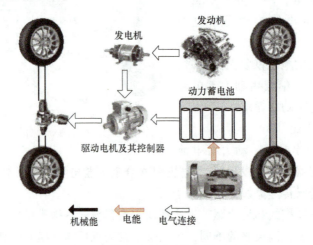

图 3-75　停车充电模式能量传递路线

3.5.3 增程式电动汽车的特点

增程式电动汽车与纯电动汽车相比,可以随时在加油站加油,续驶里程得到很大提高。在相同的续驶里程条件下,增程式电动汽车动力蓄电池的容量只需要纯电动汽车的30%~40%,无须配备大容量的动力蓄电池,使制造成本大幅降低。当动力蓄电池的SOC值降低到阈值时,转为增程模式运行,避免了动力蓄电池的过放电,使其寿命得以延长。

增程式电动汽车与常规混合动力电动汽车相比,由于混合动力电动汽车采用了复杂的机械动力混合结构,发动机和电机复合驱动,电池能量很小,只起到辅助驱动和制动能量回收的作用。增程式电动汽车采取电池扩容的方式解决了电池驱动的续驶能力问题。增程式电动汽车能外接充电,尽可能利用晚间低谷电力充电,进一步提高了能源利用率。

增程式电动汽车与插电式混合动力电动汽车相比,增程式电动汽车在电能充足条件下行驶时发动机不参与工作。因此,增程式电动汽车并不需要像插电式混合动力电动汽车那样对其工作模式进行特定的说明。增程式电动汽车所使用的动力蓄电池、驱动电机以及动力系统的用电功率都必须从满足整车性能的要求出发进行设计,车辆所搭载的动力蓄电池及其容量也必须从能够满足纯电动汽车整车性能需要的角度加以考虑。在动力蓄电池电能充足的情况下,增程式电动汽车必须在所有的工作模式下维持纯电动模式。在增程器设计方面,增程式电动汽车允许将发动机的功率显著降低,发动机所提供的动力不需要达到车辆动力性能所需的峰值功率,仅满足车辆行驶所需的持续动力要求即可。

增程式电动汽车能够有效提高燃料利用率,其主要原因如下:①由于发动机不直接与机械系统相连,发动机的工作状态相对独立,可将发动机设定在最佳效率点工作。②在电量保持模式下,主要由发动机驱动整车行驶,当需求功率较小时,发动机关闭,由动力蓄电池驱动整车行驶;当需求功率较大时,动力蓄电池提供发动机功率不足的部分,这样可避免发动机的工作点波动,保证发动机工作于最佳效率点。③当车辆制动时,动力蓄电池能有效回收制动能量。

综上所述,增程式电动汽车是一种可增加续驶里程的纯电动汽车,兼有混合动力电动汽车和纯电动汽车的特征,是现阶段解决新能源汽车技术问题最切实可行的方案之一。增程式电动汽车具有以下特点:

1) 在纯电动模式下,发动机不起动,由动力蓄电池驱动整车行驶,这样可减少对石油的依赖。

2) 在动力蓄电池电能不足时,为了保证车辆性能和动力蓄电池的安全性,进入电量保持模式,由动力蓄电池和发动机联合驱动整车行驶。

3) 整车纯电动续驶里程满足大部分人员每天行驶里程的要求,动力蓄电池可利用夜间低谷电力充电,缓解供电压力。

4) 整车大部分情况下在电量消耗模式下行驶,能达到零排放和低噪声的效果。

5) 发动机与机械系统不直接相连,发动机可工作于最佳效率点,大大提高整车燃料效率。

3.5.4 新型增程式电动汽车分析

由于新能源汽车正处于发展期,很多技术路线还在探索之中,经常会有新的技术路线出现,生产出新型增程式电动汽车。例如日产 e-POWER 电动汽车烧的是油,用的却是电,它与传统电动汽车的差别如图 3-76 所示。

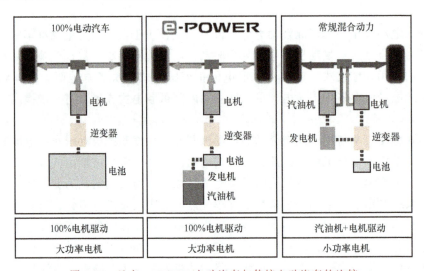

图 3-76　日产 e-POWER 电动汽车与传统电动汽车的比较

由于 e-POWER 电动汽车实际驱动为串联式的混动形式,正常行驶主要是电动驱动,发动机不参与驱动,因此相较于传统的纯电车型来说,e-POWER 多了汽油机部分,汽油机负责给动力蓄电池充电,续驶能力更好;而相较于并联形式的混动车型,e-POWER 发动机不驱动车辆,通过合理的调配,车辆会拥有更好的燃油经济性。从结构上看,e-POWER 就是一款增程式电动汽车,不过与之前的增程式车型相比,e-POWER 的电池容量更小,仅为 1.5kW·h,并且取消了充电接口,结构更加简单,成本更低,但是续驶能力、性能都得以保留。

e-POWER 电动汽车的动力系统如图 3-77 所示。

e-POWER 电动汽车具有以下优势:

1) e-POWER 电动汽车依靠驱动电机驱动,因而从本质上就与汽油机车型不同,驱动的特性也会有明显的差异,如图 3-78 所示。首先,驱动电机在理论上动力的响应更加迅速,整个反应过程就与传统汽油机车型不同。

通过对比可以看到,e-POWER 车型在踩下踏板之后的反应过程比传统汽油

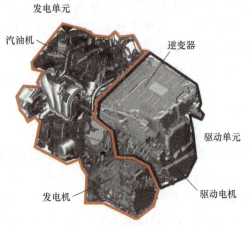

图 3-77　e-POWER 电动汽车的动力系统

第3章 混合动力电动汽车技术及仿真实践

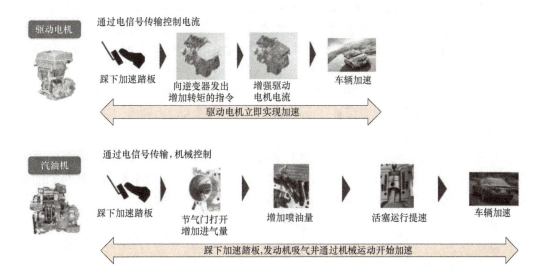

图 3-78 驱动电机和汽油机驱动的比较

机反应过程更简洁。踩下踏板后,计算机向逆变器发出增加转矩指令,紧接着驱动电机可以更迅速地做出反应,车辆速度就会有明显的增加。相较而言,传统汽油机的反应过程更加复杂,每个环节都需要时间来完成,发动机做出的回应也更慢。

驱动电机还有一个特点,即深踩加速踏板后,驱动电机就开始全力输出,并不会像汽油机那样是线性输出。通常这样的情况会让传动轴转动并产生明显的振动,让传动变得不够平稳,而 e-POWER 通过良好的逆变器控制技术实现了平稳的转矩输出,如图 3-79 所示。

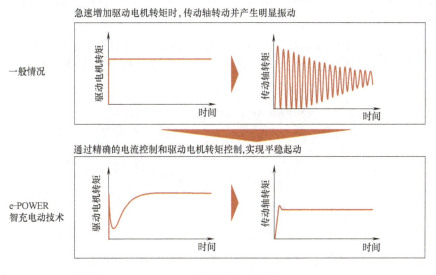

图 3-79 输出转矩的比较

从图 3-79 中可以看到,一般车辆急加速时,驱动电机的转矩瞬间就达到了峰值,并且会一直保持峰值水平,而传动轴转矩的传输是不平稳的,存在剧烈的振动;但

e-POWER 通过精确的电流控制和驱动电机转矩控制，却实现了平稳起动。从图 3-79 中可以看到，在急加速时，e-POWER 的驱动电机转矩确实也会瞬间达到峰值，不过随后立即下降，达到较低的水平，再进行线性上升，传动轴转矩输出也很好地保持在较高的水平。

在动力输出方面，e-POWER 的蓄电池组具备类似闪充闪放的功能，可以快速充电，保证车辆随时具备良好的能源储备；也可以快速放电，增大动力输出，让车辆动力更为强劲，用户可以获得更好的驾驶体验。

2) 静谧性优秀。电动汽车"安静"是已经达成的共识，而需要发动机供电的 e-POWER 是否能做到"安静"呢？官方用目前配备 e-POWER 的车型与不同级别的其他车型进行了对比，对比结果如图 3-80 所示。

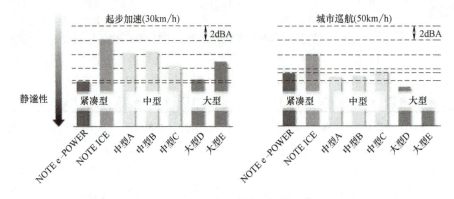

图 3-80 电动汽车静谧性的比较

与汽油机车型对比，e-POWER 在低速起步阶段有着绝对的静音优势，静音能力比更高级的产品还要好，在中等速度的巡航阶段，测试车辆的静音能力表现一般，不过和汽油版本的 NOTE 对比也是优秀了很多。

那么和混动版本车型怎么对比？当然是比较发动机起动的时间，和混动车型的对比更多的是比较发动机的起动时间，毕竟混动车型的噪声主要源于发动机的起动和运行。e-POWER 与混动版本车型的比较如图 3-81 所示。

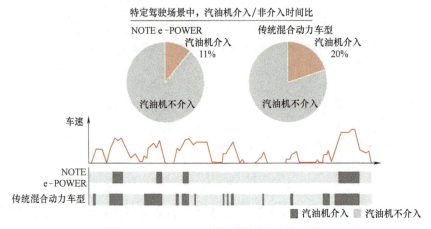

图 3-81 e-POWER 与混动版本车型的比较

可以看出，在相同的车速条件下，e-POWER 的发动机起动时间比传统混合动力车型下降将近一半，这就让发动机的噪声在根源上得到减少。值得一提的是，e-POWER 不仅照顾到车内人员的静音舒适性，还考虑到车外环境，如果深夜在住宅区行驶，还可以将车辆调整为静音模式，在静音模式下，不论车辆电池余量为多少，车辆都会尽可能不起动发动机，直至电池电量不足以支撑。

3) 单踏板模式，驾驶更轻松，同时兼顾能量回收。e-POWER 在很多设定上都与现有车型不同，在驾驶方面也有着自己的特色。配备 e-POWER 技术的车辆所产生的减速度是汽油机车型的 3 倍，只需操控加速踏板即可控制车速，通过操控加速踏板即可实现日常生活中 70% 的减速操作，从而大幅减少加速踏板与制动踏板之间切换的频次。"单踏板模式"即完全松开加速踏板后，驱动电机以较大的功率进行动能回收，车辆减速较快，可部分替代制动功能，因此驾驶人在多数路况可以通过加速踏板深浅实现对车辆加减速的控制。这种技术目前在国内很多品牌中都能见到，已经开始普及，甚至有人预言"单踏板模式"将会是未来新能源车型的标配。

4) 出众的燃油经济性。e-POWER 最显著的特点是其驱动系统和发电系统是分开的，这样，由于没有驾驶性的限制，发动机用于增程发电的控制通常可以工作在高效区，如图 3-82 所示。

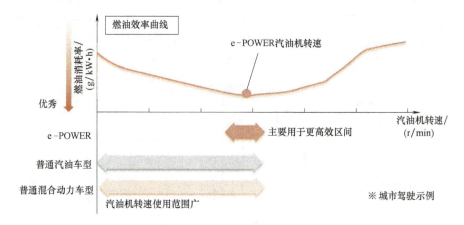

图 3-82　e-POWER 的燃油经济性

e-POWER 的发动机与普通汽油车型和普通混合动力车型的发动机相比，其常用的工作区间小很多，系统设计时主要让其工作在经济性较好的固定区间，这样发动机的优化也较普通汽油车型和普通混合动力车型的发动机容易得多。同样也很容易采取措施来提高其全范围的燃油经济性，如更高的压缩比、使用米勒循环和冷却排气再循环的使用。

e-POWER 这种串联式的混动系统，因为可以利用汽油机发电，所以理论上比纯电车型的续驶里程更长，比传统汽油机车型和普通混合动力车型静谧性更好，再加上闪充闪放的功能，车辆的动力表现也更加强劲，可以说是目前比较优质的新型混动技术。目前"新四化"已成为业界共识，而电动汽车动力总成主要属于电动化的范畴，各种各样的新技术也层出不穷，像 e-POWER 这种另辟蹊径的技术越多，越有助于新能源汽车领域的发展。

3.6 混合动力电动汽车动力耦合类型

3.6.1 转矩耦合

混合动力电动汽车是内燃机与电机两种动力混合驱动的车辆,这种混合是通过动力耦合器的耦合作用实现的。动力耦合器的形式不仅决定混合动力电动汽车具备的工作模式,也是功率分配策略制定的依据,并最终对整车的动力性、经济性和排放性产生重要影响。

转矩耦合式动力系统是指两个(或多个)动力源的输出动力在耦合过程中,两个(或多个)动力源的输出转矩相互独立,而输出转速必须互成比例,最终的合成转矩是两个(或多个)动力源输出转矩的耦合叠加。

转矩耦合方式可以通过齿轮耦合、磁场耦合、链或带耦合等多种方式实现。

1. 齿轮耦合方式

齿轮耦合方式是通过啮合齿轮(组)将多个输入动力合成在一起输出。这种耦合方式结构简单,可以实现单输入、多输入等多种驱动形式,耦合效率较高,控制相对简单,但由于齿轮是刚性啮合的,在动力切换、耦合过程中易产生冲击。

齿轮耦合式混合动力电动汽车的系统结构如图 3-83 所示。

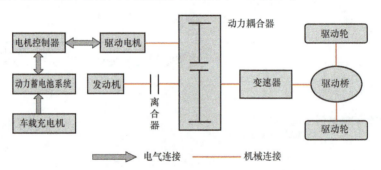

图 3-83 齿轮耦合式混合动力电动汽车的系统结构

合成输出转矩为

$$T_3 = \eta_0(T_1 + i_k T_2) \tag{3-1}$$

式中,T_1 为发动机输出转矩;T_2 为电机输出转矩;T_3 为发动机和电机的合成输出转矩;η_0 为耦合效率;i_k 为从电机到发动机的传动比。

合成输出转速为

$$n_3 = n_1 = n_2/i_k \tag{3-2}$$

式中,n_1 为发动机输出转速;n_2 为电机输出转速;n_3 为发动机和电机的合成输出转速。

2. 磁场耦合方式

磁场耦合方式是将电机的转子与发动机输出轴做成一体,通过磁场作用力将电机输出动力和发动机输出动力耦合在一起。这种耦合方式效率高，结构紧凑，耦合冲击小，能量回馈方便，但混合度低，电机一般只能起辅助驱动的作用。由于电机转子具有一定的惯性，多用于轻度混合动力电动汽车上，是目前采用较多的动力耦合方式，如本田 Insight 混合动力电动汽车采用的就是磁场耦合方式。

磁场耦合式混合动力电动汽车的系统结构如图 3-84 所示。

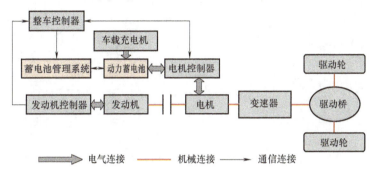

图 3-84　磁场耦合式混合动力电动汽车的系统结构

合成输出转矩为

$$T_3 = T_1 = T_2 \tag{3-3}$$

合成输出转速为

$$n_3 = n_1 = n_2 \tag{3-4}$$

3. 链或带耦合方式

链或带耦合方式是把齿轮改为链条或带，通过链条或带将两个（或多个）动力源输出动力进行合成。这种耦合方式结构简单，冲击小，但耦合效率低。

转矩耦合方式的特点是发动机的转矩可控，而发动机转速不可控。通过控制电机转矩的大小来调节发动机转矩，使发动机工作在最佳油耗曲线附近。转矩耦合方式结构简单，传动效率高，而且无须专门设计耦合机构，便于在原车基础上改装。

3.6.2　转速耦合

转速耦合式动力系统是指两个（或多个）动力源的输出动力在耦合过程中，两个（或多个）动力源的输出转速相互独立，而输出转矩必须互成比例，最终的合成转速是两个（或多个）动力源输出转速的耦合叠加，合成转矩则不是两个（或多个）动力源输出转矩的叠加。合成转速为

$$n_3 = pn_1 + qn_2 \tag{3-5}$$

式中，n_1 为动力源 1 输出转速；n_2 为动力源 2 输出转速；n_3 为动力源 1 和动力源 2 的合成转速；p、q 由耦合器的结构决定。

转速耦合方式可以通过行星齿轮、差速器等方式实现。

1. 行星齿轮耦合方式

行星齿轮耦合方式是一种普遍采用的动力耦合方式，通常发动机输出轴与太阳轮连接，电机与齿圈连接，行星架作为输出端。这种耦合方式结构简单，传动效率高，混合

度高,并且可以实现多种形式驱动,动力切换过程中冲击力小,但整车驱动控制难度较大。图 3-85 所示为行星齿轮耦合方式。

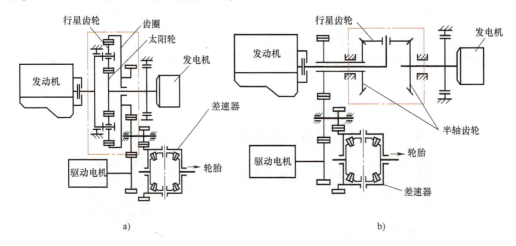

图 3-85　行星齿轮耦合方式
a) 圆柱齿轮行星轮系　b) 锥齿轮行星轮系

2. 差速器耦合方式

差速器耦合方式是行星齿轮耦合方式的一种特殊情况,其耦合方式与行星齿轮耦合方式基本类似,只是二者对发动机和电机的动力性能要求不同,从而导致动力混合程度不同。差速器耦合方式要求发动机和电机动力参数相当,动力混合程度较高。

图 3-86 所示为差速器耦合方式。

转速耦合方式的特点是发动机的转矩不可控,发动机的转速可以通过对电机的转速调整而得到控制。在行驶过程中采用转速耦合方式的混合动力电动汽车,可以通过调整电机转速来调节发动机转速,使发动机在最佳油耗曲线附近工作。即使在发动机的工作点不变的情况下,通过连续调整电动汽车的电机转速,也可

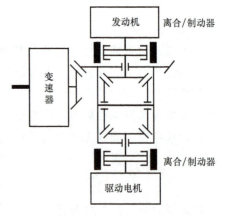

图 3-86　差速器耦合方式

以使车速连续变化。因此,采用转速耦合方式的混合动力电动汽车,不用无级变速器便可以实现整车的无级变速。

3.6.3　功率耦合

功率耦合方式的输出转矩与转速分别是发动机与电机转矩和转速的线性和,因此发动机的转矩和转速均可控。

在采用功率耦合方式的混合动力电动汽车中,发动机的转矩和转速都可以自由控制,而不受汽车工况的影响。因此,理论上可以通过调整电机的转速和转矩,使发动机

始终处在最佳油耗点工作。但实际上,频繁调整发动机的工作点也可能会使经济性有所下降,因此,通常的做法是将发动机的工作点限定在经济区域内,缓慢调整发动机的工作点,使发动机工作相对稳定,经济性提高。采用功率耦合方式的混合动力电动汽车理论上不需要离合器和变速器,而且可实现无级变速。与前两种耦合方式相比,功率耦合方式无论是对发动机工作点的优化,还是在整车变速方面,都更具优越性。丰田普锐斯混合动力电动汽车采用的单/双行星排混合动力系统、雷克萨斯RX400h混合动力电动汽车采用的双行星排混合动力系统,都采用功率耦合方式。

雷克萨斯RX400h混合动力电动汽车的动力耦合系统结构如图3-87所示。发动机和M1电机通过前排行星齿轮进行转速耦合,通过速度合成实现M1电机对发动机转速的调节,使发动机转速与车速相独立,实现动力耦合器功能,转速合成之后的动力再与M2电机的动力形成转矩耦合。功率耦合方式汇集了转矩和转速耦合方式的优点,能实现多种工作模式,可以充分发挥混合动力电动汽车节能减排的优势。虽然结构复杂,控制困难,但随着制造技术和控制技术的发展,这种耦合方式已经成为混合动力电动汽车的发展趋势。

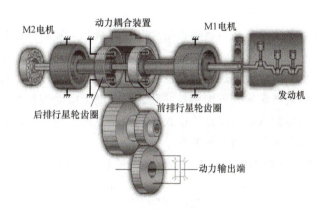

图3-87 雷克萨斯RX400h的动力耦合系统结构

3.6.4 牵引力耦合

牵引力耦合方式是指发动机驱动前轮(后轮),电机驱动后轮(前轮),通过前后车轮驱动力将多个动力源输出动力耦合在一起。这种耦合方式结构简单,改装方便,可实现单、双模式驱动及制动再生等多种驱动方式,但整车的驱动控制更为复杂,适于四轮驱动。

各种动力耦合方式的比较见表3-3。

表3-3 各种动力耦合方式的比较

耦合方式		混合度	平顺性	复杂性	效率	控制	能量回收	成本
转矩耦合	齿轮耦合	中	差	低	高	容易	中	低
	磁场耦合	中	好	中	高	中	容易	中
	链或带耦合	低	中	低	低	容易	中	低

(续)

耦合方式		混合度	平顺性	复杂性	效率	控制	能量回收	成本
转速耦合	行星齿轮式	中	中	低	高	中	难	低
	差速器式	高	中	低	高	中	难	低
功率耦合		高	好	高	中	较难	容易	高
牵引力耦合		高	好	中	高	难	中	中

3.7 混合动力电动汽车传动系统参数匹配

3.7.1 发动机和驱动电机参数匹配

根据并联式混合动力电动汽车的基本参数和设计目标,将发动机和电机一同考虑进行整车最大总功率的匹配,通过整车最大总功率的分配,确定发动机与电机的主要参数。

并联式混合动力电动汽车在运行过程中,其动力来源于发动机和电机。发动机和电机的总功率取决于并联式混合动力电动汽车混合驱动时的最高车速、爬坡能力以及加速性能,发动机最大功率则取决于汽车纯发动机模式时的最高车速,电机峰值功率取决于汽车纯电机模式时的最高车速。下面将从并联式混合动力电动汽车混合驱动时的最高车速、爬坡度和加速性能、汽车纯发动机模式时的最高车速、汽车纯电机模式时的最高车速 5 个方面进行发动机和电机功率的匹配。

1) 根据并联式混合动力电动汽车混合驱动时的最高车速确定的整车最大总功率为

$$P_{max1} = \frac{u_{max}}{3600\eta_t}\left(mgf + \frac{C_D A u_{max}^2}{21.25}\right) \tag{3-6}$$

式中,P_{max1} 为根据并联式混合动力电动汽车混合驱动时的最高车速确定的整车最大总功率;u_{max} 为并联式混合动力电动汽车混合驱动时的最高车速;m 为整车质量;η_t 为传动系统效率;f 为轮胎滚动阻力系数;C_D 为空气阻力系数;A 为迎风面积。

2) 根据并联式混合动力电动汽车最大爬坡度确定的整车最大总功率为

$$P_{max2} = \frac{u_p}{3600\eta_t}\left(mgf\cos\alpha_{max} + mg\sin\alpha_{max} + \frac{C_D A u_p^2}{21.25}\right) \tag{3-7}$$

式中,P_{max2} 为根据并联式混合动力电动汽车最大爬坡度确定的整车最大总功率;α_{max} 为最大坡度角;u_p 为爬坡速度。

3) 根据并联式混合动力电动汽车加速性能确定的整车最大功率为

$$P_{max3} = \frac{u}{3600\eta_t}\left(mgf + \frac{C_D A}{21.15}u^2 + \delta m \frac{du}{dt}\right) \tag{3-8}$$

式中,P_{max3} 为根据并联式混合动力电动汽车加速性能确定的整车最大总功率;δ 为旋转质量换算系数;u 为行驶速度;$\frac{du}{dt}$ 为加速度。

并联式混合动力电动汽车由静止原地起步加速过程中，行驶速度为

$$u = u_e \left(\frac{t}{t_e}\right)^{0.5} \tag{3-9}$$

式中，u_e 为加速终止时的速度；t_e 为由静止加速到 u_e 所需的时间；t 为加速时间。

根据加速时间确定的整车最大功率为

$$P_{\max 3} = \frac{1}{3600\eta_t}\left(mgf\frac{u_e}{1.5} + \frac{C_D A u_e^3}{52.875} + \delta m \frac{u_e^2}{7.2t_e}\right) \tag{3-10}$$

并联式混合动力电动汽车整车最大总功率为

$$P_{\text{total}} \geqslant \max\{P_{\max 1}, P_{\max 2}, P_{\max 3}\} \tag{3-11}$$

4）根据并联式混合动力电动汽车纯发动机模式最高车速确定的发动机最大功率为

$$P_{f\max} = \frac{u_{f\max}}{3600\eta_t}\left(mgf + \frac{C_D A u_{f\max}^2}{21.15}\right) \tag{3-12}$$

式中，$P_{f\max}$ 为根据并联式混合动力电动汽车纯发动机模式最高车速确定的发动机最大功率；$u_{f\max}$ 为并联式混合动力电动汽车纯发动机模式的最高车速。

5）根据并联式混合动力电动汽车纯电机模式最高车速确定的电机峰值功率为

$$P_{e\max} = \frac{u_{e\max}}{3600\eta_t}\left(mgf + \frac{C_D A u_{e\max}^2}{21.15}\right) \tag{3-13}$$

式中，$P_{e\max}$ 为根据并联式混合动力电动汽车纯电机模式最高车速确定的电机峰值功率；$u_{e\max}$ 为并联式混合动力电动汽车纯电机模式的最高车速。

发动机峰值功率等于混合动力电动汽车整车最大总功率减去电机峰值功率。

3.7.2　机械变速结构传动比匹配

机械变速结构是并联式混合动力电动汽车的主要传动装置，能够减速增矩。机械变速结构的匹配就是对机械变速结构中的转矩耦合器、变速器和主减速器进行匹配，确定它们的传动比。

1. 主减速器和转矩耦合器传动比的匹配

主减速器和转矩耦合器的传动比应满足并联式混合动力电动汽车纯发动机模式的最高车速要求，即

$$i_0 k_1 \leqslant \frac{0.377 n_{f\max} r}{u_{f\max}} \tag{3-14}$$

式中，i_0 为主减速器传动比；k_1 为转矩耦合器从发动机端到输出轴的传动比；$n_{f\max}$ 为发动机最高转速；$u_{f\max}$ 为并联式混合动力电动汽车纯发动机模式的最高车速；r 为车轮半径。

当并联式混合动力电动汽车以最高车速行驶时，为了获得发动机最大功率，主减速比还应该满足

$$i_0 k_1 \geqslant \frac{0.377 n_{\text{ecp}} r}{u_{f\max}} \tag{3-15}$$

式中，n_{ecp} 为发动机最大功率转速。

主减速器传动比与转矩耦合器从电机端到输出轴的传动比的选择应满足并联式混合动力电动汽车纯电机模式的最高车速要求，即

$$i_0 k_2 \leqslant \frac{0.377 n_{emax} r}{u_{emax}} \tag{3-16}$$

式中，k_2 为转矩耦合器从电机端到输出轴的传动比；n_{emax} 为电机最高转速；u_{emax} 为并联式混合动力电动汽车纯电机模式的最高车速。

当并联式混合动力电动汽车以最高车速行驶时，为了获得电机最大功率，主减速比还应该满足

$$i_0 k_2 \geqslant \frac{0.377 n_{mcp} r}{u_{emax}} \tag{3-17}$$

式中，n_{mcp} 为电机峰值功率转速。

2. 变速器传动比的匹配

对于应用转矩耦合器的并联式混合动力电动汽车来说，当转矩耦合器和主减速器传动比确定时，只需要确定变速器一档传动比就可以得到传动系统的最大传动比。

当并联式混合动力电动汽车以低速爬坡时，不考虑空气阻力，其最大驱动力为

$$F_{tmax} = F_f + F_{imax} \tag{3-18}$$

式中，F_{tmax} 为汽车的最大驱动力；F_f 为汽车的滚动阻力；F_{imax} 为汽车的坡度阻力。

式（3-18）可写成

$$\frac{T_{tqmax} i_{g1} i_0 k_1 \eta_t}{r} = mgf\cos\alpha_{max} + mg\sin\alpha_{max} \tag{3-19}$$

式中，T_{tqmax} 为发动机最大转矩；i_{g1} 为变速器一档传动比；α_{max} 为最大坡度角。

变速器一档传动比为

$$i_{g1} \geqslant \frac{mg(f\cos\alpha_{max} + \sin\alpha_{max}) r}{T_{tqmax} i_0 k_1 \eta_t} \tag{3-20}$$

在确定变速器传动比后，需要验证所选的发动机是否满足汽车的功率要求。在进行参数匹配时，发动机和变速器传动比的选择是一个不断迭代的匹配过程，需要多次尝试后才能得到最终的变速器传动比。

3.7.3 蓄电池参数匹配

蓄电池的参数匹配主要包括电压等级、功率参数以及能量参数的匹配。

（1）**电压等级的选择** 蓄电池组的电压等级主要取决于电机的电压等级范围，电机的峰值功率越大，电机系统的电压等级越高，这样对保证整个蓄电池组的电流不超过一定的限制是有利的（功率一定），但电压等级不能超过电源系统的最高电压限制值，否则会引起系统的高压安全问题。一般交流感应电机的电压等级有288V、336V、600V等。蓄电池组的标称电压应与电机基本匹配，同时要求电机控制器承受电压范围与整个系统的电压范围必须保持一致，以保证系统的运行可靠。

（2）**功率参数的选择** 蓄电池组的充放电功率应与发电机组的功率相匹配，并满

足电机的功率要求，即蓄电池组的功率应大于电机的最大功率。在混合动力汽车的实际应用中，当电机大负荷工作时，电池快速放电，这时需要最大的功率输出，如加速、上坡就是这样一种工况，此时需要给电机输入大电流来提供驱动所需的最大功率。

蓄电池的最大需求功率为

$$P_{ess} = \frac{P_{emax}}{\eta_e} \tag{3-21}$$

式中，P_{ess} 为蓄电池的最大需求功率。

蓄电池的功率增大，汽车的节油率就会升高，但随着其功率的增大，汽车的总整备质量就会增加，在超过了一定的限定值后反而会使节油率下降，并且蓄电池组的功率越大，电池成本也会增加。因此，应综合考虑选择蓄电池的功率。

(3) **能量参数的确定**　蓄电池总能量需要根据纯电动模式下的续驶里程确定。

$$E_b = \frac{(mgf + C_D A u_a^2/21.15) S_a}{3.6 \eta_t \eta_e \eta_d (SOC_H - SOC_L)} \tag{3-22}$$

式中，E_b 为蓄电池总能量；u_a 为平均车速；S_a 为车速 u_a 时的续驶里程；SOC_H 为初始 SOC 值；SOC_L 为终止 SOC 值。

蓄电池容量为总能量与额定电压的比值，即

$$C_e = \frac{E_b}{U_e} \tag{3-23}$$

(4) **蓄电池荷电状态 SOC**　对于并联式混合动力电动汽车，要求其在长时间的稳定运行前后电池的 SOC 基本保持不变或变化很小，这样可以避免电池的深度充放电从而延长其使用寿命。此外，不同厂家的电池的 SOC 最佳工作范围有所不同，常用的镍氢蓄电池和锂离子蓄电池的 SOC 为 0.3~0.7，蓄电池组的内阻最小，能量效率最高。

3.8　混合动力电动汽车仿真实践

混合动力电动汽车传动系统匹配所需参数见表 3-4。

表 3-4　混合动力电动汽车传动系统匹配所需参数

整车质量/kg	滚动阻力系数	空气阻力系数	迎风面积/m²	车轮半径/m
2470	0.012	0.62	6.216	0.364
旋转质量换算系数	传动系统效率	电机效率	电池放电效率	附件能量消耗比例系数
1.3	0.92	0.9	0.95	0.18

并联式混合动力电动汽车的设计目标如下：
1) 混合驱动模式的最高车速为 100km/h。
2) 混合驱动模式下 30km/h 的最大爬坡度为 30%。
3) 混合驱动模式下的百公里加速时间为 14s。

4）纯发动机模式的最高车速为 85km/h。

5）纯电机模式的最高车速为 60km/h。

6）混合度大于 40%。

7）纯电动续驶里程为 30km。

1. 发动机和驱动电机参数匹配

（1）**发动机和电机功率的匹配** 根据发动机和电机匹配数学模型，建立发动机和电机功率需求仿真模型，如图 3-88 所示。

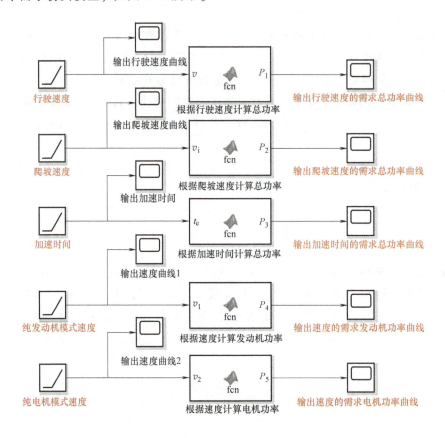

图 3-88 发动机和电机功率需求仿真模型

运行发动机和电机功率需求仿真模型，即可得到行驶速度-整车总功率曲线，如图 3-89 所示；爬坡速度-整车总功率曲线，如图 3-90 所示；加速时间-整车总功率曲线，如图 3-91 所示；速度-发动机功率曲线，如图 3-92 所示；速度-电机功率曲线，如图 3-93 所示。同时根据并联式混合动力电动汽车混合驱动模式最高车速确定整车的最大总功率 P_{max1} = 102.26kW；根据最大爬坡度确定整车的最大总功率 P_{max2} = 64.86kW；根据加速时间确定整车的最大功率 P_{max3} = 120.12kW；根据并联式混合动力电动汽车纯发动机模式最高车速确定发动机的最大功率 P_{emax} = 39.94kW；根据并联式混合动力电动汽车纯电机模式最高车速确定电机的峰值功率 P_{mmax} = 16.6kW。

选择发动机的最大功率为 70kW，电机的峰值功率为 50kW，混合度为 41.7%。

第3章 混合动力电动汽车技术及仿真实践

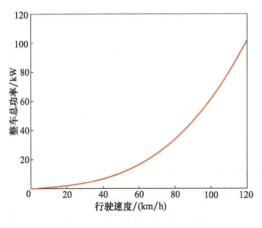

图 3-89 行驶速度-整车总功率曲线

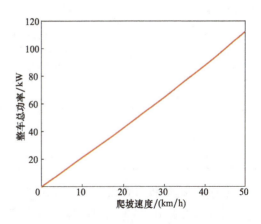

图 3-90 爬坡速度-整车总功率曲线

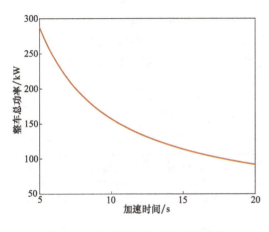

图 3-91 加速时间-整车总功率曲线

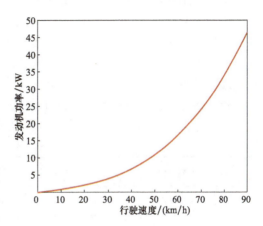

图 3-92 速度-发动机功率曲线

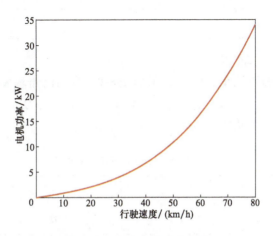

图 3-93 速度-电机功率曲线

(2) 发动机参数的确定 根据发动机最大功率匹配结果，选取一款柴油机，主要参数见表 3-5。

表 3-5 发动机匹配参数

参数名称	参数值	参数名称	参数值
最大功率/kW	70	最大转矩转速/(r/min)	1900
最大功率转速/(r/min)	4000	最高转速/(r/min)	4400
最大转矩/N·m	223		

(3) 电机参数的确定 已经确定电机的峰值功率为 50kW。根据电机的设计经验，电机的过载系数在 2~3 之间取值，考虑到过载系数较大时电机的设计难度较大，过载系数取 2。由于过载系数是电机峰值功率与额定功率的比值，电机的额定功率为 25kW。

由于车用电机一般选用中高速电机，同时考虑到电机的功率密度与可靠性因素，选择电机的最高转速为 6000r/min。电机用扩大恒功率系数 β 表示电机最高转速与额定转速的比值，β 一般在 2~4 之间取值，此处 β 取 2.5，那么电机的额定转速为 2400r/min。

根据电机额定功率、峰值功率和额定转速可以得到电机的额定转矩为 99N·m，电机的峰值转矩为 198N·m。

综上所述，驱动电机匹配参数见表 3-6。

表 3-6 驱动电机匹配参数

参数名称	参数值	参数名称	参数值
额定功率/kW	25	额定转速/(r/min)	2400
峰值功率/kW	50	最高转速/(r/min)	6000
额定转矩/N·m	99	额定电压/V	336
峰值转矩/N·m	198		

2. 机械变速结构传动比匹配

根据主减速器和转矩耦合器传动比的匹配公式，利用已知参数可以得到

$$6.46 \leqslant i_0 k_1 \leqslant 7.10, \quad 11.44 \leqslant i_0 k_2 \leqslant 13.72$$

考虑转矩耦合器和主减速器的体积，可以初步确定 i_0、k_1 和 k_2，见表 3-7。

表 3-7 主减速器和转矩耦合器传动比

组数	i_0	k_1	k_2
1	3.2	2.03	3.75
2	3.35	2.03	3.58
3	3.5	2.03	3.43

根据变速器传动比的匹配公式，可以得到 $i_{g1} \geq 2.35$。

初步确定变速器一档传动比为 2.5，将一档传动比进行等比级数分配，可确定其他档位的传动比，见表 3-8。

表 3-8 变速器各档传动比

档位	传动比	档位	传动比
1	2.5	4	1.0
2	1.84	5	0.74
3	1.36		

根据匹配的发动机，发动机转速与转矩数据见表 3-9。

表 3-9 发动机转速与转矩数据

转速/(r/min)	899	1194	1593	1892	2389	2788	3186	3584	3982	4400
转矩/N·m	121.8	152.3	200.8	217.3	206.5	198.5	187.4	176.5	161.5	103.2

利用表 3-9 中的转速与转矩数据，编写发动机转矩与转速关系曲线拟合的 MATLAB 程序，利用曲线拟合工具箱，可以得到发动机转矩与转速的关系为

$$T_{tq} = -6.936 \times 10^{-15} n^5 + 8.447 \times 10^{-11} n^4 - 3.76 \times 10^{-7} n^3 + 7.14 \times 10^{-4} n^2 - 0.4782 n + 195.1 \tag{3-24}$$

根据表 3-7 和表 3-8，可以确定三组传动比，见表 3-10。

表 3-10 三组传动比数值

组数	1	2	3
i_0	3.2	3.35	3.5
k_1	2.03	2.03	2.03
k_2	3.75	3.58	3.43
i_{g1}	2.5	2.5	2.5
i_{g2}	1.84	1.84	1.84
i_{g3}	1.36	1.36	1.36
i_{g4}	1.0	1.0	1.0
i_{g5}	0.74	0.74	0.74

根据变速器传动比匹配数学模型，建立汽车功率平衡图仿真模型，如图 3-94 所示。

运行汽车功率平衡图仿真模型，即可得到汽车功率平衡图，如图 3-95~图 3-97 所示。

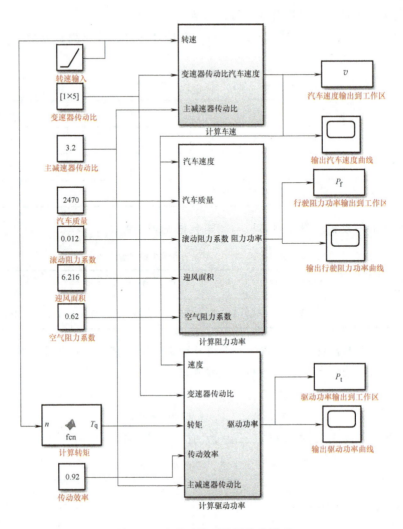

图 3-94 汽车功率平衡图仿真模型

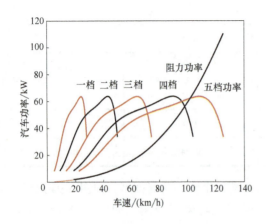

图 3-95 第 1 组传动比的功率平衡图

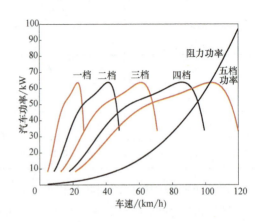

图 3-96 第 2 组传动比的功率平衡图

对比分析图 3-95 ~ 图 3-97 这 3 组功率平衡图可以看出，主减速器传动比越大，汽车具备的后备功率越大，而且汽车能达到的最高车速也越高。但是考虑到整车的燃油经济性以及主减速器的体积，主减速器传动比不宜过大。综合考虑，选择第 2 组传动比。

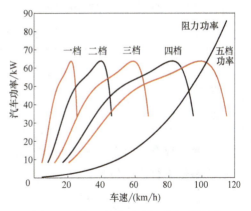

图 3-97 第 3 组传动比的功率平衡图

3. 蓄电池参数匹配

（1）**电压等级的选择** 根据已确定的电机的电压等级，选取 336V 作为蓄电池的电压等级。

（2）**能量参数的确定** 根据蓄电池参数匹配数学模型，建立蓄电池参数匹配仿真模型，如图 3-98 所示。

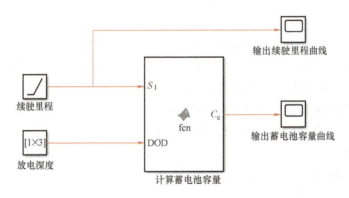

图 3-98 蓄电池参数匹配仿真模型

运行蓄电池参数匹配仿真模型，即可得到不同电池放电深度下的纯电动续驶里程与蓄电池容量的关系，如图 3-99 所示。同时可得输出行驶速度为 60km/h、电池放电深度为 70% 所需的蓄电池容量 $C_e \geq$ 100.7A·h。

（3）**蓄电池功率参数的选择** 根据电机的峰值功率，可得蓄电池最大功率应大于 55.6kW，考虑到汽车附件功率，最终确定蓄电池的最大功率为 65kW。

（4）**电池单体数目和连接方式的确定** 选取三元锂电池，其单体电池组电压为

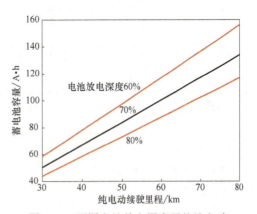

图 3-99 不同电池放电深度下的纯电动续驶里程与蓄电池容量的关系

3.7V，容量为 1.2A·h。为了满足蓄电池组电压的要求，选用 92 块三元锂电池串联，串联的蓄电池组电压为 340.4V，容量为 110.4A·h，满足匹配的蓄电池组电压及容量要求。

综上所述，蓄电池匹配参数见表 3-11。

表 3-11 蓄电池匹配参数

参数名称	参数值	参数名称	参数值
电池容量/A·h	110	单体电池电压/V	3.7
电池单体个数	92	额定电压/V	336

通过改变混合动力电动汽车参数，使用仿真程序，可以对任意混合动力电动汽车的传动系统参数进行匹配仿真。

练 习 题

一、简答题

1. 混合动力电动汽车有些类型？各有何特点？
2. 串联式混合动力电动汽车的工作模式有哪些？
3. 并联式混合动力电动汽车的工作模式有哪些？
4. 混联式混合动力电动汽车的工作模式有哪些？
5. 增程式电动汽车的工作模式有哪些？
6. 混合动力电动汽车动力耦合有哪些类型？
7. 如何匹配混合动力电动汽车传动系统参数？

二、实践题

混合动力电动汽车传动系统匹配仿真。

本实践主要有以下任务：

（1）发动机和驱动电机参数匹配。

（2）机械变速结构传动比匹配。

（3）蓄电池参数匹配。

混合动力电动汽车传动系统匹配所需参数见表 3-12。

表 3-12 混合动力电动汽车传动系统匹配所需参数

整车质量/kg	滚动阻力系数	空气阻力系数	迎风面积/m^2	车轮半径/m
1850	0.012	0.29	2.2	0.281
旋转质量换算系数	传动系统效率	电机效率	电池放电效率	附件能量消耗比例系数
1.1	0.92	0.9	0.95	0.15

并联式混合动力电动汽车的设计目标如下：

（1）混合驱动模式的最高车速为 160km/h。

（2）混合驱动模式下 30km/h 的最大爬坡度为 20%。

(3) 混合驱动模式下的百公里加速时间为12s。
(4) 纯发动机模式的最高车速为120km/h。
(5) 纯电机模式的最高车速为80km/h。
(6) 混合度大于40%。
(7) 纯电动续驶里程为50km。

第4章

燃料电池电动汽车技术及仿真实践

【教学目标】

通过学习本章,学生能够对燃料电池电动汽车技术有全面的了解或掌握;重点掌握燃料电池电动汽车的类型、结构、工作原理和特点;了解燃料电池发电系统和燃料电池的类型;了解车载储氢技术;熟悉燃料电池电动汽车传动系统参数匹配方法和仿真方法。

【教学要求】

知识要点	能力要求	参考学时
概述	掌握燃料电池电动汽车的类型、结构、工作原理和特点	1
燃料电池	了解燃料电池发电系统的结构;了解质子交换膜燃料电池、碱性燃料电池、酸性燃料电池、熔融碳酸盐燃料电池、固体氧化物燃料电池、直接甲醇燃料电池的原理和特点	2
车载储氢技术	了解车载储氢技术条件;掌握氢气的储存方法和制备方法	1
燃料电池电动汽车传动系统参数匹配	熟悉燃料电池电动汽车传动系统参数匹配方法	2
燃料电池电动汽车仿真实践	能够根据燃料电池电动汽车的设计目标,对其驱动电机参数和燃料电池参数进行匹配仿真	2

4.1 概述

4.1.1 燃料电池电动汽车的类型

以燃料电池系统作为动力源或主动力源的汽车称为燃料电池电动汽车(FCEV)。燃料电池电动汽车是电动汽车重要发展方向之一。燃料电池电动汽车的类型如图 4-1 所示。

燃料电池电动汽车按燃料特点可分为直接燃料电池电动汽车和重整燃料电池电动汽车。直接燃料电池电动汽车的燃料主要是氢气;重整燃料电池电动汽车的燃料主要有汽油、天然气、甲醇、甲烷及液化石油气等。

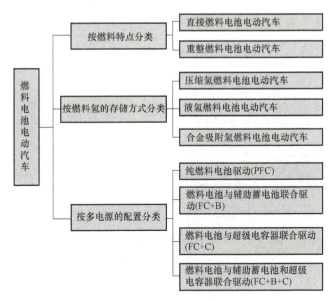

图 4-1　燃料电池电动汽车的类型

按燃料氢的存储方式可分为压缩氢燃料电池电动汽车、液氢燃料电池电动汽车和合金（碳纳米管）吸附氢燃料电池电动汽车。压缩氢燃料电池电动汽车是指氢气的储存采用压缩氢气；液氢燃料电池电动汽车是指氢气的储存采用液化氢；合金（碳纳米管）吸附氢燃料电池电动汽车是指氢气的储存采用合金（碳纳米管）储氢。

按多电源的配置不同可分为纯燃料电池驱动（pure fuel cell，PFC）的电动汽车、燃料电池与辅助蓄电池联合驱动（fuel cell+battery，FC+B）的电动汽车、燃料电池与超级电容器联合驱动（fuel cell+capacitor，FC+C）的电动汽车以及燃料电池与辅助蓄电池和超级电容器联合驱动（fuel cell+battery+capacitor，FC+B+C）的电动汽车。其中采用燃料电池与辅助蓄电池联合驱动（FC+B）的电动汽车使用较为广泛。

1. 纯燃料电池驱动（PFC）的电动汽车

纯燃料电池驱动的电动汽车只有燃料电池一个动力源，汽车需要的所有功率都由燃料电池提供。纯燃料电池电动汽车的动力系统如图 4-2 所示。

燃料电池系统将氢气与氧气反应产生的电能通过 DC/DC 变换器和电机控制器传给驱动电机，驱动电机将电能转化为机械能再传给减速机构，从而驱动汽车行驶。这种系统结构简单，系统控制和整体布置容易；系统部件少，有利于整车的轻量化；整体的能量传递效率高，从而可以提高整车的燃料经济性。

但燃料电池功率大、成本高，对燃料电池系统的动态性能和可靠性提出了很高的要求，而且燃料电池不能进行制动能量回收。因此，为了有效解决上述问题，必须使用辅助能量存储系统作为燃料电池系统的辅助动力源，与燃料电池联合工作，组成混合驱动系统共同驱动汽车。从本质上讲，这种结构的燃料电池电动汽车采用的是混合动力结构，它与传统意义上的混合动力结构的差别仅在于发动机是燃料电池而不是内燃机。在燃料电池混合动力结构汽车中，燃料电池和辅助能量存储装置共同向驱动电机提供电能，通过减速机构来驱动汽车。

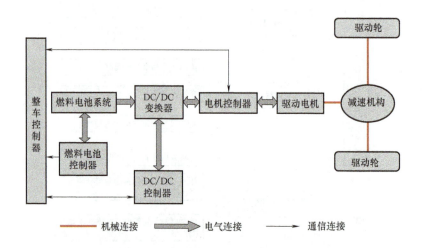

图 4-2　纯燃料电池电动汽车的动力系统

2. 燃料电池与辅助蓄电池联合驱动（FC+B）的电动汽车

燃料电池与辅助蓄电池联合驱动（FC+B）的燃料电池电动汽车的动力系统如图 4-3 所示。在该动力系统结构中，燃料电池和动力蓄电池一起为驱动电机提供能量，驱动电机将电能转化为机械能传给减速机构，从而驱动汽车行驶；在汽车制动时，驱动电机变成发电机，动力蓄电池将储存回馈的能量。在燃料电池和动力蓄电池联合供能时，燃料电池的能量输出变化较为平缓，随时间变化波动较小，而能量需求变化的高频部分由动力蓄电池分担。

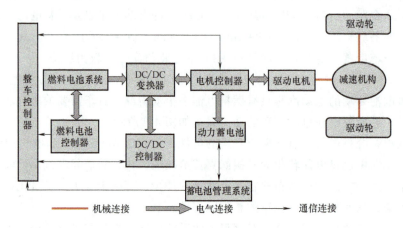

图 4-3　"FC+B" 燃料电池电动汽车的动力系统

目前这种结构型式应用较为广泛，它解决了诸如辅助设备供电、水热管理系统供电、燃料电池堆加热、能量回收等问题。其主要优点是系统对燃料电池的功率要求较纯燃料电池结构型式有很大的降低，从而大大降低了整车成本；燃料电池可以在设定的较好的工作条件下工作，工作时燃料电池的效率较高；系统对燃料电池的动态响应性能要求较低；汽车的冷起动性能较好；可以回收汽车制动时的部分动能。但这种结构型式由于动力蓄电池的使用使得整车的质量增加，动力性和经济性受到影响，这一点在能量复合型混合动力电动汽车上表现得更为明显；动力蓄电池充放电过程会有能量损耗；系统变得复杂，系统控制和整体布置难度增加。

3. 燃料电池与超级电容器联合驱动（FC+C）的电动汽车

这种结构型式与燃料电池+辅助蓄电池结构相似，只是把动力蓄电池换成超级电容器，如图4-4所示。相对于动力蓄电池，超级电容器充放电效率高，能量损失小，循环寿命长，常规制动时再生能量回收率高，正常工作温度范围宽，超级电容器瞬时功率比动力蓄电池大，汽车起动更容易。燃料电池+超级电容器动力系统可以降低燃料电池的放电电流，发挥超级电容器均衡负载的作用，提高整车的续驶里程及动力性。

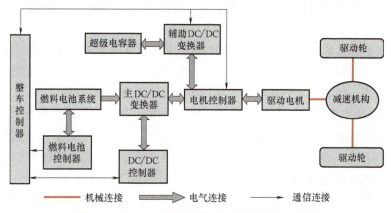

图4-4 "FC+C"燃料电池电动汽车的动力系统

但是，超级电容器的比能量低，能量存储有限，峰值功率持续时间短，同时这种混合动力系统结构复杂，对系统各部件之间的匹配及控制要求高，这些成为制约燃料电池+超级电容器混合动力系统发展的关键因素。随着超级电容器技术的不断进步，这种结构将成为一种新的重要发展方向。

4. 燃料电池与辅助蓄电池和超级电容器联合驱动（FC+B+C）的电动汽车

燃料电池与辅助蓄电池和超级电容器联合驱动（FC+B+C）的燃料电池电动汽车的动力系统如图4-5所示。在该动力系统结构中，燃料电池、动力蓄电池和超级电容器一

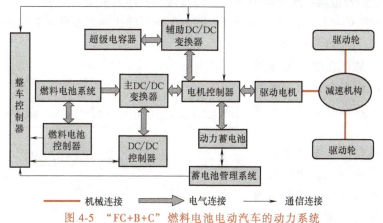

图4-5 "FC+B+C"燃料电池电动汽车的动力系统

起为驱动电机提供能量，驱动电机将电能转化为机械能传给减速机构，从而驱动汽车行驶。在汽车制动时，驱动电机变成发电机，动力蓄电池和超级电容器将储存回馈的能量。在燃料电池、动力蓄电池和超级电容器联合供能时，燃料电池的能量输出较为平缓，随时间变化波动较小，而能量需求变化的低频部分由动力蓄电池承担，能量需求变化的高频部分由超级电容器承担。在这种结构中，各动力源的分工更加明细，因此它们的优势也能得到更好的发挥。

这种结构与燃料电池+辅助蓄电池的结构相比优点更加明显，尤其是在部件效率、动态特性、制动能量回馈等方面。其缺点也一样更加明显，由于增加了超级电容器，整个系统的质量将可能增加；系统更加复杂化，系统控制和整体布置的难度也随之增大。

如果能够对系统进行很好的匹配和优化，这种结构所带来的汽车良好的性能具有很大吸引力。

在三种混合驱动形式中，FC+B+C 组合被认为能够最大限度满足整车的起动、加速、制动的动力和效率需求，但成本最高，结构和控制也最为复杂。目前燃料电池电动汽车的动力系统一般采用 FC+B 组合的结构，这是因为它具有以下特点：

1）燃料电池单独或与动力蓄电池共同提供持续功率，而且在车辆起动、爬坡和加速等有峰值功率需求时，动力蓄电池提供峰值功率。

2）在车辆起步和功率需求量不大的时候，动力蓄电池可以单独输出能量。

3）动力蓄电池技术比较成熟，可以在一定程度上弥补燃料电池技术上的不足。

目前，FC+B 燃料电池电动汽车的动力系统分为直接型和间接型两种结构型式。

（1）直接型燃料电池混合动力系统 直接型燃料电池混合动力系统是指燃料电池与系统总线直接相连，如图4-6所示。在该系统中，由于燃料电池系统和动力蓄电池均直接并入动力系统总线中，直接与电机控制器相连，结构简单易行。此外，由于动力蓄电池既可输出功率改善燃料电池系统本身在汽车行驶过程中可能出现动力性较差的情况，又可在燃料电池功率输出过剩时将多余的功率储存在其内部，从而提高了整车的能量利用率。

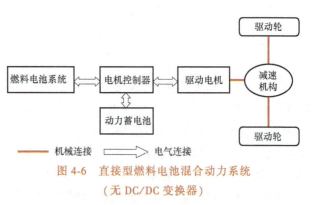

图4-6 直接型燃料电池混合动力系统（无 DC/DC 变换器）

直接型燃料电池混合动力系统还有一种结构型式，即燃料电池系统直接连入主线，动力蓄电池与双向 DC/DC 变换器相连，然

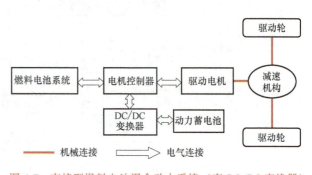

图4-7 直接型燃料电池混合动力系统（有 DC/DC 变换器）

后并入主线,如图 4-7 所示。

采用这种结构型式的动力系统,由于在动力蓄电池和总线之间增加了一个双向 DC/DC 变换器,使得动力蓄电池的电压可以无须与总线上的电压保持一致,降低了动力蓄电池的设计要求,从而可以在一定程度上提高动力蓄电池的性能。另一方面,DC/DC 变换器的引入,对于系统控制而言,可以更加方便灵活地控制动力蓄电池的充放电,改善系统的可操作性。

总体来说,直接型燃料电池混合动力系统具有结构简单、易于实现等优点。然而直接型燃料电池混合动力系统存在一个不可避免的问题,那就是由于燃料电池与总线直接相连,总线电压即为燃料电池的输出电压。然而在汽车行驶时,驱动电机的工作电压会与燃料电池的输出电压产生一定的电压差,当燃料电池正常工作时,其输出电压为总线电压,此时若输出电压小于驱动电机的工作电压,就会导致驱动电机的输出功率降低,进而影响整车行驶的动力性能;与之相反,当驱动电机在其最大输出功率的电压下工作时,若驱动电机工作电压小于燃料电池输出电压,则会影响燃料电池系统的工作效率,降低整车的经济性能。

(2)**间接型燃料电池混合动力系统** 此种动力系统的结构型式是燃料电池系统与 DC/DC 变换器连接后,动力蓄电池与其一起并入动力系统总线中,如图 4-8 所示。

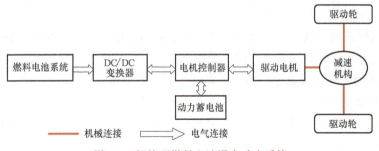

图 4-8 间接型燃料电池混合动力系统

间接型燃料电池混合动力系统在一定程度上解决了直接型燃料电池混合动力系统中存在的燃料电池输出电压与驱动电机工作电压之间可能矛盾的问题,既可保证驱动电机始终工作在其最佳工作电压范围内,又保证了燃料电池的输出电压不受干扰和限制,改善了系统的工作性能。

4.1.2 燃料电池电动汽车的结构

典型燃料电池电动汽车主要由燃料电池、高压储氢罐、辅助动力源、DC/DC 变换器、驱动电机和整车控制器等组成,如图 4-9 所示。

1. 燃料电池

燃料电池是燃料电池电动汽车的主要动力源,它是一种不燃烧燃料而直接以电化学反应方式将燃料的化学能转变为电能的高效发电装置。

发电的基本原理:电池的阳极(燃料极)输入氢气(燃料),氢分子(H_2)在阳极催化剂作用下被离解成氢离子(H^+)和电子(e),氢离子穿过燃料电池的电解质层

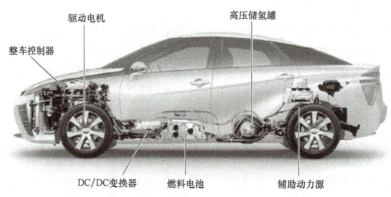

图 4-9 典型燃料电池电动汽车的结构

向阴极（氧化极）方向运动，电子因通不过电解质层而由一个外部电路流向阴极；在电池阴极输入氧气（O_2），氧气在阴极催化剂作用下离解成氧原子（O），与通过外部电路流向阴极的电子和穿过电解质的氢离子结合生成稳定结构的水（H_2O），完成电化学反应放出热量。这种电化学反应与氢气在氧气中发生的剧烈燃烧反应是完全不同的，只要阳极不断输入氢气，阴极不断输入氧气，电化学反应就会连续不断地进行下去，电子就会不断地通过外部电路流动形成电流，从而连续不断地向汽车提供电力。

2. 高压储氢罐

高压储氢罐是气态氢的储存装置，用于给燃料电池供应氢气。为保证燃料电池电动汽车一次充气有足够的续驶里程，就需要多个高压储氢罐来储存气态氢气。一般轿车需要 2~4 个高压储气瓶，大客车上需要 5~10 个高压储氢罐。

3. 辅助动力源

根据 FCEV 的设计方案不同，其采用的辅助动力源也有所不同，可以用蓄电池组、飞轮储能器或超大容量电容器等共同组成双电源系统。

4. DC/DC 变换器

FCEV 的燃料电池需要装置单向 DC/DC 变换器，蓄电池和超级电容器需要装置双向 DC/DC 变换器。DC/DC 变换器的主要功能有调节燃料电池的输出电压，能够升压到 650V；调节整车能量分配；稳定整车直流母线电压。

5. 驱动电机

燃料电池电动汽车使用的驱动电机主要有直流电机、交流电机、永磁同步电机和开关磁阻电机等，具体选型必须结合整车开发目标，综合考虑电机的特点。

6. 整车控制器

整车控制器是燃料电池电动汽车的"大脑"，由燃料电池管理系统、蓄电池管理系统、驱动电机控制器等组成，它一方面接收来自驾驶人的需求信息（如点火开关、加速踏板、制动踏板、档位信息等）实现整车工况控制；另一方面基于反馈的实际工况（如车速、制动、电机转速等）以及动力系统的状况（燃料电池及动力蓄电池的电压、电流等），根据预先匹配好的多能源控制策略进行能量分配调节控制。

上汽大通的氢能源 MPV（多用途汽车）——EUNIQ 7 如图 4-10 所示。

第4章 燃料电池电动汽车技术及仿真实践

图4-10 上汽大通的氢能源MPV——EUNIQ 7

该车的主要部件布置如图4-11所示。燃料电池前置，储氢罐中置，电驱模块和三元锂电池组后置。在EUNIQ 7的后副车架上，集成了"三合一"电驱模块以及三元锂电池组，形成了动力输出的一个小闭环，哪怕氢能系统出现故障，也能依靠三元锂电池组的电量行驶一段距离（但不会太长）。

EUNIQ 7车型布置三个耐高压的储氢罐，如图4-12所示。它采用金属内胆+航天级碳纤维全缠绕，可耐受相

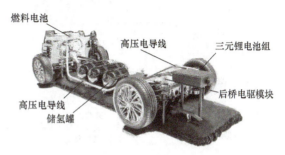

图4-11 主要部件布置

当于火山喷发岩浆的842℃高温，纤维壁厚26.5mm，储氢罐的耐压强度达到70MPa。同时，EUNIQ 7采用先进的双回路冗余断电断氢设计，符合中国及欧盟全方位碰撞安全防护两大标准，碰撞试验中氢罐完好无损、系统无泄漏。

EUNIQ 7车型采用质子交换膜燃料电池，壳体为铝合金，如图4-13所示。燃料电池产生的电能，一部分用于直接驱动车辆，剩下的则会送入蓄电池组中储存。

图4-12 储氢罐的布置

图4-13 EUNIQ 7车型的质子交换膜燃料电池

EUNIQ 7的氢能源系统设置了4种工作模式，即直驱模式、行车补电、停车补电和能量回收。EUNIQ 7仅需开到加氢站加氢3min，便能完全加满EUNIQ 7的额定容积为6.4kg的高压氢瓶，车辆此时的NEDC续驶里程可达605km，百公里耗氢1.18kg。

4.1.3 燃料电池电动汽车的工作原理

燃料电池电动汽车的工作原理如图 4-14 所示,高压储氢罐中的氢气和空气中的氧气在汽车搭载的燃料电池中发生氧化还原反应,产生电能驱动电机工作,驱动电机产生的机械能经变速传动装置传给驱动轮,驱动汽车行驶。

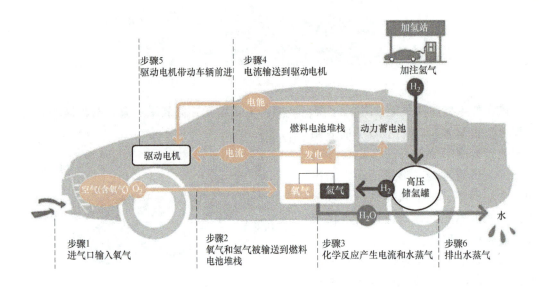

图 4-14 燃料电池电动汽车的工作原理

丰田 Mirai 燃料电池电动汽车的结构如图 4-15 所示。

丰田 Mirai 使用液态氢作为动力源,液态氢被储存在位于车身后半部分的高压储氢罐中。两个高压储氢罐分别置于后轴的前、后两端。相比于纯电动汽车,燃料电池汽车 Mirai 的最大优点在于,氢燃料添加的过程与传统添注汽油或者柴油相似,充满仅需要 3~5min。整车动力系统可提供最大 113kW 的功率及 335N·m 的峰值转矩,

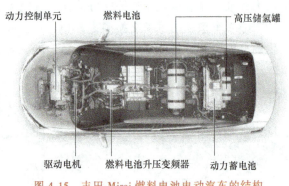

图 4-15 丰田 Mirai 燃料电池电动汽车的结构

最高车速为 200km/h,百公里加速时间约为 9s,续驶里程可达 500km,足以满足日常需求。

图 4-16 所示为丰田 Mirai 的燃料电池,由 370 个电芯组成,升压系统最终的最大输出电压可达 650V,满足驱动电机的最大输出要求。

图 4-17 所示为丰田 Mirai 的驱动电机,其最大输出功率为 113kW,最大输出转矩为 335N·m。

第4章 燃料电池电动汽车技术及仿真实践

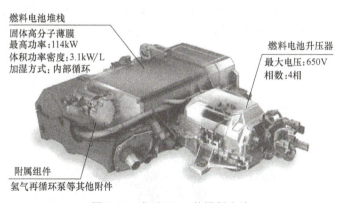

图 4-16 丰田 Mirai 的燃料电池

图 4-18 所示为丰田 Mirai 的驱动电机控制单元,它就像汽车的"大脑",所有的动力均由控制单元计算后分配到各驱动轮上。

图 4-17 丰田 Mirai 的驱动电机

图 4-18 丰田 Mirai 的驱动电机控制单元

图 4-19 所示为丰田 Mirai 的动力蓄电池,燃料电池输出剩余的电能和制动回收的电能均被动力蓄电池储存起来,供急加速和车载用电器使用。

图 4-20 所示为丰田 Mirai 的储氢罐,内层采用高分子聚合物材料,与氢气接触不发生反应;中间层是高压储氢罐最重要的一层,采用"热塑性碳纤维增强塑料";外层采用玻璃纤维增强聚合物材料。两个储氢罐的容积分别为 60L 和 62.4L,储气压力可达 70MPa。

图 4-19 丰田 Mirai 的动力蓄电池

图 4-20 丰田 Mirai 的储氢罐
1—内层 2—中间层 3—外层

图 4-21 所示为丰田 Mirai 的工作原理，储氢罐中的氢气与车头吸入的氧气在燃料电池内发生反应，产生的电能驱动电机，从而带动车辆行驶；反应产生的剩余电能存入动力蓄电池中。

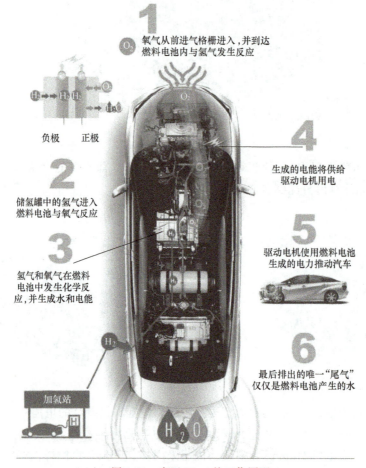

图 4-21　丰田 Mirai 的工作原理

丰田 Mirai 的关键技术如图 4-22 所示。

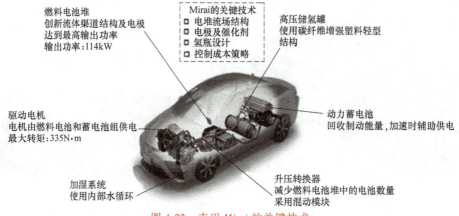

图 4-22　丰田 Mirai 的关键技术

丰田 Mirai 燃料电池电动汽车的行驶工况分为起动工况、一般行驶工况、加速行驶工况以及减速行驶工况，如图 4-23 和图 4-24 所示。

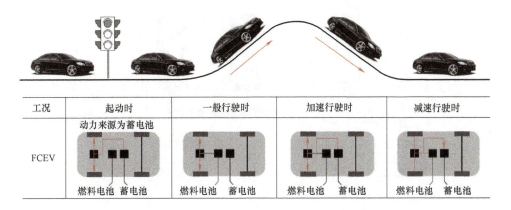

图 4-23 燃料电池电动汽车行驶工况示意图

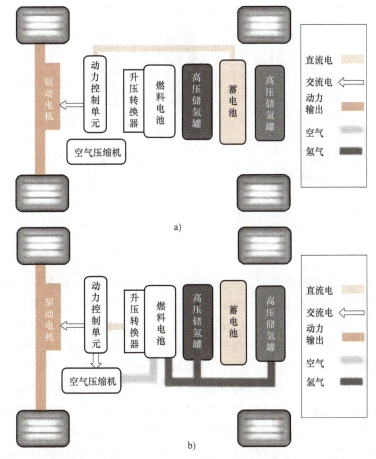

图 4-24 燃料电池电动汽车的行驶工况

a）起动工况　b）一般行驶工况

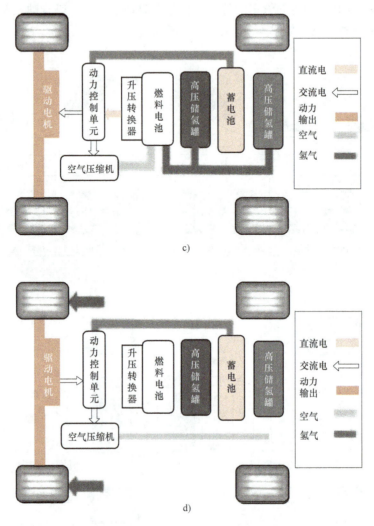

图 4-24 燃料电池电动汽车的行驶工况（续）
c）加速行驶工况　d）减速行驶工况

（1）**起动工况**　车辆起动时，由车载蓄电池进行供电，此时来自蓄电池的电能直接提供给驱动电机，使电机工作，驱动车轮转动，燃料电池不参与工作。

（2）**一般行驶工况**　一般行驶工况下，来自高压储氢罐的氢气经高压管路提供给燃料电池，同时来自空气压缩机的氧气也提供给燃料电池，经质子交换膜内部产生电化学反应，产生大约 300V 的电压，然后经 DC/DC 变换器进行升压，转变为 650V 的直流电，经动力控制单元转换为交流电提供给驱动电机，驱动电机运转，带动车轮转动。

（3）**加速行驶工况**　加速时，除了燃料电池正常工作外，需要由车载蓄电池参与工作，以提供额外的电力供驱动电机使用，此时车辆处于大负荷工况下。

（4）**减速行驶工况**　减速时，车辆在惯性作用下行驶，此时燃料电池不工作，车辆减速所产生的惯性能量由驱动电机转换为发电机后进行发电，经动力控制单元将其转换为直流电后，反馈回车载蓄电池进行电能的回收。

4.1.4 燃料电池电动汽车的特点

燃料电池电动汽车与内燃机汽车和纯电动汽车相比，具有以下优点：

1）效率高。燃料电池的工作过程是化学能转化为电能的过程，不受卡诺循环的限制，能量转换效率较高，可以达到30%以上，而汽油机和柴油机汽车的整车效率分别为16%~18%和22%~24%。

2）续驶里程长。采用燃料电池系统作为能量源，克服了纯电动汽车续驶里程短的缺点，其长途行驶能力及动力性已经接近于传统内燃机汽车。

3）绿色环保。燃料电池没有燃烧过程，以纯氢作燃料，生成物只有水，属于零排放。如果采用其他富氢有机化合物用车载重整器制氢作为燃料电池的燃料，生成物除水之外还可能有少量的 CO_2，接近零排放。

4）过载能力强。燃料电池除了在较宽的工作范围内具有较高的工作效率外，其短时过载能力可达额定功率的200%或更大。

5）低噪声。燃料电池属于静态能量转换装置，除了空气压缩机和冷却系统以外无其他运动部件，因此与内燃机汽车相比，运行过程中的噪声和振动都较小。

6）设计方便灵活。燃料电池电动汽车可以按照 X-by-Wire 的思路进行汽车设计，改变了传统的汽车设计概念，可以在空间和质量等问题上进行灵活的配置。

但是燃料电池电动汽车也具有以下缺点：

1）燃料电池电动汽车的制造成本和使用成本过高。

2）辅助设备复杂，且质量和体积较大。

3）起动时间长，系统抗振能力有待进一步提高。此外，在 FCEV 受到振动或者冲击时，各种管道的连接和密封的可靠性需要进一步提高，以防止泄漏，降低效率，防止严重时发生安全事故。

氢燃料电动汽车与锂电池电动汽车相比较，氢燃料电动汽车的燃料补充迅速和续驶里程长是优势，加氢站数量及氢气价格直接决定未来发展。相比燃油汽车，氢燃料电动汽车和锂电池电动汽车两种路线都具有转化率高、环保等优点，而氢燃料电动汽车在续驶里程及能量补充时间上具有明显优势。例如在续驶里程方面，比亚迪 e6 及特斯拉稍远，可达 400km，而丰田 Mirai 的续驶里程可达 650km；而在能量补充方面，纯电池车的直流快充时长为 2~3h，氢燃料车一次加氢只需 3~5min。

纯电动汽车和氢燃料电池电动汽车的比较见表 4-1。

表 4-1 纯电动汽车和氢燃料电池电动汽车的比较

类型	纯电动汽车	氢燃料电池电动汽车（以 Mirai 为例）
续驶里程	200~400km	650km
补充方式	家庭充电桩或公共充电站	公共加氢站
补充时间	快充 2~3h，慢充 8~10h	3~5min
行驶能耗	0.15kW·h/km	0.013kg/km

(续)

类型	纯电动汽车	氢燃料电池电动汽车(以 Mirai 为例)
行驶成本(仅考虑电能、燃料费用)	0.3~0.4元/km	0.2~0.8元/km
补充站功率	300~500W/充电站	1500~2000W/加氢站
电池占整车成本	35%~45%(动力蓄电池+BMS)	60%~70%(燃料电池系统+储氢系统)

几款主流燃料电池轿车的参数对比见表4-2。

表4-2 几款主流燃料电池轿车的参数对比

车型	丰田 Mirai	通用 Equinox	荣威 950
样式			
最高车速/(km/h)	175	160	160
燃料电堆功率/kW	114	92	30
燃料电堆体积/质量	37L/56kg	130kg	75L/120kg
电池堆功率密度	3.1kW/L,2.0kW/kg	0.7kW/kg	0.4kW/L,0.25kW/kg
电池堆低温性能/℃	-30	-30	-20
电池堆铂用量/g	20	30	30~50
电池堆寿命/h	大于5000	5500	3000~4000
加氢量/kg	5	4.2	4.18
电池	1.6kW·h 镍氢蓄电池	1.8kW·h 镍氢蓄电池	5.5kW·h 磷酸铁锂电池
电机	113kW,335N·m	94kW,320N·m	42kW,270N·m
总续驶里程/km	650	320	400

4.2 燃料电池

4.2.1 燃料电池发电系统

燃料电池(FC)是一种化学电池,它直接把物质发生化学反应时释放出的能量转换为电能,工作时需要连续地向其供给活物质(起反应的物质)——燃料和氧化剂。由于它是把燃料通过化学反应释放出的能量变为电能输出,称为燃料电池。

燃料电池由阳极、阴极和电解质组成。氢燃料电池的工作原理是将氢气送到燃料电池的阳极板(负极),经过催化剂的作用,氢原子中的一个电子被分离出来,失去电子的氢离子穿过质子交换膜,到达燃料电池阴极板(正极),氧原子和氢离子重新结合成为水,如图4-25所示。由于供应给阴极板的氧是从空气中获得的,只要不断地给阳极板供应氢,给阴极板供应空气,并及时把水蒸气带走,就可以不断地提供电能。

燃料电池主要包括质子交换膜燃料电池、碱性燃料电池、酸性燃料电池、熔融碳酸盐燃料电池、固体氧化物燃料电池和直接甲醇燃料电池等,其中质子交换膜燃料电池在燃料电池电动汽车上的应用最广泛。

燃料电池发电系统是用燃料电池模块通过电化学过程将反应物(燃料和氧化剂)的化学能转化为电能(直流或交流电)和热能的系统,其组成如图4-26所示。图4-26中实线框的内部为燃料电池发电系统,主要由燃料电池模块、氢燃料供应与处理系统、氧化剂处理系统、增湿系统、通风系统、水管理系统、热管理系统、功率调节系统及自动控制系统等组成。

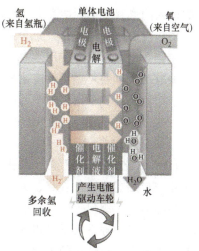

图4-25 燃料电池的工作原理

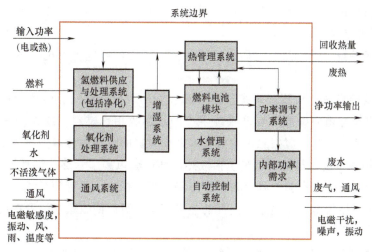

图4-26 燃料电池发电系统组成示意图

(1)**燃料电池模块** 燃料电池模块是由多个燃料电池堆(组)按特定的供给反应物方式和电连接方式构成的组合体,它将燃料和氧化剂中的化学能直接变成电能,而不需要经过燃烧的过程,是一个电化学装置。

燃料电池堆(组)是由两个或多个单体电池通过紧固结构组成的、具有共用管道和统一输出的组合体,如图4-27所示。

(2)**氢燃料供应与处理系统** 氢燃料供应与处理系统是给燃料电池提供燃料,

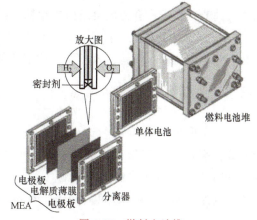

图4-27 燃料电池堆

并将输入的燃料转化为燃料电池堆所需化学组成的燃料的化学处理装置,及其相关的热交换器和控制装置的组合。燃料供应系统包含的管路、阀门、传感器、燃料处理装置等,应符合相关标准和使用要求。燃料电池电动汽车的氢燃料供应主要使用高压储氢罐,其采用碳纤维强化塑料的三层结构,可以承受 70MPa 的高压,如图 4-28 所示。

(3) **氧化剂处理系统** 氧化剂处理系统包括滤清器、管路、处理装置、传感器件、阀门等,应符合相应标准。氧化剂处理系统是可以对供给燃料电池发电系统使用的氧化剂进行

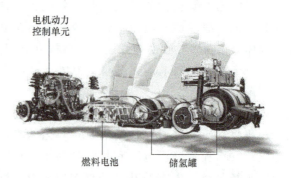

图 4-28 燃料电池电动汽车的高压储氢罐

计量、调整,并对其进行压缩的系统。氧气来源于空气或氧气罐,空气需要用压缩机来提高压力,以增加燃料电池反应的速度。

(4) **增湿系统** 增湿系统是为保证质子交换膜的质子传导能力,向电池内部提供气态或液态水的措施。

(5) **通风系统** 通风系统是通过机械的方法,向燃料电池发电系统的机柜内提供空气的系统。

(6) **水管理系统** 水管理系统包括管路、循环水泵、阀门、传感器件、水储存与补充箱等,应符合相应标准。发电系统生成的水回收用作燃料,或作为氧化剂增湿使用,或作为其他用途时,应去除水中对发电系统有害的物理颗粒与金属离子。

(7) **热管理系统** 热管理系统包括散热器和配套风扇、管路、循环流体泵、阀门、传感器件、冷却流体储存箱与补充箱等,应符合相应标准。热管理系统提供冷却和散热的功能,以保持燃料电池发电系统内部的热平衡,还可以回收余热以及在起动过程中协助加热动力传动系统。

(8) **功率调节系统** 功率调节系统根据发电系统内部装置所消耗的功率和对外输出功率的要求调节燃料电池堆输出功率,通过 DC/DC 变换器或 DC/AC 装置对电流、电压进行调节,提供符合使用要求的功率输出。

(9) **自动控制系统** 自动控制系统包括为保障发电系统正常运行进行调节与监控所必需的传感器件、线路、执行器、控制器件、软件程序等,应符合相应标准。

4.2.2 质子交换膜燃料电池

质子交换膜燃料电池(proton exchange membrane fuel cell, PEMFC)采用可传导离子的聚合膜作为电解质,因而也称为聚合物电解质燃料电池(polymer electrolyte fuel cell, PEFC)、固体聚合物燃料电池(solid polymer fuel cell, SPFC)或固体聚合物电解质燃料电池(solid polymer electrolyte fuel cell, SPEFC),是目前应用最广泛的一种燃料电池。

1. 质子交换膜燃料电池的基本结构

PEMFC 的基本单元由质子交换膜、催化剂、电极（阳极扩散层、阴极扩散层、阳极催化层、阴极催化层）、膜电极（阳极、阴极和质子交换膜复合而成）和集流板（阳极集流板、阴极集流板）等组成，如图 4-29 所示。

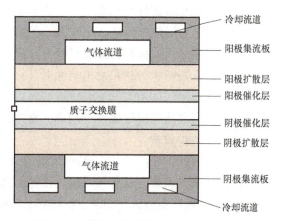

图 4-29 质子交换膜燃料电池结构示意图

（1）**质子交换膜** 质子交换膜（proton exchange membrane，PEM）是 PEMFC 中最重要的部件之一，其性能好坏直接影响电池的性能和寿命。质子交换膜燃料电池中的质子交换膜与一般化学电源中使用的隔膜有很大不同，它不只是一种将阳极的燃料与阴极的氧化剂隔开的隔膜材料，它还是电解质和电极活性物质（电催化剂）的基底，即兼有隔膜和电解质的作用。另外，PEM 还是一种选择透过性膜，在质子交换膜的高分子结构中，含有多种离子基团，它只允许 H^+ 穿过，其他离子、气体及液体均不能通过。

（2）**催化剂** 为了加快电化学反应速度，气体扩散电极上都含有一定量的催化剂。PEMFC 的催化剂主要有铂系和非铂系电催化剂两类，目前多采用铂催化剂。由于 PEMFC 是在低温条件下工作的，提高催化剂的活性，防止电极催化剂中毒很重要。

（3）**电极** PEMFC 的电极是一种多孔气体扩散电极，一般由扩散层和催化层构成。扩散层是由导电材料制成的多孔合成物，具有支撑催化层，收集电流，并为电化学反应提供电子通道、气体通道和排水通道的作用。催化层是进行电化学反应的区域，是电极的核心部分，其内部结构粗糙多孔，因而有足够的表面积以促进氢气和氧气的电化学反应。因此，电极制作的好坏对电池的性能有重要影响。

（4）**膜电极** 膜电极（membrane electrode assembly，MEA）是通过热压将阴极、阳极与质子交换膜复合在一起而形成的。为了使电化学反应顺利进行，多孔气体扩散电极必须具备质子、电子、反应气体和水的连续通道。MEA 性能不仅依赖于电催化剂的活性，还与电极中四种通道的构成及各种组分的配比、电极孔分布与孔隙率、电导等因素密切相关。

理想的电极结构必须满足以下条件：反应区必须透气（即高气体渗透性）；气体所到之处需要有催化剂粒子，即催化剂必须分布在能接触到气体分子的表面；催化剂必须与 Nafion 膜接触，以保证反应产生的离子顺利通过（即高质子传导性）；作为催化剂载体的炭黑导电性要高，这将有利于电子转移（即高导电性），因催化剂不能连成片（必须有很大的催化活性表面才能提高催化反应速度，而片状金属表面积小），难以作为电导体，所以催化剂粒子上反应产生或需要的电子必须通过导电性物质与电极沟通；催化剂的稳定性要好。高分散、细颗粒的 Pt 催化剂表面亥姆霍兹自由能大，很不稳定，需要掺入一些其他催化剂以降低其表面亥姆霍兹自由能，或者掺入少量含有能与催化剂形成化学键或弱结合力元素的物质。

(5) **集流板** 集流板放置在膜电极的两侧,分别称为阳极集流板和阴极集流板,其作用是阻隔和传送燃料与氧化剂、收集和传导电流、导热,以及将各个单体电池串联起来并通过流场为反应气体进入电极及水的排出提供通道。目前,制备PEMFC集流板广泛采用的材料是炭质材料、金属材料及金属与炭质的复合材料。

集流板的流场结构与材料对电池性能具有重要影响。流场的功能是引导反应气体流动方向,确保反应气体均匀分配到电极的各处流场,经电极扩散层到达催化层参与电化学反应。为提高电池反应气体的利用率,通常排放尾气越少越好,流场设计的好坏直接影响电池尾气的排放量。

通常,PEMFC的运行需要一系列辅助设备与之共同构成发电系统。PEMFC系统一般由电池堆、氢气系统、氧化剂系统、水热管理系统、安全系统和控制系统等构成。

电池堆是系统的核心,承担把化学能转化成电能的任务;氢气系统提供燃料电池正常工作所需的氢气;氧化剂系统提供燃料电池正常工作所需的氧气;水热管理系统保证燃料电池堆所需空气、氢气的温度和湿度,保证电池堆在正常温度下工作;安全系统由氢气探测器、数据处理系统以及灭火设备等构成,保证系统运行安全;控制系统通过检测传感器信号和需求信号,利用一定的控制策略保证系统正常工作。

2. 质子交换膜燃料电池的工作原理

PEMFC在原理上相当于水电解的"逆"装置。其单体电池由阳极、阴极和质子交换膜组成,阳极为氢燃料发生氧化的场所,阴极为氧化剂还原的场所,两极都含有加速电极电化学反应的催化剂,质子交换膜为电解质。PEMFC的工作原理如图4-30所示。

导入的氢气通过阳极集流板(双极板)经由阳极扩散层到达阳极催化层,在阳极催化剂作用下,氢分子分解为带正电的氢离子(即质子)并释放出带负电的电子,完成阳极反应;氢离子穿过膜到达阴极催化层,而电子则由集流板收集,通过外电路到达阴极,电子在外电路形成电流,通过适当连接可向负载输出电能;在电池的另一端,氧气通过阴极集流板(双极板)经由

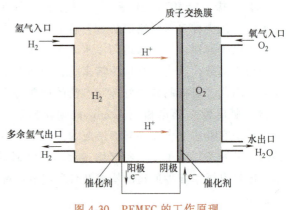

图4-30 PEMFC的工作原理

阴极扩散层到达阴极催化层,在阴极催化剂作用下,氧与透过膜的氢离子及来自外电路的电子发生反应生成水,完成阴极反应。电极反应生成的水大部分由尾气排出,一小部分在压力差的作用下通过膜向阳极扩散。阳极和阴极发生的电化学反应为

$$2H_2 \longrightarrow 4H^+ + 4e^-$$

$$4e^- + 4H^+ + O_2 \longrightarrow 2H_2O$$

电池总的反应为

$$2H_2 + O_2 \longrightarrow 2H_2O$$

上述过程是理想的工作过程，实际上，整个反应过程中会有很多中间步骤和中间产物的存在。

3. 质子交换膜燃料电池供氢系统的结构

质子交换膜燃料电池供氢系统按照储氢的化学形态不同可分为以气态单质形式储存氢气的质子交换膜燃料电池供氢系统和以化合物形式储存氢气的质子交换膜燃料电池供氢系统。

（1）**以气态单质形式储存氢气的质子交换膜燃料电池供氢系统** 该系统将氢气存储于储氢容器，直接为燃料电池供应氢气，包括加注接口、储氢容器、管路总成、控制和监测系统等，其结构如图4-31所示。图中管路总成包括与氢直接接触或者成为供氢系统一部分的元件、管路及接头等，可以由金属和非金属管件构成。

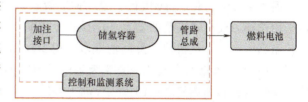

图 4-31 以气态单质形式储存氢气的质子交换膜燃料电池供氢系统的结构示意图

（2）**以化合物形式储存氢气的质子交换膜燃料电池供氢系统** 该系统利用产氢物质，主要有金属储氢化合物、液态有机储氢化合物、氨类储氢化合物、甲醇、液态水等，通过物理或化学过程制备氢气，实现向燃料电池供应氢气，包括制氢装置、净化装置、缓冲装置、储氢容器、管路总成、控制和监测系统等，其结构如图4-32所示。

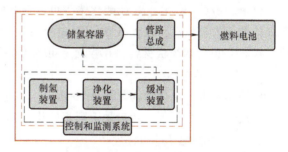

图 4-32 以化合物形式储存氢气的质子交换膜燃料电池供氢系统的结构示意图

4. 质子交换膜燃料电池的特点

PEMFC 具有以下优点：

1）能量转化效率高。通过氢氧化合作用，直接将化学能转化为电能，不通过热机过程，不受卡诺循环的限制。

2）可实现零排放。唯一的排放物是纯净水，没有污染物排放，是环保型能源。

3）运行噪声低，可靠性高。PEMFC 组无机械运动部件，工作时仅有气体和水的流动。

4）维护方便。PEMFC 内部构造简单，电池模块呈现自然的"积木化"结构，使得电池组的组装和维护都非常方便，也很容易实现"免维护"设计。

5）发电效率平稳。发电效率受负荷变化影响很小，非常适于用作分散型发电装置（作为主机组），也适于用作电网的"调峰"发电机组（作为辅机组）。

6）氢来源广泛。氢是地球上最多的元素，氢气来源极其广泛，是一种可再生的能源。可通过石油、天然气、甲醇、甲烷等进行重整制氢，也可通过电解水制氢、光解水制氢、生物制氢等方法获取氢气。

7）技术成熟。氢气的生产、储存、运输和使用等技术，目前均已非常成熟、安全、可靠。

但是 PEMFC 也具有以下缺点：

1）成本高。膜材料和催化剂均十分昂贵，随着成本不断降低，一旦能够大规模生产，比价的经济效益才会充分显示出来。

2）对氢的纯度要求高。PEMFC 需要纯净的氢，因为它们极易受到一氧化碳和其他杂质的污染。

因为 PEMFC 的工作温度低，起动速度较快，功率密度较高（体积较小），所以很适于用作新一代交通工具的动力。世界各大汽车集团竞相投入巨资，研究开发电动汽车和代用燃料汽车。从目前的发展情况看，PEMFC 是技术最成熟的燃料电池电动汽车动力源，PEMFC 电动汽车被业内公认为是电动汽车的未来发展方向之一。燃料电池将会成为继蒸汽机和内燃机之后的第三代动力系统。

4.2.3 碱性燃料电池

碱性燃料电池（alkaline fuel cell，AFC）以强碱（如氢氧化钾、氢氧化钠）为电解质，氢气为燃料，纯氧或脱除微量二氧化碳的空气为氧化剂，采用对氧电化学还原具有良好催化活性的 Pt/C、Ag、Ag-Au、Ni 等为电催化剂制备的多孔气体扩散电极为氧化极，以 Pt-Pd/C、Pt/C、Ni 或硼化镍等可以良好催化氢电化学氧化的电催化剂制备的多孔气体电极为氢电极，以无孔炭板、镍板或镀镍甚至镀银、镀金的各种金属（如铝、镁、铁等）板为双极板材料，在板面上可加工各种形状的气体流动通道构成双极板。

1. 碱性燃料电池的结构

碱性燃料电池单体结构如图 4-33 所示。将电极以电解液保持室隔板的形式粘接在塑料制成的电池框架上，然后加上隔板即构成单体电池。

2. 碱性燃料电池的工作原理

图 4-34 所示为碱性石棉膜型氢氧燃料电池单体的工作原理。

在阳极，氢气与碱中的 OH^- 在电催化剂的作用下，发生氧化反应生成水和电子，电子通过外电路到达阴极，在阴极电催化剂的作用下，参与氧的还原反应，生成的 OH^- 通过饱浸碱液的多孔石棉迁移到氢电极。阳极和阴极发生的电化学反应为

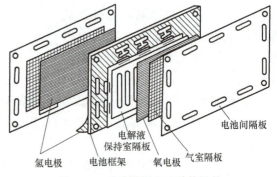

图 4-33 碱性燃料电池单体结构

$$H_2 + 2OH^- \longrightarrow 2H_2O + 2e^-$$

$$O_2 + 2H_2O + 4e^- \longrightarrow 4OH^-$$

总的反应为

$$2H_2 + O_2 \longrightarrow 2H_2O$$

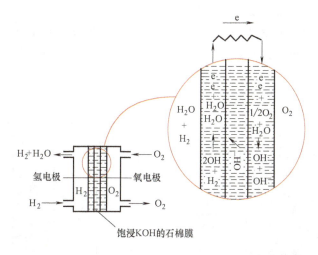

图 4-34　碱性石棉膜型氢氧燃料电池单体的工作原理

3. 碱性燃料电池的特点

碱性燃料电池具有以下特点：

1）碱性燃料电池具有较高的效率（50%~55%）。

2）工作温度约为 80℃，因此碱性燃料电池的起动很快，但其电力密度比质子交换膜燃料电池的密度低十几倍。

3）性能可靠，可用非贵金属作催化剂。

4）它是燃料电池中生产成本最低的一种电池。

5）它是技术发展最快的一种电池，主要为空间任务，包括航天飞机提供动力和饮用水。用于交通工具，具备一定的发展和应用前景。

6）使用具有腐蚀性的液态电解质，具有一定的危险性和容易造成环境污染。此外，为解决 CO_2 毒化所采用的一些方法，如使用循环电解液、吸收 CO_2 等，增加了系统的复杂性。

4.2.4　磷酸燃料电池

磷酸燃料电池（phosphoric acid fuel cell，PAFC）是以酸为导电电解质的酸性燃料电池。PAFC 被认为是继火电、水电、核电之后的第 4 种发电方式，是已经商业化运行的燃料电池。

1. 磷酸燃料电池的结构

PAFC 的电池片由基材及肋条板触媒层所组成的燃料极、保持磷酸的电解质层以及与燃料极具有相同构造的空气极构成。在燃料极，燃料中的氢原子释放电子成为氢离子，氢离子通过电解质层，在空气极与氧离子发生反应生成水。将数枚单电池片进行叠加，每数枚电池片中叠加进为降低发电时内部热量的冷却板，从而构成输出功率稳定的基本电池堆。再加上用于上下固定的构件、供气用的集合管等构成 PAFC 的电池堆。磷酸燃料电池的电池堆结构示意图如图 4-35 所示。

2. 磷酸燃料电池的工作原理

图 4-36 所示为 PAFC 的工作原理示意图。PAFC 使用液体磷酸为电解质，通常位于碳化硅基质中，当以氢气为燃料、氧气为氧化剂时，在电池内发生电化学反应。

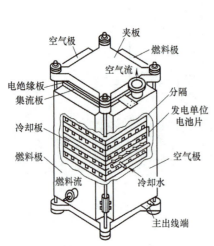

图 4-35 磷酸燃料电池的电池堆结构示意图

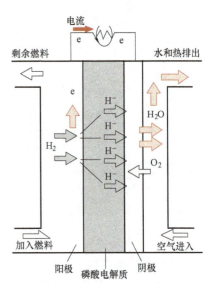

图 4-36 PAFC 的工作原理示意图

阳极和阴极发生的电化学反应为

$$H_2 \longrightarrow 2H^+ + 2e^-$$

$$O_2 + 4H^+ + 4e^- \longrightarrow 2H_2O$$

总的电化学反应为

$$2H_2 + O_2 \longrightarrow 2H_2O$$

3. 磷酸燃料电池的特点

PAFC 的工作温度要比 PEMFC 和 AFC 的工作温度略高，约为 150~200℃，但仍需电极上的白金催化剂来加速反应。较高的工作温度也使其对杂质的耐受性较强，当其反应物中含有 1%~2% 的一氧化碳和百万分之几的硫时，PAFC 仍然可以工作。

PAFC 的效率比其他燃料电池低，约为 40%，其加热的时间也比 PEMFC 长。

PAFC 具有构造简单、稳定、电解质挥发度低等优点。它可用作公共汽车的动力，而且有许多这样的系统正在运行，不过这种电池很难用在轿车上。目前，PAFC 能成功地用于固定应用，已有许多发电能力为 0.2~20MW 的工作装置被安装在世界各地，为医院、学校和小型电站提供电力。

4.2.5 熔融碳酸盐燃料电池

熔融碳酸盐燃料电池（molten carbonate fuel cell，MCFC）是由多孔陶瓷阴极、多孔陶瓷电解质隔膜、多孔金属阳极和金属极板构成的燃料电池。

1. 熔融碳酸盐燃料电池的结构

单体 MCFC 一般是平板型的，由电极（阳极、阴极）、电解质、燃料流通道、氧化剂流通道和上、下端板组成，如图4-37所示。单体的上下为端板/电流采集板，中间部分是电解质板，电解质板的两侧为多孔的阳极极板和阴极极板，其电解质是熔融态碳酸盐。

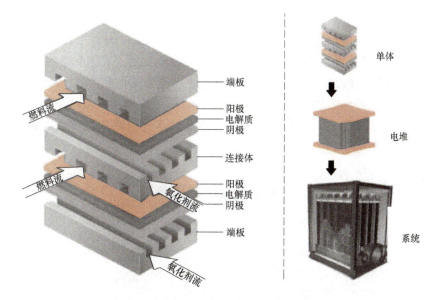

图4-37 单体MCFC概念图

2. 熔融碳酸盐燃料电池的工作原理

MCFC的工作原理如图4-38所示。燃料电池工作过程实质上是燃料的氧化和氧化剂的还原过程。燃料和氧化剂气体流经阳极和阴极通道，氧化剂中的O_2和CO_2在阴极与电子进行氧化反应产生CO_3^{2-}，电解质板中的CO_3^{2-}直接从阴极移动到阳极，燃料气流中的H_2与CO_3^{2-}在阳极发生反应，生成CO_2、H_2O和电子。电子被集流板收集起来，然后到达隔板。隔板位于燃料电池单元的上部和下部，并和负载设备相连，从而构成了包括电子传输和离子移动在内的完整的回路。

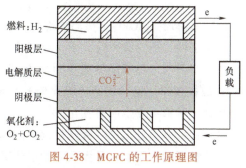

图4-38 MCFC的工作原理图

其电化学反应式为

$$H_2(a)+CO_3^{2-}\longrightarrow H_2O(a)+CO_2(a)+2e^-(a)$$

$$2CO_2+O_2(c)+4e^-(c)\longrightarrow 2CO_3^{2-}(c)$$

$$2H_2+O_2+2CO_2(c)\longrightarrow 2H_2O+2CO_2(a)+2E^0+Q^0$$

式中，a、c分别表示阳极、阴极；e^-表示电子；E^0表示基本发电量；Q^0表示基本放热量。

3. 熔融碳酸盐燃料电池的特点

MCFC是一种高温电池（600~700℃），具有效率高（高于40%）、噪声低、无污染、燃料多样化（氢气、煤气、天然气和生物燃料等）、余热利用价值高和电池构造材料成本低等诸多优点，是未来的绿色电池。

4.2.6 固体氧化物燃料电池

固体氧化物燃料电池（SOFC）属于第三代燃料电池，是一种在中高温下直接将储存在燃料和氧化剂中的化学能高效、环境友好地转化成电能的全固态化学发电装置，被普遍认为是在未来会与 PEMFC 一样得到广泛应用的一种燃料电池。

1. 固体氧化物燃料电池的结构

SOFC 单体主要由电解质、阳极或燃料极、阴极或空气极和连接体或双极板组成，如图 4-39 所示。

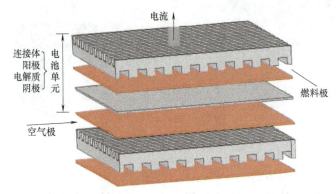

图 4-39　固体氧化物燃料电池的基本组成

固体电解质是 SOFC 最核心的部件，它的主要功能是传导氧离子。其性能（包括电导率、稳定性、热膨胀系数、致密化温度等）不但直接影响电池的工作温度及转换效率，还决定了与之相匹配的电极材料及其制备技术的选择。目前常用的电解质材料是 Ni 粉弥散在 YSZ（钇稳定的二氧化锆）中的金属陶瓷，其离子电导率在氧分压变化十几个数量级时都不发生明显变化。

电极材料本身首先是一种催化剂。阴极需要长期在高温和氧化条件下工作，起传递电子和扩散氧的作用，应是多孔洞的电子导电性薄膜。SOFC 的工作温度高，只有贵金属或电子导电的氧化物能适用于阴极材料，由于铂、钯等贵金属价格高，一般只在实验室范围内使用。实际常应用掺锶的锰酸镧作为 SOFC 的阴极材料。目前，Ni/YSZ 陶瓷合金造价最低，是实际应用中首选的阳极材料。

连接材料在单体电池间起连接作用，并将阳极侧的燃料气体与阴极侧的氧化气体（氧气或空气）隔离开来。钙钛矿结构的铬酸镧常用作 SOFC 连接体材料。

2. 固体氧化物燃料电池的工作原理

SOFC 工作时，电子由阳极经外电路流向阴极，氧离子经电解质由阴极流向阳极。图 4-40 所示为 SOFC 的工作原理示意图。

在阴极发生氧化剂（氧或空气）的电还原反应，即氧分子得到电子被还原为氧离子。阴极的电化学反应为

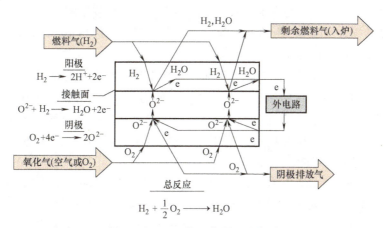

图 4-40 SOFC 的工作原理示意图

$$O_2+4e^- \longrightarrow 2O^{2-}$$

氧离子 O^{2-} 在电解质隔膜两侧电位差与浓度差驱动力的作用下，通过电解质隔膜中的氧空位，定向跃迁到阳极侧。

在阳极发生燃料（氢或富氢气体）的电氧化反应，即燃料（如氢）与经电解质传递过来的氧离子进行氧化反应生成水，同时向外电路释放电子，电子通过外电路到达阴极形成直流电。

分别用 H_2、CO、CH_4 作燃料时，阳极的反应为

$$H_2+O^{2-} \longrightarrow H_2O+2e^-$$
$$CO+O^{2-} \longrightarrow CO_2+2e^-$$
$$CH_4+4O^{2-} \longrightarrow 2H_2O+CO_2+8e^-$$

以 H_2 为例，电池的总反应为

$$2H_2+O_2 \longrightarrow 2H_2O$$

3. 固体氧化物燃料电池的特点

SOFC 除具备燃料电池高效、清洁、环境友好的共性外，还具有以下优点：

1) SOFC 是全固态的电池结构，不存在电解质渗漏问题，避免了使用液态电解质所带来的腐蚀和电解液流失等问题，无须配置电解质管理系统，可实现长寿命运行。

2) 对燃料的适应性强，可直接用天然气、煤气和其他碳氢化合物作为燃料。

3) SOFC 直接将化学能转化为电能，不通过热机过程，因此不受卡诺循环的限制。发电效率高，能量密度大，能量转换效率高。

4) 工作温度高，电极反应速度快，不需要使用贵金属作电催化剂。

5) 可使用高温进行内部燃料重整，使系统优化。

6) 低排放、低噪声。

7) 废热的再利用价值高。

8) 陶瓷电解质要求中、高温运行（600～1000℃），加快了电池的反应进行，还可以实现多种碳氢燃料气体的内部还原，简化了设备。

但是，SOFC 也存有以下不足：

1) 氧化物电解质材料为陶瓷材料，质脆易裂，电堆组装较困难。
2) 高温热应力作用会引起电池龟裂，因而主要部件的热膨胀率应严格匹配。
3) 存在亥姆霍兹自由能损失。
4) 工作温度高，预热时间较长，不适于需经常起动的非固定场所。

早期开发出来的 SOFC 的工作温度较高，一般为 800~1000℃。目前已经研发成功中温固体氧化物燃料电池，其工作温度一般为 800℃ 左右。一些科学技术人员也正在努力开发低温 SOFC，其工作温度可以降低至 650~700℃。工作温度的进一步降低，使 SOFC 的实际应用成为可能。

单体电池只能产生 1V 左右电压，功率有限，为了使 SOFC 具有实际应用的可能，需要大大提高 SOFC 的功率。因此，可以将若干个单体电池以各种方式（串联、并联、混联）组装成电池组。目前 SOFC 组的结构主要为管状、平板形和整体形三种，其中平板形因功率密度高和制作成本低而成为 SOFC 的发展趋势。

SOFC 的能量密度高、燃料范围广和结构简单等优点是其他燃料电池无法比拟的。随着 SOFC 的生产成本和操作温度进一步降低，能量密度的增加以及起动时间进一步缩短，可以预见，SOFC 在以后的燃料电池电动汽车发展中有比较广阔的发展前景。

4.2.7 直接甲醇燃料电池

直接甲醇燃料电池（direct methanol fuel cell，DMFC）属于质子交换膜燃料电池中的一类，是直接使用水溶液以及蒸气甲醇为燃料供给来源，而不需要通过重整器重整甲醇、汽油及天然气等再制取氢以供发电。

1. 直接甲醇燃料电池的结构

DMFC 主要由阳极、固体电解质膜和阴极构成。阳极和阴极分别由多孔结构的扩散层和催化剂层组成，通常使用不同疏水性、亲水性的炭黑和聚四氟乙烯作为 DMFC 的阳极和阴极材料，如图 4-41 所示。

2. 直接甲醇燃料电池的原理

以甲醇为燃料，将甲醇和水混合物送至 DMFC 的阳极，在阳极甲醇直接发生电催化氧化反应生成 CO_2，并释放出电子和质子。阴极氧气发生电催化还原反应，与阳极产生的质子反应生成水。电子从阳极经外电路转移至阴极形成直流电，工作温度为 25~135℃。

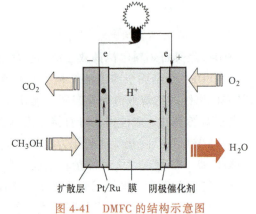

图 4-41 DMFC 的结构示意图

阳极和阴极发生的电化学应为

$$CH_3OH + H_2O \longrightarrow CO_2 + 6H^+ + 6e^-$$

$$3O_2 + 12e^- + 6H_2O \longrightarrow 12OH^-$$

总的电化学反应为

$$CH_3OH + \frac{3}{2}O_2 \longrightarrow CO_2 + 2H_2O$$

3. 直接甲醇燃料电池的特点

DMFC 具有以下突出的优点：

1）甲醇来源丰富，价格低廉，储存携带方便。

2）与氢-氧 PEMFC 相比，结构更简单，操作更方便。

3）与 PEMFC 相比，体积能量密度更高。

4）与重整式甲醇燃料电池相比，它没有甲醇重整装置，质量和体积更小，响应时间更快。

其缺点是：当甲醇低温转换为氢和二氧化碳时，要比常规的 PEMFC 需要更多的白金催化剂。

DMFC 使用的技术仍处于发展的早期，但已成功地显示出可以用作移动电话和便携式计算机的电源，将来可能成为可携式电子产品用和交通器材用电源的主流。

目前，车用燃料电池亟待解决以下关键问题：

1）提高车用燃料电池单位质量（或体积）电流密度及功率，提高车辆所必需的快速起动和动力响应的能力。

2）开发质量更小、体积更小、能储存更多氢能的车载储氢装置，以便更有效地利用燃料能量，提高续驶里程和载质量。

3）必须解决好氢气的安全问题。在一定条件下，氢气比汽油具有更大的危险性，因而无论采用何种储存方式，储存装置及其安全措施都必须满足使用要求。

4）电池组件必须采用积木化设计，开发有效的制造工艺，并进行高效的自动化生产，从而降低材料和制造费用。

5）在发展结构紧凑及性能可靠的 PEMFC 的同时开发应用其他燃料，像甲烷、柴油等驱动的 PEMFC，这将会拓宽 PEMFC 的应用范围。

表 4-3 列出了 6 种燃料电池的主要特征参数。

表 4-3 6 种燃料电池的主要特征参数

特征参数	质子交换膜燃料电池	碱性燃料电池	磷酸燃料电池	熔融碳酸盐燃料电池	固体氧化物燃料电池	直接甲醇燃料电池
燃料	H_2	H_2	H_2	CO_2、H_2	CO、H_2	CH_3OH
电解质	固态高分子膜	碱溶液	液态磷酸	熔融碳酸锂	固体二氧化锆	固态高分子膜
工作温度/℃	≈80	60~120	170~210	60~650	≈1000	≈80
氧化剂	空气或氧	纯氧	空气	空气	空气	空气或氧
电极材料	C	C	C	Ni-M	Ni-YSZ	C
催化剂	Pt	Pt、Ni	Pt	Ni	Ni	Pt
腐蚀性	中	中	强	强	无	中
寿命/h	100000	10000	15000	13000	7000	100000
特征	比功率高；运行灵活；无腐蚀	高效率；对 CO_2 敏感；有腐蚀	效率较低；有腐蚀	效率高；控制复杂；有腐蚀	效率高；运行温度高；有腐蚀	比功率高；运行灵活；无腐蚀

(续)

特征参数	质子交换膜燃料电池	碱性燃料电池	磷酸燃料电池	熔融碳酸盐燃料电池	固体氧化物燃料电池	直接甲醇燃料电池
效率(%)	>60	60~70	40~50	>60	>60	>60
起动时间	几分钟	几分钟	2~4h	>10h	>10h	几分钟
主要应用领域	航天、军事、汽车、固定式用途	航天、军事	大客车、中小电厂、固定式用途	大型电厂	大型电厂、热站、固定式用途	航天、军事、汽车、固定式用途

4.3 车载储氢技术

4.3.1 车载储氢系统技术条件

车载储氢是燃料电池电动汽车应用的关键技术之一。

车载储氢系统是指从氢气加注口至燃料电池进口，与氢气加注、储存、输送、供给和控制有关的装置，如图4-42所示。

图4-42中的主关断阀是一种用来关断从储氢容器向该阀下游供应氢气的阀；储氢容器单向阀是储氢容器主阀中的一种用来防止氢气从储氢容器倒流回其加注口的阀；压力调节器是将氢系统压力控制在设计值范围内的阀；压力释放阀是当减压阀下游管路中的压力反常增高时，通过排气而控制其压力在正常范围的阀。

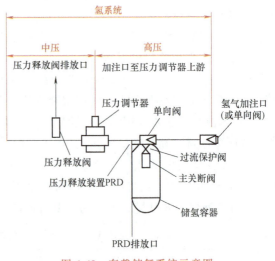

图4-42 车载储氢系统示意图

车载储氢系统具有以下一般要求：

1）车载储氢系统应符合GB/T 24549—2020《燃料电池电动汽车 安全要求》的规定，且车载储氢系统及其装置的安装应能在正常使用条件下，安全、可靠地运行。

2）储氢系统应最大限度地减少高压管路连接点的数量，保证管路连接点施工方便、密封良好、易于检查和维修。

3）储氢系统中与氢接触的材料应与氢兼容，并应充分考虑氢脆现象对设计使用寿命的影响。

4）储氢容器组布置应保证车辆在空载、满载状态下的载荷分布符合规定。

5）储氢系统中使用的部件、元件、材料等，如储氢容器、压力调节阀、主关断阀、压力释放阀、压力释放装置、密封件及管路等，应是符合相关标准的合格产品。

6）主关断阀、储氢容器单向阀和压力释放装置应集成在一起，装在储氢容器的端部。主关断阀的操作应采用电动方式，并应在驾驶人易于操作的部位，当断电时应处于自动关闭状态。

7)应有过流保护装置或其他装置,当由检测储氢容器或管道内压力的装置检测到压力反常降低或流量反常增大时,能自动关断来自储氢容器内的氢气供应;如果采用过流保护阀,应安装在主关断阀上或靠近主关断阀。

8)每个储氢容器的进口管路上应装手动关断阀或其他装置,在加氢、排氢或维修时,可用来单独隔断各个储氢容器。

储氢容器和管路应满足以下要求:

1)不允许采用更换储氢容器的方式为车辆加注氢气。

2)储氢系统管路安装位置及走向要避开热源以及电器、蓄电池等可能产生电弧的地方,至少应有200mm的距离,尤其是管路接头不能位于密闭的空间内。高压管路及部件可能产生静电的地方要可靠接地,或采用其他控制氢泄漏及浓度的措施,即便在产生静电的地方,也不会发生安全问题。

3)储氢容器和管路一般不应装在乘员舱、行李舱或其他通风不良的地方。但如果不可避免要安装在行李舱或其他通风不良的地方,应设计通风管路或其他措施,将可能泄漏的氢气及时排出。

4)储氢容器和管路等应安装牢固,紧固带与储氢容器之间应有缓冲保护垫,防止行车时发生位移和损坏。当储氢容器按照标称工作压力充满氢气时,固定在储氢容器上的零件,应能承受车辆加速或制动时的冲击,而不发生松动现象。有可能发生损坏的部位应采取覆盖物加以保护。储氢容器紧固螺栓应有放松装置,紧固力矩应符合设计要求。储氢容器安装紧固后,在上、下、前、后、左、右六个方向上应能承受 8g(g为重力加速度)的冲击力,保证储氢容器与固定座不损坏,相对位移不超过13mm。

5)支撑和固定管路的金属零件不应直接与管路接触,但管路与支撑和固定件直接焊合或使用焊料连接的情况例外。

6)刚性管路布置合理、排列整齐,不得产生与相邻部件碰撞和摩擦的现象;管路保护垫应能抗振和消除热胀冷缩的影响,管路弯曲时,其中心线曲率半径应不小于管路外直径的5倍。两端固定的管路在其中间应有适当的弯曲,支撑点的间隔应不大于1m。

7)刚性管路及附件的安装位置,应距车辆的边缘至少有100mm的距离,否则,应增加保护措施。

8)对可能受排气管、消声器等热源影响的储氢容器和管道等,应有适当的热绝缘保护。要充分考虑使用环境对储氢容器可能造成的伤害,需要对储氢容器组加装防护装置。直接暴露在阳光下的储氢容器应有必要的覆盖物或遮阳棚。

9)当车辆发生碰撞时,主关断阀应根据设计的碰撞级别,立即(自动)关闭,切断向管路的燃料供应。

氢气泄漏的检测按以下步骤进行:

1)氢气泄漏量。对一辆标准乘用车进行氢气泄漏量、渗漏量评估时,需要将其限制在一个封闭的空间内,增压至100%的标称工作压力,确保氢气的渗透和泄漏量在稳态条件下不超过0.15NL/min。

2)在安装储氢系统的封闭或半封闭的空间上方的适当位置,至少安装一个氢泄漏探测器,能实时检测氢气的泄漏量,并将信号传递给氢气泄漏警告装置。

3)在驾驶人容易识别的部位安装氢气泄漏警告装置,该装置能根据氢气泄漏量的大小发出不同的警告信号。泄漏量与警告信号的级别由制造商根据车辆的使用环境和要求决定。一般情况下,在泄漏量较小时,即空气中氢气的体积含量≥2%时,发出一般警告信号;在氢气泄漏量较大,即空气中氢气的体积含量≥4%时,立即发出严重警告信号,并立即关断氢供应;但如果车辆装有多个氢系统,允许仅关断有氢气泄漏部分的氢供应。

4)当氢泄漏探测器发生短路、断路等故障时,应能对驾驶人发出故障报警信号。

加氢口应满足以下要求:

1)加氢口应符合 GB/T 26779—2011《燃料电池电动汽车 加氢口》的规定。

2)加氢口的安装位置和高度须考虑安全防护要求,并且方便加氢操作。

3)加氢口不应位于乘员舱、行李舱和通风不良的地方。

4)加氢口距暴露的电气端子、电气开关和点火源至少有 200mm 的距离。

压力释放装置和氢气的排放应满足以下要求:

1)压力释放装置。为防止压力调节器下游压力异常升高,允许通过压力释放阀排出氢气,或关断压力调节器上游的氢气供应。

2)氢气的排放。当压力释放阀排放氢气时,排放气体流动的方位和方向应远离人、电源、火源。放气装置应尽可能安装在汽车的高处,且应防止排出的氢气对人员造成危害,避免流向暴露的电气端子、电气开关器件或点火源等部件。

所有压力释放装置排气时应遵循下列原则:不应直接排到乘员舱和行李舱;不应排向车轮所在的空间;不应排向露出的电气端子、电气开关器件及其他点火源;不应排向其他氢气容器;不应朝本车辆正前方排放。

驾驶人易于观察的地方,应装有指示储氢容器氢气压力的压力表,或指示氢气剩余量的仪表。

4.3.2 氢气的储存方法

氢气的储存方法主要有高压储氢、液氢储氢、固态储氢和有机液态储氢,见表 4-4。其中,高压储氢是目前应用广泛的一种储氢方式,通常采用储氢罐作为容器。

表 4-4 氢气储存方法

方法	说明
高压储氢	在氢气临界温度以上,通过高压压缩的方式进行氢气储存
液氢储氢	将纯氢冷却到 -253℃ 使之液化,然后充装到高真空多层绝热的燃料罐中进行氢气储存
固态储氢	利用氢气与储氢材料之间发生物理或者化学变化,从而转化为固熔体或者氢化物的形式来进行氢气储存
有机液态储氢	通过不饱和液体有机物的可逆加氢和脱氢反应进行氢气储存

储氢罐类型见表 4-5。

表 4-5 储氢罐类型

类型	简称	简介
金属气瓶	Ⅰ型	笨重,有氢脆问题,车载储氢无法采用
金属内胆环向缠绕气瓶	Ⅱ型	笨重,有氢脆问题,车载储氢无法采用
金属内胆全缠绕气瓶	Ⅲ型	通常为铝胆碳纤维全缠绕复合气瓶,无渗漏,可快充;我国车用氢气瓶均为该类型
非金属内胆全缠绕气瓶	Ⅳ型	当前70MPa气瓶主要采用该种结构型式,对温度较为敏感,存在渗漏隐患;我国目前禁止使用

丰田 Mirai 的高压储氢罐使用强化碳纤维和树脂内胆等新技术,不仅实现了大幅度轻量化,还实现了 5.7%(质量分数)的储氢性能,如图 4-43 所示。丰田 Mirai 的储氢罐由碳纤维和凯夫拉材料制成,即使受到猛烈碰撞也能保持密闭状态,同时,在 -40~60℃ 的环境里进行测试,以确保在高温或寒冷环境下的稳定性与安全性。

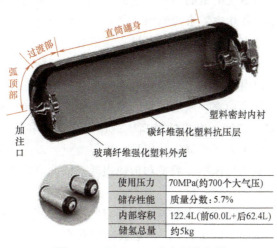

图 4-43 丰田 Mirai 的高压储氢罐

4.3.3 氢气的制备方法

氢气的制备方法主要有化石燃料制氢、水电解制氢、含氨工业尾气回收氢、可再生资源制氢技术及车载制氢技术。

1)化石燃料制氢。化石燃料制氢是制氢的主要方法,途径很多,如天然气或石油气重整制氢、焦炭或白煤制氢、甲醇制氢等。

2)水电解制氢。从水中制氢,因为纯水是电的不良导体,所以电解水制氢时要在水中加入电解质来增大水的导电性。

3)含氨工业尾气回收氢。从合成氨、炼油厂等大型工业排放气中可以回收氢。

4)可再生资源制氢技术。可再生资源制氢技术主要包括生物质制氢、太阳能光解制氢、城市固体废物气化等技术。

5)车载制氢技术。用于车载制氢的燃料可以是醇类(甲醇、乙醇、二甲醚等)、烃类(柴油、甲烷、液化石油气等),其他类型的物质也可以作为制氢原料,如金属或金属氢化物等。

4.4 燃料电池电动汽车传动系统参数匹配

4.4.1 驱动电机参数匹配

受有限的车内空间、恶劣的工作环境及频繁的运行工况切换影响,燃料电池电动汽车用驱动电机必须具有以下特性:高功率密度以满足布置要求;瞬时过载能力强,以满足加速和爬坡要求;宽的调速范围(包括恒转矩区和恒功率区);转矩动态响应快;在运行的整个转矩-转速范围内具有高效率,以提高能量利用率;四象限运行;状态切换平滑;高可靠性及容错控制;成本合理。

燃料电池电动汽车用驱动电机的类型有直流电机、异步电机、永磁同步电机和开关磁阻电机。由于空间布置及功率需求的原因,通常燃料电池客车较多采用异步电机驱动系统,而燃料电池轿车较多采用永磁同步电机驱动系统。

为保证各种行驶工况的需求,满足车辆动力性要求,必须根据车辆动力性指标来确定驱动电机性能参数,即由最高车速、加速时间和最大爬坡度三个指标来评定。电机参数主要包括额定功率、峰值功率、额定转矩、峰值转矩、额定转速和最高转速。

(1) 额定转速和最高转速 电机的最高转速由最高车速和机械传动系统传动比来确定。增大电机的最高转速有利于降低其体积、减轻重量,最高转速的增大导致传动比增大,从而会加大传动系统的体积、质量和传动损耗。因此应综合考虑各方面因素决定电机的最高转速。

在电机功率一定时,其额定转速越高,则相应的功率密度越大。电机最高转速和额定转速的比值称为扩大恒功率区系数 β。在电机额定功率一定的前提下,β 越大,最高转速越低,对应的电机额定转矩也越大。额定转矩越大,对电机的支撑要求越高,并且需要更大的电机电流和电力电子设备电流,增加了功率变换器的尺寸和损耗。但 β 大是车辆起步加速和稳定运行所必需的,因而额定转矩的减小,只能通过选用高速电机来解决,但这又会增加传动系统的尺寸,因此必须协调考虑最高车速和传动系统尺寸。

电机的最高转速为

$$n_{max} = \frac{30 v_{max} i_t}{3.6 \pi r} \tag{4-1}$$

电机的额定转速为

$$n_e = \frac{n_{max}}{\beta} \tag{4-2}$$

(2) 峰值转矩和峰值功率 电机的峰值转矩由最大爬坡度确定,汽车爬坡时车速很低,可忽略空气阻力,则有

$$T_{gmax} = \frac{mgr}{\eta_t i_t}(f\cos\alpha_{max} + \sin\alpha_{max}) \tag{4-3}$$

式中,T_{gmax} 为根据最大爬坡度确定的电机峰值转矩。

电机的峰值功率取决于加速时间，并与扩大恒功率区系数有关。在最高转速一定，并保证同等加速能力的情况下，电机的扩大恒功率区系数越大，其峰值功率越小，并随着扩大恒功率区系数的增大，峰值功率趋于饱和。因此，扩大恒功率区系数的取值对于降低电机系统功率需求、减小电机驱动系统的质量与体积、提高整车效率有着非常重要的意义。扩大恒功率区系数的取值取决于电机驱动系统类型及控制算法，通常取 2~4。

在水平路面上，车辆从 0 到目标车速 v_j 的加速时间为

$$t = \int_0^{v_j} \frac{\delta m}{F_t - F_f - F_w} dv \tag{4-4}$$

车辆行驶驱动力与电机峰值功率、峰值转矩之间的关系为

$$F_t = \begin{cases} \dfrac{T_{\alpha max} \eta_t i_t}{r}, & n \leq n_e \\ 9550 i_t \dfrac{P_{emax} \eta_t}{n_e r}, & n > n_e \end{cases} \tag{4-5}$$

式中，$T_{\alpha max}$ 为根据峰值功率 P_{emax} 折算的恒转矩区电机峰值转矩。

当给定汽车加速时间后，可根据式（4-3）~式（4-5）求得电机峰值功率。

一般峰值功率 P_{emax} 满足加速性能指标要求，其折算后的峰值转矩 $T_{\alpha max}$ 也可以满足汽车爬坡性能指标要求，即 $T_{\alpha max} > T_{gmax}$，因此，电机峰值转矩可设计为 $T_{emax} = T_{\alpha max}$。如果车辆爬坡度有特殊要求，则取 $T_{emax} = T_{gmax}$，通过调整峰值功率和扩大恒功率区系数重新匹配。

（3）**额定功率和额定转矩**　主要克服滚动阻力和空气阻力的电机额定功率为

$$P_e = (F_f + F_w) \frac{v}{3600 \eta_t} \tag{4-6}$$

式中，v 可按车辆最高设计车速的 90% 或我国高速公路最高限速 120km/h 取值。

电机的额定转矩为

$$T_e = 9550 P_e / n_e \tag{4-7}$$

（4）**工作电压**　工作电压的选择涉及用电安全、元器件的工作条件等问题。工作电压过低，导致电流过大，从而导致系统电阻损耗增大；而工作电压过高，会对逆变器的安全性造成威胁。一般燃料电池电动汽车的工作电压为 280~400V，但目前工作电压的设计有增高的趋势。

4.4.2　燃料电池参数匹配

根据 NEDC 工况确定燃料电池输出功率。NEDC 工况主要包括等速、加速、减速和停车。

燃料电池电动汽车在平坦路面上等速行驶时所需的燃料电池功率为

$$P_i = \frac{v}{3600 \eta_t} \left(mgf + \frac{C_D A v^2}{21.15} \right) \tag{4-8}$$

式中，P_i 为燃料电池电动汽车等速行驶时所需的燃料电池功率。

燃料电池电动汽车加（减）速行驶所需的燃料电池功率为

$$P_j = \frac{v(t)}{3600\eta_d\eta_t}\left[mgf + mgi + \frac{C_D A v^2(t)}{21.15} + \delta m a_j\right] \quad (4\text{-}9)$$

式中，P_j 为燃料电池电动汽车加（减）速行驶所需的燃料电池功率；$v(t)$ 为燃料电池电动汽车加（减）速行驶速度；a_j 为燃料电池电动汽车加（减）速度。

汽车行驶速度为

$$v(t) = v_0 + 3.6 a_j t \quad (4\text{-}10)$$

式中，v_0 为加速起始速度；t 为行驶时间。

4.4.3 辅助动力源参数匹配

燃料电池电动汽车的辅助动力源为蓄电池组，在汽车起步工况下，完全由辅助动力源提供动力；当汽车处于加速或爬坡等工况时，为主动力源提供补充；在汽车制动时吸收制动回馈的能量。

辅助动力源采用的蓄电池要在整车有较大功率需求时，可以对其进行大电流的放电，待燃料电池响应跟上后放电电流再大幅降低，大电流放电的持续时间不长；在整车进行制动回馈时，又可以在短时间内接受较大电流的充电，即电池应具有瞬间大电流充放电的能力，虽然充放电电流很大，但由于持续时间都较短，电池的充电或放电深度都不大，电池的荷电状态（SOC）的波动范围也不大。

蓄电池的参数由能回收大部分制动能量以及在混合驱动模式下能满足车辆驱动和辅助电器系统的功率需求决定。

蓄电池的功率需求包括最大放电功率需求和最大充电功率需求。对于燃料电池电动汽车，蓄电池的首要作用是提供瞬时功率。根据整车的动力性要求，分析各个工况，如汽车起步、爬坡、超车等的功率需求，除以机械效率，可以得到对动力源的峰值功率需求，该功率由蓄电池和燃料电池共同提供。

当汽车长时间匀速运行时，可以认为此时功率仅由燃料电池提供，由此可以计算出燃料电池的功率，则系统对蓄电池的放电功率需求为总功率需求减去燃料电池的功率。

另外，汽车在紧急制动时产生的制动功率很大，但以此功率来设计蓄电池的最大充电功率是不合理的。实际上，制动能量回收效益最明显的是在城市循环工况下，根据城市循环工况的统计特性来选择最大充电功率。

根据上述分析，蓄电池的额定功率可由式（4-11）确定。

$$P_{xe} = \frac{P_{emax}}{\eta_e} + P_{fd} - P_{ro} + P_{ff} \quad (4\text{-}11)$$

式中，P_{xe} 为动力蓄电池的额定功率；P_{fd} 为车辆辅助电器系统的功率需求；P_{ro} 为燃料电池的输出功率；P_{ff} 为辅助系统的功率需求。

蓄电池的质量为

$$m_x = \frac{P_{xe}}{\rho_{xg}} \quad (4\text{-}12)$$

式中，m_x 为蓄电池的质量；ρ_{xg} 为蓄电池的比功率。

蓄电池的额定容量为

$$C_{xe} = \frac{m_x \rho_{xn}}{U_e \eta_d} \quad (4\text{-}13)$$

式中，C_{xe} 为蓄电池的额定容量；ρ_{xn} 为蓄电池的比能量；U_e 为蓄电池的额定电压；η_d 为蓄电池的放电效率。

4.4.4 传动系传动比匹配

传动系统的总传动比是传动系统中各部件传动比的乘积，主要是变速器和主减速器的传动比的乘积。

电机的机械特性对驱动车辆十分有利，因此，当传动系有多个档位时，驱动力图与内燃机汽车相比有其特殊性，所以在选择档位数和速比、确定最高车速时也与内燃机汽车不同。下面对可能出现的部分情况进行分析。

1) 电机从额定转速向上调速的范围足够大，即 $n_{max}/n_e \geq 2.5$ 时，选择一个档位即可，即采用固定速比。这是一种理想情况。

2) 电机从额定转速向上调速的范围不够宽，即电机的最高转速不能满足 $n_{max}/n_e \geq 2.5$ 时，应考虑再增加一个档位。

3) 电机从额定转速向上调速的范围较窄，满足 $n_{max}/n_e \leq 1.8$，此时增加一个档位后车速无法衔接，可考虑再增加档位或说明电机参数与整车性能要求不匹配，应考虑重新选择电机的参数。

由于燃料电池电动汽车的动力全部由电机提供，通过控制电机能够在较大的范围内满足车速要求。最大传动比根据电机的峰值转矩和最大爬坡度对应的行驶阻力确定，即

$$i_{tmax} \geq \frac{F_{\alpha max} r}{\eta T_{emax}} \quad (4\text{-}14)$$

式中，$F_{\alpha max}$ 为最大爬坡度对应的行驶阻力。

汽车大多数时间是以最高档行驶的，即用最小传动比的档位行驶。因此，最小传动比的选择是很重要的，应考虑满足最高车速的要求和行驶在最高车速时的动力性要求。

1) 由最高车速和电机的最高转速确定传动系最小传动比的上限，即

$$i_{tmin} \leq \frac{0.377 n_{max} r}{v_{max}} \quad (4\text{-}15)$$

2) 由电机最高转速对应的最大输出转矩和最高车速对应的行驶阻力确定传动系最小传动比的下限，即

$$i_{tmin} \geq \frac{F_{vmax} r}{\eta_t T_{vmax}} \quad (4\text{-}16)$$

式中，F_{vmax} 为最高车速对应的行驶阻力；T_{vmax} 为电机最高转速对应的最大输出转矩。

4.5 燃料电池电动汽车仿真实践

燃料电池电动汽车传动系统匹配所需参数见表 4-6。

表 4-6 燃料电池电动汽车传动系统匹配所需参数

整车质量/kg	滚动阻力系数	空气阻力系数	迎风面积/m²
2175	0.012	0.32	2.1
车轮半径/m	旋转质量换算系数	传动系统效率	传动系传动比
0.281	1.05	0.92	8.5

燃料电池电动汽车设计目标如下：

1) 最高行驶车速不低于 160km/h。

2) 最大爬坡度不低于 20°。

3) 百公里加速时间不超过 14s。

1. 利用 MATLAB/Simulink 匹配驱动电机参数

利用驱动电机匹配数学模型，建立驱动电机功率匹配仿真模型，如图 4-44 所示。

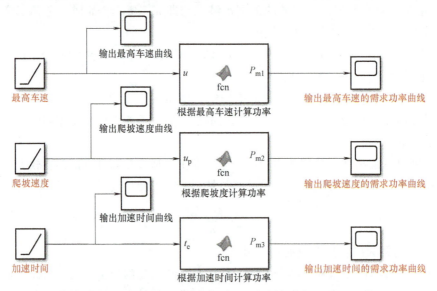

图 4-44 驱动电机功率匹配仿真模型

运行驱动电机功率匹配仿真模型，即可得到最高车速-电机需求功率曲线，如图 4-45 所示；爬坡车速-电机需求功率曲线，如图 4-46 所示；加速时间-电机需求功率曲线，如图 4-47 所示。同时输出满足最高车速 160km/h 所需求的电机功率 P_{max1} = 51.65kW；满足以 30km/h 速度爬 20% 坡度所需求的电机功率 P_{max2} = 66.08kW；满足百公里加速时间 14s 所需求的电机功率 P_{max3} = 77.39kW。

本示例选择电机类型为永磁同步电机，电机峰值功率选 80kW，过载系数取 1.54，电机额定功率为 52kW。

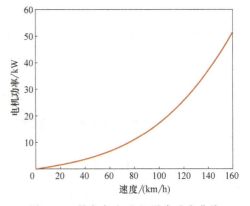

图 4-45 最高车速-电机需求功率曲线

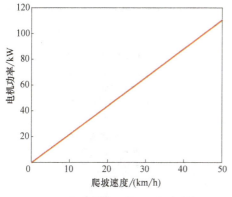

图 4-46 爬坡速度-电机需求功率曲线

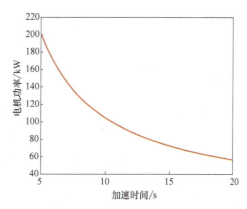

图 4-47 加速时间-电机需求功率曲线

电机最高转速为 12838r/min，取 12900r/min；扩大恒功率区系数取 3，则额定转速为 4300r/min。

电机额定转矩为 89N·m，峰值转矩为 262N·m。

综上所述，驱动电机匹配参数见表 4-7。

表 4-7 驱动电机匹配参数

参数名称	参数值	参数名称	参数值
额定功率/kW	52	峰值转矩/(N·m)	262
峰值功率/kW	80	额定转速/(r/min)	4300
额定转矩/(N·m)	89	最高转速/(r/min)	12900

2. 利用 MATLAB 匹配燃料电池参数

根据表 4-7 数据和 UEDC 循环工况燃料电池匹配数学模型，编写 UEDC 循环工况燃料电池所需功率的 MATLAB 仿真程序。

程序	注释
axis([0 1200 -30 50])	定义坐标轴范围
x1=[0 1200];	设置 x1 坐标值
y1=[0 0];	设置 y1 坐标值
plot(x1,y1)	绘制 x1 和 y1 直线
hold on	保存图形
m=2175;g=9.8;f=0.012;Cd=0.32;A=2.1;r=0.281;nt=0.92;dt=1.05;	汽车参数赋值
uj1=15;u01=0;aj1=1.04;	速度和加速度赋值
Pj1=uj1*(m*g*f+Cd*A*uj1^2/21.15+dt*m*aj1)/3600/nt;	计算需求功率
ud1=15;	行驶速度赋值
Pd1=ud1*(m*g*f+Cd*A*ud1^2/21.15)/3600/nt;	计算需求功率
uj2=0;u02=15;aj2=-0.83;	速度和减速度赋值
Pj2=uj2*(m*g*f+Cd*A*uj2^2/21.15+dt*m*aj2)/3600/nt;	计算需求功率
uj3=15;u03=0;aj3=0.69;	速度和加速度赋值
Pj3=uj3*(m*g*f+Cd*A*uj3^2/21.15+dt*m*aj3)/3600/nt;	计算需求功率
uj4=32;u04=15;aj4=0.79;	速度和加速度赋值
Pj4=uj4*(m*g*f+Cd*A*uj4^2/21.15+dt*m*aj4)/3600/nt;	计算需求功率

(续)

程序	注释
ud2 = 32;	行驶速度赋值
Pd2 = ud2 * (m * g * f+Cd * A * ud2^2/21.15)/3600/nt;	计算需求功率
uj5 = 0;u05 = 32;aj5 = -0.81;	速度和减速度赋值
Pj5 = uj5 * (m * g * f+Cd * A * uj5^2/21.15+dt * m * aj5)/3600/nt;	计算需求功率
uj6 = 15;u06 = 0;aj6 = 0.69;	速度和加速度赋值
Pj6 = uj6 * (m * g * f+Cd * A * uj6^2/21.15+dt * m * aj6)/3600/nt;	计算需求功率
uj7 = 35;u07 = 15;aj7 = 0.51;	速度和加速度赋值
Pj7 = uj7 * (m * g * f+Cd * A * uj7^2/21.15+dt * m * aj7)/3600/nt;	计算需求功率
uj8 = 50;u08 = 35;aj8 = 0.46;	速度和加速度赋值
Pj8 = uj8 * (m * g * f+Cd * A * uj8^2/21.15+dt * m * aj8)/3600/nt;	计算需求功率
ud3 = 50;	行驶速度赋值
Pd3 = ud3 * (m * g * f+Cd * A * ud3^2/21.15)/3600/nt;	计算需求功率
uj9 = 35;u09 = 50;aj9 = -0.52;	速度和减速度赋值
Pj9 = uj9 * (m * g * f+Cd * A * uj9^2/21.15+dt * m * aj9)/3600/nt;	计算功率需求
ud4 = 35;	行驶速度赋值
Pd4 = ud4 * (m * g * f+Cd * A * ud4^2/21.15)/3600/nt;	计算需求功率
uj10 = 0;u010 = 35;aj10 = -0.97;	速度和减速度赋值
Pj10 = uj10 * (m * g * f+Cd * A * uj10^2/21.15+dt * m * aj10)/3600/nt;	计算功率需求
t = [11,15,23,28,49,55,61,85,96,117,123,134,143,155,163,178,188,195];	设置市区第1个循环时间
w = [0,Pj1,Pd1,Pj2,0,Pj3,Pj4,Pd2,Pj5,0,Pj6,Pj7,Pj8,Pd3,Pj9,Pd4,Pj10,0];	设置市区第1个循环功率
plot(t,w)	绘制市区第1个循环工况所需功率图
hold on	保存图形
t = [206,210,218,223,244,250,256,280,291,312,318,329,338,350,358,373,383,390];	设置市区第2个循环时间
w = [0,Pj1,Pd1,Pj2,0,Pj3,Pj4,Pd2,Pj5,0,Pj6,Pj7,Pj8,Pd3,Pj9,Pd4,Pj10,0];	设置市区第2个循环功率
plot(t,w)	绘制市区第2个循环工况所需功率图
hold on	保存图形
t = [401,405,413,418,439,445,451,475,486,507,513,524,533,545,553,568,578,585];	设置市区第3个循环时间
w = [0,Pj1,Pd1,Pj2,0,Pj3,Pj4,Pd2,Pj5,0,Pj6,Pj7,Pj8,Pd3,Pj9,Pd4,Pj10,0];	设置市区第3个循环功率
plot(t,w)	绘制市区第3个循环工况所需功率图
hold on	保存图形
t = [596,600,608,613,634,640,646,670,681,702,708,719,728,740,748,763,773,780];	设置市区第4个循环时间
w = [0,Pj1,Pd1,Pj2,0,Pj3,Pj4,Pd2,Pj5,0,Pj6,Pj7,Pj8,Pd3,Pj9,Pd4,Pj10,0];	设置市区第4个循环功率
plot(t,w)	绘制市区第4个循环工况所需功率图
hold on	保存图形
uj11 = 15;u011 = 0;aj11 = 0.69;	速度和加速度赋值
Pj11 = uj11 * (m * g * f+Cd * A * uj11^2/21.15+dt * m * aj11)/3600/nt;	计算需求功率
uj12 = 35;u012 = 15;aj12 = 0.51;	速度和加速度赋值
Pj12 = uj12 * (m * g * f+Cd * A * uj12^2/21.15+dt * m * aj12)/3600/nt;	计算需求功率
uj13 = 50;u013 = 35;aj13 = 0.42;	速度和加速度赋值
Pj13 = uj13 * (m * g * f+Cd * A * uj13^2/21.15+dt * m * aj13)/3600/nt;	计算需求功率
uj14 = 70;u014 = 50;aj14 = 0.40;	速度和加速度赋值

(续)

程序	注释
Pj14 = uj14 * (m * g * f+Cd * A * uj14^2/21.15+dt * m * aj14)/3600/nt;	计算需求功率
ud5 = 70;	行驶速度赋值
Pd5 = ud5 * (m * g * f+Cd * A * ud5^2/21.15)/3600/nt;	计算需求功率
uj15 = 50;u015 = 70;aj15 = -0.69;	速度和减速度赋值
Pj15 = uj15 * (m * g * f+Cd * A * uj15^2/21.15+dt * m * aj15)/3600/nt;	计算需求功率
ud6 = 50;	速度赋值
Pd6 = ud6 * (m * g * f+Cd * A * ud6^2/21.15)/3600/nt;	计算需求功率
uj16 = 70;u016 = 50;aj16 = 0.43;	速度和加速度赋值
Pj16 = uj16 * (m * g * f+Cd * A * uj16^2/21.15+dt * m * aj16)/3600/nt;	计算需求功率
ud7 = 70;	行驶速度赋值
Pd7 = ud7 * (m * g * f+Cd * A * ud7^2/21.15)/3600/nt;	计算需求功率
uj17 = 100;u017 = 70;aj17 = 0.24;	速度和加速度赋值
Pj17 = uj17 * (m * g * f+Cd * A * uj17^2/21.15+dt * m * aj17)/3600/nt;	计算需求功率
ud8 = 100;	行驶速度赋值
Pd8 = ud8 * (m * g * f+Cd * A * ud8^2/21.15)/3600/nt;	计算需求功率
uj18 = 120;u018 = 100;aj18 = 0.28;	速度和加速度赋值
Pj18 = uj18 * (m * g * f+Cd * A * uj18^2/21.15+dt * m * aj18)/3600/nt;	计算需求功率
ud9 = 120;	行驶速度赋值
Pd9 = ud9 * (m * g * f+Cd * A * ud9^2/21.15)/3600/nt;	计算需求功率
uj19 = 80;u019 = 120;aj19 = -0.69;	速度和减速度赋值
Pj19 = uj19 * (m * g * f+Cd * A * uj19^2/21.15+dt * m * aj19)/3600/nt;	计算功率需求
uj20 = 50;u020 = 80;aj20 = -1.04;	速度和减速度赋值
Pj20 = uj20 * (m * g * f+Cd * A * uj20^2/21.15+dt * m * aj20)/3600/nt;	计算功率需求
uj21 = 0;u021 = 50;aj21 = -1.39;	速度和减速度赋值
Pj21 = uj21 * (m * g * f+Cd * A * uj21^2/21.15+dt * m * aj21)/3600/nt;	计算功率需求
t = [800,806,817,827,841,891,899,968,981,1031,1066,1096,1116,1126, 1142,1150,1160,1180];	设置市郊循环时间
w = [0,Pj11,Pj12,Pj13,Pj14,Pd5,Pj15,Pd6,Pj16,Pd7,Pj17,Pd8,Pj18,Pd9, Pj19,-Pj20,Pj21,0];	设置市郊循环功率
plot(t,w)	绘制市郊循环工况所需功率图
hold on	保存图形
xlabel('时间/s')	x 轴标注
ylabel('功率/kW')	y 轴标注

在 MATLAB 编辑器中输入上述程序,单击运行按钮,即可得到燃料电池电动汽车 NEDC 循环工况燃料电池需求功率图,如图 4-48 所示。

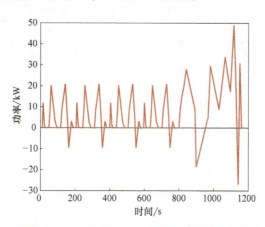

图 4-48 燃料电池电动汽车 NEDC 循环工况燃料电池需求功率图

可以看出,燃料电池电动汽车在 NEDC 循环工况下,在 100~120km/h 加速末时刻,燃料电池需求功率达到最大值,为 49.0131kW,可选择燃料电池的峰值输出功率为 50kW。

通过改变燃料电池电动汽车参数,使用仿真程序,可以对任意燃料电池电动汽车的传动系统参数进行匹配仿真。

练 习 题

一、简答题

1. 燃料电池电动汽车包括哪些主要部件?
2. 燃料电池电动汽车的工作原理是什么?
3. 什么是燃料电池发电系统?
4. 燃料电池主要有哪些类型?各有什么特点?
5. 燃料电池的氢气储存方法有哪些?
6. 燃料电池的氢气制备方法有哪些?
7. 燃料电池电动汽车的 DC/DC 变换器有什么作用?
8. 如何匹配燃料电池电动汽车传动系统参数?

二、实践题

燃料电池电动汽车传动系统参数匹配仿真。

本实践具有以下任务:

(1) 建立驱动电机匹配数学模型。

(2) 利用 MATLAB/Simulink 匹配驱动电机参数。

(3) 建立燃料电池匹配数学模型。

(4) 利用 MATLAB 软件匹配燃料电池参数。

燃料电池电动汽车传动系统匹配仿真所需参数见表 4-8。

表 4-8 燃料电池电动汽车传动系统匹配仿真所需参数

整车质量/kg	滚动阻力系数	空气阻力系数	迎风面积/m^2
1875	0.012	0.28	1.8
车轮半径/m	旋转质量换算系数	传动系统效率	传动系传动比
0.281	1.05	0.93	9.5

燃料电池电动汽车设计目标如下:

(1) 最高行驶车速不低于 160km/h。

(2) 最大爬坡度不低于 20°。

(3) 百公里加速时间不超过 12s。

附录

现行的新能源汽车的主要国家标准见附表。

附表 现行的新能源汽车的主要国家标准

序号	标准编号	标准名称	实施日期
1	GB/T 18388—2005	电动汽车 定型试验规程	2005年10月1日
2	GB/T 19750—2005	混合动力电动汽车 定型试验规程	2005年10月1日
3	GB/T 19752—2005	混合动力电动汽车 动力性能 试验方法	2005年10月1日
4	GB/T 18385—2005	电动汽车 动力性能 试验方法	2005年2月1日
5	GB/T 24347—2009	电动汽车 DC/DC 变换器	2010年2月1日
6	GB/T 24552—2009	电动汽车风窗玻璃除霜除雾系统的性能要求及试验方法	2010年7月1日
7	GB/T 24548—2009	燃料电池电动汽车 术语	2010年7月1日
8	GB/T 24549—2020	燃料电池电动汽车 安全要求	2021年4月1日
9	GB/T 24554—2009	燃料电池发动机性能试验方法	2010年7月1日
10	GB/T 26779—2011	燃料电池电动汽车 加氢口	2012年1月1日
11	GB/T 26990—2011	燃料电池电动汽车 车载氢系统 技术条件	2012年3月1日
12	GB/T 26991—2011	燃料电池电动汽车 最高车速试验方法	2012年3月1日
13	GB/T 28382—2012	纯电动乘用车 技术条件	2012年7月1日
14	GB/T 28569—2012	电动汽车交流充电桩电能计量	2012年11月1日
15	GB/T 29307—2012	电动汽车用驱动电机系统可靠性试验方法	2013年6月1日
16	GB/T 29316—2012	电动汽车充换电设施电能质量技术要求	2013年6月1日
17	GB/T 29317—2012	电动汽车充换电设施术语	2013年6月1日
18	GB/T 29318—2012	电动汽车非车载充电机电能计量	2013年6月1日
19	GB/T 29123—2012	示范运行氢燃料电池电动汽车技术规范	2013年7月1日
20	GB/T 29124—2012	氢燃料电池电动汽车示范运行配套设施规范	2013年7月1日
21	GB/T 29126—2012	燃料电池电动汽车 车载氢系统 试验方法	2013年7月1日
22	GB/T 29303—2012	用于Ⅰ类和电池供电车辆的可开闭保护接地移动式剩余电流装置(SPE-PRCD)	2013年12月1日
23	GB/T 29781—2013	电动汽车充电站通用要求	2014年2月1日
24	GB/T 29772—2013	电动汽车电池更换站通用技术要求	2014年2月1日
25	GB/T 19753—2013	轻型混合动力电动汽车能量消耗量试验方法	2014年6月1日
26	GB 50966—2014	电动汽车充电站设计规范	2014年10月1日

(续)

序号	标准编号	标准名称	实施日期
27	GB/T 31467.1—2015	电动汽车用锂离子动力蓄电池包和系统 第1部分:高功率应用测试规程	2015年5月15日
28	GB/T 31467.2—2015	电动汽车用锂离子动力蓄电池包和系统 第2部分:高能量应用测试规程	2015年5月15日
29	GB 38031—2020	电动汽车用动力蓄电池安全要求	2021年1月1日
30	GB/T 31484—2015	电动汽车用动力蓄电池循环寿命要求及试验方法	2015年5月15日
31	GB/T 31486—2015	电动汽车用动力蓄电池性能要求及试验方法	2015年5月15日
32	GB/T 18333.2—2015	电动汽车用锌空气电池	2015年9月1日
33	GB/T 18488.1—2015	电动汽车用驱动电机系统 第1部分:技术条件	2015年9月1日
34	GB/T 18488.2—2015	电动汽车用驱动电机系统 第2部分:试验方法	2015年9月1日
35	GB/T 19754—2015	重型混合动力电动汽车能量消耗量试验方法	2015年10月1日
36	GB/T 31498—2015	电动汽车碰撞后安全要求	2015年10月1日
37	GB/T 31466—2015	电动汽车高压系统电压等级	2015年12月1日
38	GB/T 31525—2015	图形标志 电动汽车充换电设施标志	2015年12月1日
39	GB/T 18487.1—2015	电动汽车传导充电系统 第1部分:通用要求	2016年1月1日
40	GB/T 20234.1—2015	电动汽车传导充电用连接装置 第1部分:通用要求	2016年1月1日
41	GB/T 20234.2—2015	电动汽车传导充电用连接装置 第2部分:交流充电接口	2016年1月1日
42	GB/T 20234.3—2015	电动汽车传导充电用连接装置 第3部分:直流充电接口	2016年1月1日
43	GB/T 27930—2015	电动汽车非车载传导式充电机与电池管理系统之间的通信协议	2016年1月1日
44	GB 19755—2016	轻型混合动力电动汽车污染物排放控制要求及测量方法	2016年9月1日
45	GB/T 32960.1—2016	电动汽车远程服务与管理系统技术规范 第1部分:总则	2016年10月1日
46	GB/T 32960.2—2016	电动汽车远程服务与管理系统技术规范 第2部分:车载终端	2016年10月1日
47	GB/T 32960.3—2016	电动汽车远程服务与管理系统技术规范 第3部分:通信协议及数据格式	2016年10月1日
48	GB/T 32694—2016	插电式混合动力电动乘用车 技术条件	2017年1月1日
49	GB/T 32879—2016	电动汽车更换用电池箱连接器通用技术条件	2017年3月1日
50	GB/T 32895—2016	电动汽车快换电池箱通信协议	2017年3月1日
51	GB/T 32896—2016	电动汽车动力仓总成通信协议	2017年3月1日
52	GB/T 33341—2016	电动汽车快换电池箱架通用技术要求	2017年7月1日
53	GB/T 33598—2017	车用动力电池回收利用 拆解规范	2017年12月1日
54	GB/T 18387—2017	电动车辆的电磁场发射强度的限值和测量方法	2017年12月1日
55	GB 22757.2—2017	轻型汽车能源消耗量标识 第2部分:可外接充电式混合动力电动汽车和纯电动汽车	2018年1月1日
56	GB/T 34013—2017	电动汽车用动力蓄电池产品规格尺寸	2018年2月1日
57	GB/T 34014—2017	汽车动力蓄电池编码规则	2018年2月1日

(续)

序号	标准编号	标准名称	实施日期
58	GB/T 34015—2017	车用动力电池回收利用　余能检测	2018年2月1日
59	GB/T 33978—2017	道路车辆用质子交换膜燃料电池模块	2018年2月1日
60	GB/T 33979—2017	质子交换膜燃料电池发电系统低温特性测试方法	2018年2月1日
61	GB/T 33983.1—2017	直接甲醇燃料电池系统　第1部分:安全	2018年2月1日
62	GB/T 33983.2—2017	直接甲醇燃料电池系统　第2部分:性能试验方法	2018年2月1日
63	GB/T 19596—2017	电动汽车术语	2018年5月1日
64	GB/T 18386—2017	电动汽车能量消耗率和续驶里程　试验方法	2018年5月1日
65	GB/T 34657.1—2017	电动汽车传导充电互操作性测试规范　第1部分:供电设备	2018年5月1日
66	GB/T 34657.2—2017	电动汽车传导充电互操作性测试规范　第2部分:车辆	2018年5月1日
67	GB/T 34425—2017	燃料电池电动汽车　加氢枪	2018年5月1日
68	GB/T 34598—2017	插电式混合动力电动商用车　技术条件	2018年5月1日
69	GB/T 34544—2017	小型燃料电池车用低压储氢装置安全试验方法	2018年5月1日
70	GB/T 34584—2017	加氢站安全技术规范	2018年5月1日
71	GB/T 34658—2017	电动汽车非车载传导式充电机与电池管理系统之间的通信协议一致性测试	2018年5月1日
72	GB/T 34593—2017	燃料电池发动机氢气排放测试方法	2018年5月1日
73	GB/T 34872—2017	质子交换膜燃料电池供氢系统技术要求	2018年5月1日
74	GB/T 34585—2017	纯电动货车　技术条件	2018年7月1日
75	GB/T 35179—2017	在用电动汽车安全行驶性能台架检验方法	2018年7月1日
76	GB/T 35178—2017	燃料电池电动汽车　氢气消耗量　测量方法	2018年7月1日
77	GB/T 18487.2—2017	电动汽车传导充电系统　第2部分:非车载传导供电设备电磁兼容要求	2018年7月1日
78	GB/T 4094.2—2017	电动汽车　操纵件、指示器及信号装置的标志	2019年7月1日
79	GB/T 36288—2018	燃料电池电动汽车　燃料电池堆安全要求	2019年1月1日
80	GB/T 36282—2018	电动汽车用驱动电机系统电磁兼容性要求和试验方法	2019年1月1日
81	GB/T 36278—2018	电动汽车充换电设施接入配电网技术规范	2019年1月1日
82	GB/T 36277—2018	电动汽车车载静止式直流电能表技术条件	2019年1月1日
83	GB/T 37154—2018	燃料电池电动汽车　整车氢气排放测试方法	2019年7月1日
84	GB/T 37153—2018	电动汽车低速提示音	2019年7月1日
85	GB/T 37133—2018	电动汽车用高压大电流线束和连接器技术要求	2019年7月1日
86	GB/T 36980—2018	电动汽车能量消耗率限值	2019年7月1日
87	GB/T 37340—2019	电动汽车能耗折算方法	2019年10月1日
88	GB/T 37293—2019	城市公共设施　电动汽车充换电设施运营管理服务规范	2019年10月1日
89	GB/T 37295—2019	城市公共设施　电动汽车充换电设施安全技术防范系统要求	2019年10月1日
90	GB/T 19836—2019	电动汽车仪表	2020年5月1日
91	GB/T 38090—2019	电动汽车驱动电机用永磁材料技术要求	2020年5月1日

（续）

序号	标准编号	标准名称	实施日期
92	GB/T 38117—2019	电动汽车产品使用说明 应急救援	2020年5月1日
93	GB/T 38283—2019	电动汽车灾害事故应急救援指南	2020年7月1日
94	GB/T 38775.1—2020	电动汽车无线充电系统 第1部分：通用要求	2020年11月1日
95	GB/T 38775.2—2020	电动汽车无线充电系统 第2部分：车载充电机和无线充电设备之间的通信协议	2020年11月1日
96	GB/T 38775.3—2020	电动汽车无线充电系统 第3部分：特殊要求	2020年11月1日
97	GB/T 38775.4—2020	电动汽车无线充电系统 第4部分：电磁环境限值与测试方法	2020年11月1日
98	GB/T 38661—2020	电动汽车用电池管理系统技术条件	2020年10月1日
99	GB 18384—2020	电动汽车安全要求	2021年1月1日
100	GB 38032—2020	电动客车安全要求	2021年1月1日
101	GB 38031—2020	电动汽车用动力蓄电池安全要求	2021年1月1日

参 考 文 献

[1] 崔胜民. 新能源汽车概论［M］. 3版. 北京：北京大学出版社，2020.
[2] 崔胜民. 新能源汽车技术［M］. 3版. 北京：北京大学出版社，2020.
[3] 崔胜民. 新能源汽车概论［M］. 北京：人民邮电出版社，2019.
[4] 崔胜民. 一本书读懂新能源汽车［M］. 北京：化学工业出版社，2019.
[5] 崔胜民. 新能源汽车技术解析［M］. 北京：化学工业出版社，2016.
[6] 崔胜民. 基于MATLAB的新能源汽车仿真实例［M］. 北京：化学工业出版社，2020.